WHAT DID JESUS DRIVE?
Crisis PR in Cars, Computers and Christianity

化危为机

危机管理专家如何令深陷危机的
世界顶级企业起死回生？

【美】杰森·瓦因斯◇著
李衍澄　潘乔◇译
潘　乔◇审校

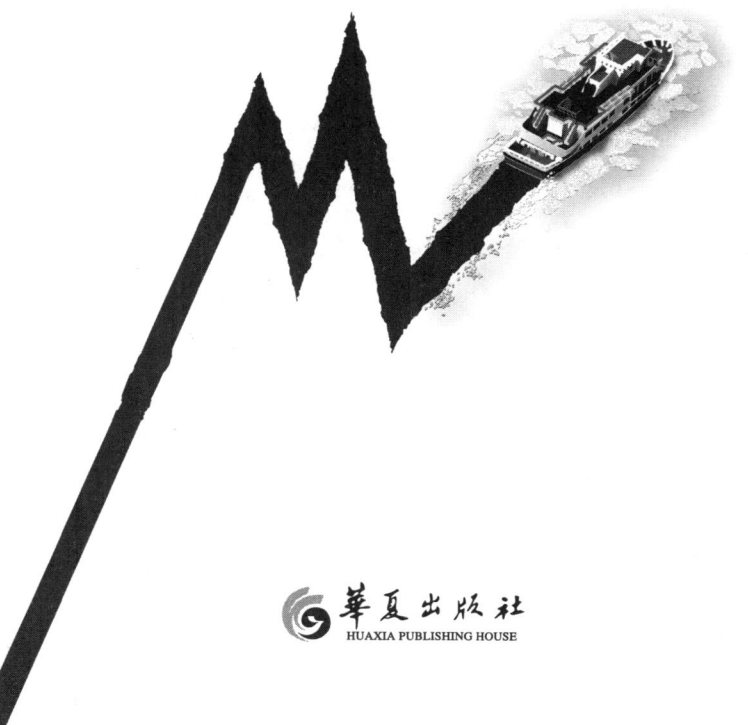

华夏出版社
HUAXIA PUBLISHING HOUSE

图书在版编目（CIP）数据

化危为机：危机管理专家如何令深陷危机的世界顶级企业起死回生？／（美）杰森·瓦因斯（Jason Vines）著；李衍澄，潘乔译. --北京：华夏出版社，2019.3

书名原文：What Did Jesus Drive?: Crisis PR in Cars, Computers and Christianity

ISBN 978-7-5080-9410-6

Ⅰ. ①化… Ⅱ. ①杰… ②李… ③潘… Ⅲ. ①企业管理－公共关系学 Ⅳ. ①F272.9

中国版本图书馆 CIP 数据核字(2017)第 328634 号

What Did Jesus Drive?: Crisis PR in Cars, Computers and Christianity by Jason Vines
Copyright© 2015
This edition arranged with SUSAN SCHULMAN LITERARY AGENCY, INC
Through BIG APPLE AGENCY, INC., LABUAN, MALAYSIA
Simplified Chinese edition copyright© 2018 Huaxia Publishing House
All Rights Reserved

版权所有　翻版必究
北京市版权局著作权合同登记号：图字 01-2016-4543 号

化危为机——危机管理专家如何令深陷危机的世界顶级企业起死回生？

作　　者	[美] 杰森·瓦因斯
译　　者	李衍澄　潘乔
审　　校	潘乔
责任编辑	李雪飞
出版发行	华夏出版社
经　　销	新华书店
印　　装	三河市少明印务有限公司
版　　次	2019 年 3 月北京第 1 版　2019 年 3 月北京第 1 次印刷
开　　本	710×1000　1/16 开
印　　张	18.25
字　　数	236 千字
定　　价	58.00 元

华夏出版社　地址：北京市东直门外香河园北里 4 号　邮编：100028
网址：www.hxph.com.cn　电话：（010）64663331（转）

若发现本版图书有印装质量问题，请与我社营销中心联系调换。

目录

序 ··· 001

第 1 章　发热现象 ··· 001
第 2 章　指导原则 ··· 003
第 3 章　第一次重大危机：极速驱动 ······························ 007
第 4 章　致命"底线" ··· 014
第 5 章　奔向危机的"突然加速" ·································· 020
第 6 章　杀死孩子的安全气囊 ····································· 030
第 7 章　谢谢你，安东尼·韦纳 ··································· 038
第 8 章　初到尼桑，当头一棒 ····································· 045
第 9 章　找回那已失去的优秀基因 ································· 052
第 10 章　与鲨鱼共舞 ··· 057
第 11 章　法国人来了 ··· 068
第 12 章　成本杀手 ··· 074
第 13 章　危机之母：福特/费尔斯通轮胎大溃败 ·················· 085
第 14 章　噩梦来袭 ··· 090
第 15 章　第一枪 ··· 099
第 16 章　我们这个时代的战争 ···································· 106
第 17 章　国会炼狱 ··· 112
第 18 章　我需要休息 ··· 127

第 19 章	虎口脱险	131
第 20 章	《新闻 60 分》节目播出日	134
第 21 章	来自戈尔和布什的礼物	136
第 22 章	纳塞尔的最终决定	142
第 23 章	我被解雇了	146
第 24 章	耶稣开什么车？	162
第 25 章	几度沉浮：戴姆勒 – 克莱斯勒	176
第 26 章	我心永"惊"	180
第 27 章	鸿运当头	185
第 28 章	接招：来自通用的挑战	189
第 29 章	最棒的意大利人	193
第 30 章	好人的胜利	200
第 31 章	石油大亨与我	203
第 32 章	坠落之始	217
第 33 章	重组与救赎	221
第 34 章	第"二"波	227
第 35 章	性、谎言和一个冥顽不化的希腊亿万富翁	233
第 36 章	为上帝工作：新版《圣经》	242
第 37 章	"化敌为友"这句老话没错	249
第 38 章	狂热的"通用政府"	258
结　语	耶稣到底开什么车？	268

杰森·瓦因斯小传	270
致　谢	272
英文索引	273

P 序
reface

放轻松，耶稣并不是本书的主角，尽管他的名字确实在本书的两个章节中出现过：首次是一位名叫耶稣、来自密歇根州沃特福德的西班牙裔老大爷；第二次是《圣经》里那位"爱与和平"的王子。本书讲述的是我自己的故事，具体而言，讲的是我在汽车公关行业里经受的历练和接受的各种挑战，顺便也提到了我的一次并不成功的尝试——试图为修复底特律城市形象所做的努力，以及帮助史上第一畅销书《圣经》避免了一次危机（别瞎想，不是《哈利·波特》）。

我在书中所分享的经验和教训均来自本人在全球几家顶尖的公司的公关部门的真实经历。要是说能从中传授些什么的话，那便是这些年来我所积攒下的一些指导原则了。我相信掌握这些原则便能够帮你避免和化解即将到来的危机，或者从不可避免的危机中生存下去。如果你乐观地认为自己对危机或麻烦是天然免疫的，那我很不幸地告诉你，这已经违背了本书中的最基本的指导原则了。

我想用一个简单的提问作为本书的开篇：为什么说出真相是如此艰难？我预先告诉一下，本书的结尾也会有相同的提问。

不过，首先，还是让我来告诉你我是怎么进入这个令人抓狂的行业的吧。其实当我还是个孩子的时候，就注定自己将来有一天会掉进某个大坑里，果不其然，后来我两次面对商业史上最严重的危机，使自己身处漩涡的中心，一个是汽车行业，另一个是基督教图书的出版行业，同时还亲历了底特律这座城市的衰落。

我的家乡在艾奥瓦州一个名为佩拉的小城，这里是美国著名的门窗产地，也有许多大型农场。早在19世纪中叶，一群虔诚的荷兰清教徒为躲避本土的追杀漂洋过海来到这里，佩拉城也由此建立。这里的居民大多是荷兰人的后裔，姓范、范德、迪考克斯的人非常多。我家祖上是阿肯色州的爱尔兰裔，我父亲当年出生在一个油槽里，我可没开玩笑。我母亲来自距离小镇霍普不远的另一个小镇。你猜得没错，霍普就是克林顿的老家！

为了纪念祖先们，佩拉城的6 000居民决定在每年的5月举办一次为期3天的庆祝活动，取名"郁金香节"。活动内容包括两场游行、荷兰传统舞蹈、传统美食，还要评选"郁金香小姐"（我5岁时的"初恋"就曾获此桂冠）。此外，善良的佩拉居民们还不计前嫌，从荷兰进口大量郁金香，不管多贵，只要最好，似乎忘记了自己的祖先当年是在本土遭受迫害迫不得已才来这里的。而如今的荷兰也早已将注意力从残害基督教徒转向了发展色情产业，经营海洛因也在这里被视为合法的生意。

我所就读的公立学校也要参加郁金香节的游行，同时参加的还有当地的基督教私立教会中学。我们称呼那些基督教学校的孩子为"Offies"，这在荷兰语中就是"局外人"的意思。这有点像管意大利人叫"Dago（外国佬）"，或管非洲孩子称呼"Black kid（黑人）"一样，是很冒犯人的叫法，虽没有种族歧视的色彩，但也绝不是什么好词。参加游行的学生们，无论男女，不论年级，都要套上滑稽的荷兰式服装，还有世界上最烂的发明之一——木鞋。也不知道是哪个神经病发明的这东西，我一直觉得这玩意儿穿久了会让人变成瘸子。

1968年的夏天，正值我8岁，当时得到一个机会，可以在游行中穿自己的球鞋，不用套上那滑稽的道具服、穿硌脚的木鞋，但条件是我答应做同学阿伦·德黑尔的祖父斯力克·博夫曼的助手，帮忙做游行路线维护工作。这令我激动无比，于是我把这个好消息告诉了我的父母，他们非常开心。

节日的第一天，我和阿伦，还有他的祖父，一起做游行路线维护工作。但很快我就意识到自己错了。那时我才 8 岁啊，正是很傻、很天真的年纪。我对阿伦的祖父并无不敬之意，但说实话，他身上的那股味道就好像几十年没有洗过澡一样，他看上去不像白人，我觉得他的肤色是四十多年泥垢积厚的结果。在他的催促下，我们向着游行路线出发，老斯力克给我俩一人一把铲子，让我们站成一排，他自己则继续推他的手推车。我们排在维持秩序的警察小分队和马队后面，紧盯着马屁股，不断清理掉在地上的马粪，那场景实在令人难忘。当时我父母也在围观的人群之中，当我走过他们面前时，我母亲满脸惊愕，而我父亲却笑得直不起腰，拼命地拿着他的 Argus C3 相机使命地按快门给我拍照。

从那一天起，我的命运就这么神奇般地和"清理马粪"连在一起了。所不同的是，从事危机公关这份职业的收入远比老斯力克给的 3 天清理马粪 20 美元的报酬高得多。谢天谢地，在我日后的职业生涯中，面对各种各样的危机时，我很少会遇到比当年清理马粪更让我难受的事了。

第 1 章

发热现象

对我而言，进入公关行业完全是个意外。尽管从学历专业上看，我是符合这一行业要求的：大学本科主修传媒学和经济学，后来又获得了劳资关系的硕士学位。然而，我最初的计划是先上几年班再申请到法学院进修。在岗位没有确定下来之前，我被派到负责员工日常沟通的克莱斯勒人力资源部工作几周，直到最终的岗位确定下来为止。当我得知自己被分派到底特律一家公司的人事部时，脑海中便迅速浮现出克林特·伊斯特伍德在其经典电影《肮脏的哈里》中的一个场景，当时他扮演的主角哈里由于违反纪律而被罚贬到人事部，他回应道："人事部？那是留给蠢货们的地方。"

谢谢，我才不想去什么人事部呢！

我设法获得了乔·卡皮的注意，他是美国汽车公司的最后一任 CEO。当时李·艾柯卡为了获得 Jeep 品牌而收购了美国汽车公司，为此卡皮也被任命为新设的 Jeep & Eagle 分区主管。不久之后，Jeep 品牌迅速成了克莱斯勒的新宠，而另一个品牌 Eagle 则陷入了绝境。我得到了卡皮的赏识，为其撰写演讲稿，并被告知希望我能加入他的市场营销团队。就在我准备开始新工作时的那个周五，卡皮突然打电话来要我帮他一个忙，他在电话里直截了当地问我："你愿不愿意去公关部？"原来 Eagle 部门的公关部主管刚刚被解雇了，卡皮急需一个人去填补他的位子。市场部？公关部？有区别吗？

关于这点，我很快就明白了。

在 Eagle 分区工作了几年后，我离开并被调升到克莱斯勒总部的公关部，主要负责与安全、法规、高科技之类的相关事务。工作的第一周，一位克莱斯勒的律师走进我办公室告知我准备发表一份声明，由于配线问题，公司需要召回市面上道奇·德科达系列皮卡车。

"我还从没发过产品召回声明呢。"我坦诚地说道。

"这个不用你担心，初稿一般都是由我们来起草。"他以一种律师独有的傲慢口吻说道，与此同时递给了我一份文件。

那份文件中有一段话描述了如果配线故障不能及时排除，有可能会产生"发热现象"。

我虽然年轻却并不愚蠢。

"这里所说的'发热现象'，到底是什么意思？"我问他。

"呃，这个……"他停顿了一下说："就是说，可能会起火。"

"见鬼！"我尖叫道："那就老老实实地写出来啊！"

从进入这行开始我就很清楚，带领一个组织或团队度过一场危机意味着你需要时刻坦诚，将顾客的利益摆放在首位，而不要试图愚弄大众，更不要指望靠法律漏洞或玩弄文字游戏来蒙混过关。一起"发热现象"？自作聪明。

此后数年间，我经历了 90 年代那一连串的足以拖垮克莱斯勒的重大危机，相比那些经历，此刻的"发热现象"就好像是一场儿童闹剧。很多年之后，我将身处汽车行业历史上最严重的一次危机，亲历福特公司与费尔斯通轮胎公司之间的战争。在无数次的考验中，在不同危机的洗礼下，我迅速而又痛苦地掌握了如何避免危机以及身处危机之中如何生存的诀窍。

> **危机公关一课：** 清晰完整地描述事实。故作高深或玩弄文字游戏瞒骗大众，最终的结果一定是令你的组织蒙羞并危及它的声誉。娜塔丽·伍德的死因不是"过度吸入水分"，而是溺水。图派克·沙库尔也不是死于铅中毒，而是被枪击。

第 2 章
指导原则

面对危机,无论是你试图预防还是缓和局面或者是在不可避免的危机中生存下来,最关键的便是要尽快认清现实,建立指导原则。这意味着你需要提前做好如下准备:让你的团队清楚地认识可能面对的局面并思考该如何应对,明确各自扮演的角色。最重要的是,要知道有哪些工作是必须完成的。若已身陷危机之中才着手建立指导原则,那就不仅仅是很晚的事,而是愚蠢了。准备不足会导致组织内一些潜在的问题暴露出来,部门与部门之间产生对立,滋长敌意,如法务部门对抗公关部门,财务部门叫板行政部门,等等。

在任何情况下,首要指导原则一定是尽可能地保障客户安全利益,或者尽可能地满足他们的需求。若是出于对法务(如规避潜在诉讼)或财务因素的考量而违背此项原则,那最终的结果将不可避免地伤害甚至毁掉公司的品牌。

发生在 20 世纪 80 年代的泰诺(Tylenol)投毒事件一直被人们视为重大危机公关的经典范例,尽管我觉得人们对强生公司(泰诺品牌的母公司)在这次危机中的作为被过分夸大了,但它确实在危机出现后迅速展开行动并始终将客户安全置于首位,这符合最重要的指导原则。归根结底,人们都清楚这次危机的始作俑者是某个向药品中投毒的疯子,因此并没有人怪罪泰诺,它唯一要做的就是告知经销商把上架的药品打包退回。在后来的费尔斯通轮胎召回危机中,人们总是将泰诺事件的处理方式与之对比,关于这点,本书后面的章节中将讲到。

另一项应对危机的指导原则是与客户保持沟通顺畅，对他们态度真诚并只用事实说话。如果说盲目揣测是自残的话，那么撒谎就无异于自杀。2013 年 7 月，蒙特利尔 Maine & Atlantic 公司的一列载有 72 箱原油的火车在魁北克附近的一个小镇撞毁，巨大的爆炸几乎将小镇夷为平地，导致七十多人死亡。事故发生后，公司 CEO 爱德华·博克哈特在没有真凭实据的情况下公然猜测事故起因。他先是怀疑当地消防部门在扑灭另一场小火灾时破坏了火车制动系统导致火车最终失控，这引得消防局局长大发雷霆；接着他又改变说法，把矛头指向其手下的一名工程师。

在公关领域有句广为流传的老话：所谓危机，并不是指你做错了什么，而是你犯错后选择如何应对。当尼克松及其团队被牵扯进那桩入室盗窃案时，他的下台早已成定局。最终导致其羞愧下野的是他试图掩盖真相的做法。与其相比，里根总统对伊朗以武器换取人质的交易给国家安全带来的损害显然要严重得多，然而事件发生后他接受了民众质问，于是整个国家的人民还是选择翻过这一页。人们通常会谅解一个人的缺点甚至软弱，但很难原谅他赤裸裸的欺骗。

当有人发现克莱斯勒圣路易斯工厂的员工把切断里程表的新车开回家时，克莱斯勒的 CEO 李·艾柯卡公开承认了这件事，并表示涉事员工的做法不仅无知，更是愚蠢。艾柯卡承受了这起事件的压力，而这则新闻也只闹了两天就悄无声息了。

公关部门不该只被视为跟在游行队伍最后清理垃圾的角色，而是在整个危机过程中都应该占有一席之地，他们必须有足够的胆量指出皇帝是一丝不挂的。一个只会应诺的公关部门将毫无价值，对组织而言，更是一种伤害。

如今我们生活在一个新闻全天候不断更新的世界里，最快的消息往往能得到最多的关注，即便它不是最准确的。打开电视你会注意到屏幕下方实时滚动的新闻，当一条新闻经播音员之口念出后就已经变成了旧闻。早年间的记者们往往要从多个渠道获取信息，直到将故事写成文字并印刷成报纸后人们才会知晓内容。曾几何时，电视还是人们获得新闻的最主要的渠道，而如今借助推特、脸书这样的互联网平台，你几乎可以即时看到世界各地发生的新鲜事，尽管，我必须再次强调，它们经常是不准确的。就像马克·吐温曾经说过的那样，"真相还在穿鞋呢，谎言已经跑遍了半个地球"。要知道他在说这句话的时候，互联网和社交媒体都还不存在呢。

置身于这样的时代，从你口中说出的每一句话都不会凭空消失，它很可能在未来的某个时候变成攻击你的武器，不信你就问问英国石油公司BP的前任CEO托尼·海伍德吧！

在那起由于原油泄漏使墨西哥湾大面积污染进而导致33人死亡，之后又导致数月无法钻探的"深水地平线"油井灾难发生后，海伍德竟然面对媒体大吐苦水。他表示自己在过去的这段时间里一直饱受煎熬，不知生活什么时候才能回归"正常"。当无数人在灾难中失去他们原本的家园甚至生命时，一位养尊处优的CEO竟抱怨他的生活还没恢复正常，真是高明啊！海伍德就像是一只鸵鸟把头埋进了沙子一样，逃避现实，可没过几天后这只鸵鸟就露出了头，因为他准备带着儿子去参加帆船比赛。然而，与此同时，墨西哥湾周边的居民们却还深陷在污染、家园破碎、亲人离世的哀痛之中。一段时间后，英国石油公司逐渐从灾难的阴霾中走了出来，声誉也逐渐恢复如初，然而海伍德就再没那么幸运了。

我曾一度认为不会有人再做出比海伍德更糟的回应了，没想到Choo-choo火车公司的总裁博克哈特竟然使用海伍德的方式，甚至比他更胜一筹，成了我心中最差劲的一个。他不仅对事故起因发表一连串的愚蠢的揣测言论，而且还公开强调自己的种种痛苦，例如他每天要工作20个小时，自己在公司的投资几乎赚不到什么钱，人们总是逼着他说一些违心的话，等等，真是没救了！

> **危机公关一课：** 在危机发生过程中，一项重要的指导原则是，确保你的员工获知一些关键信息，这或许能成为保护你的第一道屏障，帮助你粉碎那些关于公司或组织的流言。绝大部分CEO都很看重自己与员工之间的沟通，然而，不幸的是，每当危机发生时，这一沟通通道往往会先行阻断。保持信息畅通才是维护稳定的关键，因为往往当人们不知情时会先行做出最坏的打算，员工也不例外。
>
> 最后一条指导原则往往不是被忽视就是被滥用。公关部和法务部之间的关系是同盟，而不是敌对。这项原则要求公司内部的两大部门在危机发生前就提前建立起稳固的合作关系，若等到危机发生后再谈合作就来不及了。别看我总挑律师们的毛病，每件事总有两面性，比如在写作方面，公关学院通常不会对学生们进行专门的写作训练，可是法学院就会。而我在行业里认识的几位文字能力最强的人也恰恰都是律师。

好了，故事就从这里开始吧！

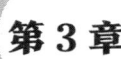

第3章

第一次重大危机：极速驱动

什么样的傻瓜会给一个汽车变速器起名字呢？事实上在汽车工业的历史上，尤其早年间，几乎大家都这么干过，只不过到了现代，我们不会再听到买车的人走过来说，"别管什么车型，我就要最新款的变速器！"然而，在1988年，克莱斯勒推出了第一台完全自适的电子自动变速器，编号A-604，并郑重其事地给它起了一个颇为浮华的名字："极速驱动"。它是那个时代汽车工业的巅峰之作！

"极速驱动"的影响力很大，以至于美国专利商标局决定在年度庆典上授予它"最佳科技产品"称号，并向两位设计师莱纳德·波恩斯蒂恩和史蒂夫·旺德颁发终身成就奖。然而联系之后发生的事情，这个做法就很有点像盲人指路了。

尽管备受赞誉，可是作为一个跨时代的产品，"极速驱动"还尚未准备好迎接其全盛时代的到来。从某种程度上说，当时的克莱斯勒副总裁鲍伯·鲁兹为此背了黑锅，人们指责他过早地将"极速驱动"推向市场。然而公平地讲，这可不能完全归咎于他，根本的原因是当时克莱斯勒并没有哪款拿得出手的车型能跟"极速驱动"相匹配。实际上，具有里程碑意义的大切诺基吉普车和即将上线的第二代小型货车还要再等几年时间才能问世。这两款车的出现将彻底扭转公司的困境并带来巨大的利润。然而，在1988年到1992年的这段时间里，克莱斯勒的新品展示区贫瘠得堪比沙漠。距离上一次推出新款皮卡车已经过去将近二十年了，它急需向市场注入新鲜血液，但现有的车型实在上不了台面，所以"极速驱动"可以说是当时的克莱斯勒的唯一选择。

1991年危机突显，一大批装配有"极速驱动"的汽车和小型货车出现故障，这些已经售出的汽车瞬间在用户手中变成了废铁，令人手足无措。不久后，国家高速公路安全管理局（The national high way traffic safety administration, NHTSA）宣布对"极速驱动"大面积故障的现象展开调查。如果NHTSA决定签署强制召回令，那么麻烦就大了，高达数十亿美金的召回成本足以让克莱斯勒彻底垮掉。十几年前克莱斯勒也曾深陷危机，但最终在政府的担保和救助下得以避免破产。不仅如此，它后来还提前偿还了借款。这一情形在圈内几乎无人不晓，也让时任CEO李·艾柯卡变成了家喻户晓的人物。十几年后，克莱斯勒再一次濒临破产，而此时此刻所有人都清楚，想再次得到政府的庇护几乎不可能，它此时面临的危险远远超出了人们的想象。

经过初步讨论，NHTSA与克莱斯勒的管理层达成了几点共识，允许克莱斯勒修复"极速驱动"的故障而不必强制召回。然而，屋漏偏逢连夜雨，又一位"不速之客"登门，它就是消费者联盟。这家《消费者报告》杂志的幕后组织发起了抵制克莱斯勒"极速驱动"的倡议。日益加大的舆论压力，显然是此时的克莱斯勒需要避免的，同时也是NHTSA最不希望看到的。然而，消费者联盟准备充分，来势汹汹，它的活动组织者包括由拉夫·纳德创建的公共市民组织（一个自称安全呼吁的团体）中的两员干将：一位是乔安·克雷布鲁克；另一位是她的得力帮手，即来自汽车安全中心的克莱伦斯·迪特罗。

在危机初期，这件棘手的事就交到了我手里。在汽车行业里，从事法务、安全和监管的公关人很容易在危机初期成为"炮灰"，这道理就像打仗时冲在最前线的战士总会最先成为人肉靶子一样。我不是刻意想把这件事情渲染得像殉道一样悲壮，但这是客观事实。这些"炮灰"就是危机公关中的"葬礼策划人"。在我接手处理这起危机事件的同时，克莱斯勒最杰出的工程师之一克里斯·西奥多尔也临危受命，他将全盘负责"极速驱动"的修复工作并带领公司逃离破产的深渊。他是在美国汽车公司被收购时加入克莱斯勒的。尽管我觉得很多来自美国汽车公司的号称"杰出"的工程师看上去就像是些自大的傻瓜，但我不得不承认，克里斯的确是个聪明绝顶的家伙，只不过在见识他的本领前，我很快就要领教其处理媒体关系时那堪比金正日的手段了。

　　消费者联盟的持续施压令 NHTSA 如鲠在喉，我们需要有所行动了，必须向外界澄清"极速驱动"的所谓故障实际上只是一种"安全模式"。当传统变速器坏掉时，驾驶者往往无计可施，只能无奈地守在路边等待救援，同时面对被打劫、被野狼袭击、被迫穿越无人区等风险。对此，克莱斯勒的工程师们却发明了一种全新的被称为"跛行返程模式"的应对机制，在驾驶员预感到即将发生故障的时候，"极速驱动"变速器会神奇地切换到低速模式，让驾驶者可以用较慢的车速行驶至少 50 英里到达安全地带。

　　不管怎样，这还基本算是件好事吧，就好比疹子长到手臂上总比长到看不见的屁股上要强一点。当然，驾驶员虽然在报告故障后不必像以前那样在路边苦等，但也没法正常行驶了。更何况短时间内，如此大规模的变速器失灵足以让克莱斯勒公司陷入困境。如果有机会把故障的变速器逐一修复或更换，那这个成本还尚在克莱斯勒的负担能力之内，最可怕的是强制召回，一旦被迫召回所有装配了"极速驱动"的汽车，那成本之高、打击之重，将是克莱斯勒无法承受的。而公司一旦破产，那么其客户也将不可避免地蒙受损失。总之，破产无论对克莱斯勒还是消费者而言都没什么好处。

　　然而，消费者联盟的施压仍在持续。为此我们制定了一项"三层"应对策略：第一层面向消费者，第二层面对媒体，第三层则面对消费者联盟的攻击。第一层的策略很简单，通知公司的客户，一旦出现变速器故障，可以终身免费到克莱斯勒进行维修或更换。后来的事实证明，这一点我们是做对了。

第二层策略的执行难度要大一些，因为我们面对的是来势汹汹的媒体。我们决定用真诚的态度开诚布公地向媒体告知我们已知的信息。如果需要的话，我们可以派人一家一家地去沟通，让媒体清楚变速系统的运作原理，尤其向他们解释清楚"跛行返程模式"其实是一种安全模式。

很快，面对媒体的第一次采访就让克里斯·西奥多尔大开眼界了。在电话中，来自底特律的汽车专栏记者保罗冲克里斯使出了看家的本领——连珠炮般地向克里斯提问。显然，他对克里斯给出的解释并不买账，于是在采访进行到第5分钟时，保罗说出了一句十分荒谬的话："我听说啊，只要往油门上狠踩一脚，就能把你们的'极速驱动'给弄坏了。"

忍无可忍的克里斯终于爆发了，他冲着电话大声吼道："你这该死的，去你的！"然后就结束了第一次采访。然而，就在他挂断电话的那一刻，我立刻起身离开克里斯的办公室快步跑到自己的办公室抓起电话给保罗打了过去。

"那家伙怎么回事啊？"保罗问道。

"抱歉了，保罗，稍理解一下吧！"我恳请道，"克里斯负责故障维修的项目，压力确实很大。不如明天你过来一趟，我给你安排一下机械的演示怎么样？"

"那好吧！"

"谢谢，保罗，太感谢了！"

放下电话后我立刻返回克里斯的办公室，他还在气头上。尽管日后他会成为我最好的朋友之一，但那时的他还是一个高高在上、级别仅次于副总裁的高级工程师，而我只不过是一名公关部的中层管理人员而已。

"你刚才脑子进水了吗？"我冲他吼道，"我们必须通过媒体把话说出去，不然就完蛋了，你冲他发火顶用吗？"

"真见鬼！我知道该怎么做了！"他是这样回答我的，后来也是这样做的。

之后在处理整个危机过程中，类似的事再没有发生过。

第三层策略是要说服消费者联盟放弃这场并不纯洁的"圣战"。在密歇根州总部的顶楼会议室内，克莱斯勒公司所有的头面人物都到齐了，除了李·艾柯卡和鲍伯·鲁兹两位大老板外，还包括工程、设计、销售和公关部门的主管，以及主管维修项目的克里斯·西奥多尔，还有我。

摆在我们面前只有两条路：要么坚持强硬的态度跟消费者联盟正面交锋，对簿公堂；要么就持软化立场，争取说服甚至得到它的支持。正面对抗看起来并不明智，毕竟在那个时候，《消费者报告》杂志还是人们心目中的"点评圣经"。几年前，这本杂志也曾罕见地对几款克莱斯勒车型给予过好评，当时艾柯卡也对这本杂志赞赏有加。然而现在，当我们的车出现了问题时，此刊物又毫不留情地对它进行冷嘲热讽。艾柯卡气愤极了，当众大骂操控杂志的消费者联盟成员是一群只会研究馅饼和淋浴喷头的白痴。我确信消费者联盟那群人一定没有忘记过去的"梁子"，而如今他们的机会到了。

强烈的雄性睾酮素气势在会议室中充斥着，愤怒几乎要压垮桌子。对此普通人是很难理解的，当一群典型的理工男——汽车工程师——听说他们的产品要被强制召回时，那种愤怒的心情难以抑制。摆在大家面前的选择有三种：一是证明汽车的缺陷根本不存在；二是如果无法证明这一点，那就需要尽快找出故障原因，把所有有问题的产品隔离开来；三是如果上述都没有成功，那就只有向NHTSA求情了，让它不要进行强制召回。

这时，一个带着浓重法语口音的声音突然响起，发言者是一位来自美国汽车公司的工程师——眉眼慈祥的弗兰克斯·卡斯坦。没错！他就是那个从美国汽车公司过来的自大狂，之前曾做过雷诺的工程师。随着会议的进行，卡斯坦也变得活跃起来了，高声叫着要跟消费者联盟对抗到底。

"我们得给这帮混蛋点漂亮看看！"他大喊道。

就在其他人还在为是战是和争论不休时，卡斯坦突然大声笑了起来。他先是抿嘴偷乐，之后动作愈发夸张，变成捧腹大笑。争论的众人突然都安静了下来，齐刷刷地扭过头盯着他，此时的卡斯坦已经笑得连眼泪都要流出来了。

短暂的沉默后，设计部的主管汤姆·盖尔厉声道："够了！弗兰克斯，你笑什么？"

卡斯坦调整了一下表情，操着浓厚的法语口音回答道："我刚才本来想说'给那帮混蛋点颜色看看'，结果说成了'给他们点漂亮看看'。"

会议室内一阵哄笑，紧张压抑的气氛瞬间松弛了下来。待笑声平息后，这群老男孩们开始意识到焦土政策的荒谬了，于是决定先找《消费者报告》杂志的人和消费者联盟的成员谈谈。技术会议和试驾活动在克里斯·西奥多尔的主持下顺利展开，《消费者报告》杂志的人也应邀出席。最终，这场"圣战"宣告结束，NHTSA 允许我们修复故障而不必强制召回。这一决定将克莱斯勒的最终破产推迟至 18 年之后。

这道关我们顺利闯过，我也因此一役学到了宝贵一课。在公关行业中你可以选择两种姿态：要么站着，要么跪着。"站着"就是坚定自己的立场，做自己认为该做的事，即便可能会死得很惨，但也要宁死不屈。"跪着"就是打安全牌，毫无骨气地盯着游行队伍里的马屁股，然后拎着铲子一路跟在马屁股后面把粪便铲干净，息事宁人。只不过后一种做法在这个行业中往往会得到一个颇受鄙视的称呼——"政治发言人"。

克莱斯勒的工程师们最终查出了"极速驱动"（编号 A-604）的故障原因，是在生产过程中受到了污染。据说是厂区内的灰尘掉进了还在流水线上的变速器中，导致其失灵。类似的事情在克莱斯勒还有很多，我们的工程师们总是无比接近创造一款横扫行业的车型，然而又总是屡屡地倒在一些细碎的问题和缺陷上。

第3章 第一次重大危机：极速驱动

"极速驱动"是克莱斯勒小型货车的主要配置，而这款车是克莱斯勒最畅销也是盈利性最好的产品。幸运的是，艾柯卡和高管们都清楚地意识到小型货车的销售量将直接影响到克莱斯勒是否能生存下去。他们小心谨慎地守着这根"救命稻草"，向顾客们承诺免费维修或更换他们的"极速驱动"变速器。若非如此，小型货车的销量怕是要很快下滑。当我在1998年决定离开克莱斯勒公司加入挣扎中的尼桑公司时，不少用户已经更换到第三个变速器了，而工程师们还在为当初的故障起因争论不休。这次危机给消费者们带来了不小的麻烦，好在克莱斯勒公司尽心尽责地对其产品负责，尽管这份责任的代价是如此昂贵。克莱斯勒公司的做法也符合我所坚持的第一指导原则，即任何情况下都要将客户的安全和利益置于首位。

至于那位临危受命的工程师克里斯·西奥多尔，如今已经成了我的连襟。他到我们家参加万圣节聚会时认识了他现任的妻子，而就在那天，他恰好办完了跟他前妻的离婚手续。考虑到之前共同经历的种种，我觉得他在聚会当天扮成一个武士真的是再合适不过了。而他未来的老婆当天戴着金属胸罩，一副麦当娜女战士的样子。他们一见钟情！

> **危机公关一课：** 永远将客户的安全和利益作为首要目标，并尽可能地缩短危机的时间，否则将不可避免地危及你自身的信誉和品牌。

第4章
致命"底线"

"极速驱动"带来的危机来势凶猛,几乎将克莱斯勒拉进了破产的深渊。虽之后起死回生,但不幸的是,克莱斯勒似乎并未从这次危机中学到什么。人总是容易变得健忘,尤其当他变得财大气粗的时候。到了1994年,克莱斯勒俨然成了汽车行业的佼佼者,它的小型货车极受欢迎,并计划在一年内推出新款。而L-H厢式轿车的研发也取得了突破性的进展,几乎重新定义了汽车设计这门艺术,至少在美国范围内。

在一片繁荣的背后,克莱斯勒的第二次重大危机悄然来临,而这距离上一次危机还不到三年的时间。鲍伯·伊顿可能还算不上克莱斯勒的头号人物,但在当时已经成为CEO了,他显然认为公司的财务和法务利益,要远比客户的安全利益更为重要。这违背了我之前讲过的第一指导原则。

这次惹祸的是克莱斯勒最受欢迎的现象级小型货车,问题出在后备厢的门锁上。几年前,克莱斯勒的工程师们曾对这款小型货车的后备厢车门进行过加固,以便在可能出现追尾事故时提供更好的保护。而这次加固的主要改动之一,就是在车门原有结构上额外安装了一个锁扣。这就好比牛仔裤上同时会有拉链和纽扣,即便其中一个坏掉了,也不至于掉裤子。

NHTSA那里还有一些等待"猎物"的原告律师们,他们留意到了一些异常讯息,因为当克莱斯勒的这款小型货车遭遇追尾时,有一种现象的发生频率高得出奇,那就是,在追尾发生的瞬间,后备厢的车门因受撞击会自动弹开,这将导致车上的乘客主要是儿童从后侧摔出去。这种情况的致死率往往很高。随着 NHTSA 的深入调查，埋伏在其周围的媒体也闻到了"血腥味"，于是围绕着克莱斯勒这款小型货车的争议逐渐白热化。而那些所谓的"安全倡导"团体成员，绝大多数平日里都扮演着原告律师们"托儿"的角色，他们兴奋得好似准备郊游一般。

他们的兴奋是有理由的，因为发生这一险情的小型货车绝大多数都是在后备厢车门加固以前出产的。而克莱斯勒主动加固后备厢车门的举动，在此时看起来就有些可疑了，貌似是在变相承认加固前其出产的车有"缺陷"。在媒体和原告律师们的眼中，这无疑是一个极好的"利器"。而此时的克莱斯勒相关人员，正忙着向人们解释后备厢车门受撞击弹开的情形，在其他竞争对手的小型货车中也是普遍存在的。说白了，这毛病大家都有，只不过克莱斯勒的小货车销量高，自然积攒的案例也就更多。同时，克莱斯勒的人还指出媒体选择报道的事故，往往是汽车在高速行驶中发生猛烈撞击之后形成的事故。总之，就这样一直不断地解释啊解释，到了最后，越解释就越解释不清，反过来倒把矛头对准了自己的客户，指责车祸受害者（主要是儿童）的父母没有给自己的孩子系好安全带。

无论怎样，NHTSA 不想再听我们的解释了，它直接下达了正式的召回令。这是一项十分罕见的决定。事实上，在绝大多数情况下，产品召回往往是生产商主动选择的。自从 NHTSA 这一机构在 1966 年正式成立以来，它所下达的强制召回令屈指可数。不过这一次，克莱斯勒仍然并不打算就此低头。CEO 鲍伯·伊顿——这位由李·艾柯卡亲手指定的接班人——认为此时承认小型货车缺陷的代价太大、成本太高。他明确告诉他的团队成员，小型货车对于克莱斯勒而言就如同黄油和面包，是活下去的必需品，"所以，我们必须坚持这条底线"。

不久之后，克莱斯勒就用行动向人们诠释了什么叫作闭目塞听和充耳不闻的做法。公司的高管们已经听不进去任何建议了，只是激动地拉住每一个愿意倾听的人，不断地向他们解释后备厢车门的加固只是一次产品的"持续改进"。对于这番善意，怎么能被视为我们主动承认产品缺陷的罪证呢？

NHTSA继续通过媒体向我们施压。在我的案头，针对克莱斯勒的法律诉讼文件越堆越高。然而，情况没有最糟只有更糟，一些长期支持克莱斯勒小型货车的忠实用户们开始动摇了，愤怒的谴责声通过电话和信件潮水般地涌向公司。

我那时正在华盛顿，被借调到了一个由三大汽车公司组建的游说团体，全称"美国汽车制造业联合会（American Automobile Manufacturers Association，简称AAMA）"。这次借调为期两年，我的主要职责是协助公关活动，提升汽车行业形象，尤其要增强克莱斯勒在华盛顿地区的影响力。这个团体里还有从通用汽车公司借调来的高管。AAMA的负责人是安迪·卡德，他曾在乔治·W.布什任总统期间短暂地担任过交通部部长，而他最为人们所熟知的是在2001年9月11日，时任白宫幕僚长的他走向总统，在总统耳边说"我们被袭击了"。

当围绕克莱斯勒小型货车的争论愈演愈烈并且新闻报道铺天盖地之时，我正陪着安迪·卡德在华盛顿参加他的受邀演讲。我通常会在卡德演讲或接受采访的时候做点笔记，可是这天我的脑子完全被有关克莱斯勒的报道给填满了，还有那位新晋的、负责下一代小型货车研发项目的克里斯·西奥多尔。我无暇顾及台上演讲的安迪，而是激动地在笔记本上列出了一堆我认为克莱斯勒此时应该采取的策略。很简单，如果我们坚信自己是正确的，那就和NHTSA对抗到底，但无论如何不能把矛头转向自己的客户。我们可以主动承担一些责任，给那些前期出产的小货车提供免费的加固服务。而在这之后，我们大可通知NHTSA这就是最终的解决方案了，不满意，就让美国政府拉着我们去打官司吧！

第 4 章 致命"底线"

回到办公室之后，我赶紧拨通了克莱斯勒公关部主管史蒂夫·哈里斯的电话。史蒂夫没有参与 AAMA 的工作，他是我事实上的老板，也是在我的职业生涯中对我产生过最深刻影响的人之一。他一贯奉行坦诚相待的行事原则，这在我们的行业里可以算是很少见了。

"咋啦？"史蒂夫问道。他永远一副轻松愉快的口吻，好像罗马沦陷了也影响不了他。

"那个倒霉的门锁已经把我们害惨了，"我大声叫着，"如今应该先安抚客户，然后再考虑怎么和 NHTSA 开战。"

"你以为这样的话我们没说过？"他冷静地说道，"只是那位大人物听不进去罢了。"

"可这样下去的话，我们的下场一定会很惨！"我叹气说。

我始终坚信的一条指导原则，就是在任何危机发生的过程中，公关部门都应该占据一席之地。然而，在此次危机中，公关部的席位就像一张婴儿椅，小得可怜，尽管不久之后它就又扮演起在游行队伍中"维护现场"的角色了，跟在克莱斯勒这头大象的身后清理粪便。

两天后，我们全家返回了底特律，跟我的连襟克里斯·西奥多尔，还有他的家人们住在一起。第二天清晨，克里斯就像往常一样很早起来了。我跟着他进了厨房，他正盯着眼前的一堆文件。我倒上一杯咖啡，从公文包里取出了之前草拟的那份公关策略递到他面前。"你看下，"我说，"我认为这才是现在该做的，跟 NHTSA 开战，而不是跟我们的客户开战。"

"该死的，那明明是一次'持续改进'，"他吼道，"要是我们妥协了，那今后的每一次提升和完善还不都得被这群天杀的辩护律师们给钉上十字架了。"

"闭嘴！"

我妻子的声音从楼上传来。"孩子们都被吵醒了，你们这两个混蛋！"

"克里斯,"我压低声音说,"假如这个加固锁是你们准备给明年的新款货车用的,那没问题,可事实并不是这样啊!那些家伙们早在好几年前就把这个锁给装上了。为什么?"

"我已经告诉过你了,那是'持续改进'。"

"狡辩!"

"就是这么回事!"

争论的声音又变大了。

"在这个问题上你永远吵不赢!"我说,"现在的做法只会毁掉客户的忠诚度,损害我们的品牌,让我们输掉每一场官司。这件事的套路很简单,我们可以在每个锁上省下那么一两块钱,然后看着福特那帮混蛋们在他们的小货车上多加一道锁。然后呢,还是会发生车祸,还是会死人。但是这跟家长们是不是太笨或是忘记给他们的孩子系安全带没有关系,跟是不是一辆8人货车里硬塞了12个人没关系,甚至跟我们的车祸实际死亡率比福特和通用还要低也没有任何丁点儿关系。因为'持续改进'就是给后门加了道锁,而人们只会相信'你们之所以要加锁,是因为之前的设计不够安全'这句话,而这句话你是根本没法证明它是错的!"

愤怒的骂声再次从楼上传来。"给我闭嘴!你们两个白痴,我们还在睡觉!"

然而,我并不知情的是,对于克莱斯勒而言,克里斯就像一位忠诚的、勇敢的武士,他和公司的几位高管早就试图劝说鲍伯·伊顿对车辆进行召回,但伊顿仍然愚蠢、固执地坚守着他的所谓的"底线"。他当初成为艾柯卡的继任者的时候,让很多人都感到非常意外。20世纪80年代,他曾是通用汽车公司的一名工程师,不知用何手段,他竟然单枪匹马地说服了NHTSA收回对通用GM's X系列汽车的强制召回(那款臭名昭著的车型可以算得上是汽车工业史上最差的产品之一)。这一成就让伊顿名声大噪。很显然,他认为自己可以再一次让当初的魔术重变。

然而，不久后的事实就证明，伊顿只是魔术师手中的那只兔子。在经历接连数周媒体疯狂炮轰和 NHTSA 的不断施压下，克莱斯勒终于妥协了，它宣布召回所有有问题的小型货车。它终于不得不将顾客的安全利益摆在了首位，虽然看上去更像是被人拿着枪抵住脑袋就范一样。不过，幸运的是，之后配备着全新设计的双侧滑门新款小货车终于上市了，它帮助克莱斯勒战胜了自己的竞争对手，重新占领了市场，成为行业中"值得拥有"的明星产品。而那条所谓的"底线"，也逐渐淡出了人们的视线。

> **危机公关一课：** 在危机伊始就将客户的利益置于首位。如果你脚下的沙滩已经被海水漫过了，那就别在上面划什么"底线"了。如果你的国王没有穿衣服，那就鼓起勇气来告诉他。就像伟大的乔治·马绍尔将军曾经说过的那样，"对权力说出真相"。他相信自己的老板富兰克林·罗斯福总统更愿意听到难听的真话，而不是悦耳的谎言。

第 5 章
奔向危机的"突然加速"

所谓突然加速（Suddenly Unintended Acceleration，SUA），是指车辆突然不受控制、自行加速，无论怎么踩刹车都停不下来。这一现象是在 20 世纪 80 年代被人为创造出来的。请注意我的用词，不是发现，不是发生，而是创造。没错，这是一个完全虚构的现象，是简单而纯粹的扯淡。创造这一现象的是一群每年能赚千亿美元诉讼费的原告律师们，以及他们的一群习惯扮演"安全倡导"团队成员的特殊朋友们。这些乐于追踪救护车的人长久以来都很受一家作风懒散、经常缺人的自由派媒体的青睐。这帮自由派记者对原告律师们仰慕不已，就像一群收看《与卡戴珊同行》的青春期迷妹。

CBS 的获奖节目《新闻 60 分》在 1986 年 11 月 23 日的播出，为一场由众多媒体参与针对汽车安全性的虚假调查拉开了序幕。他们采访了 6 位准备对德国奥迪提出诉讼的人，这几个人均表示自己的 Audi 5000 被一个名为"突然加速"的神秘恶魔所控制，经常失控，令他们身处险境。很自然，这种事跟司机操作不当一点关系也没有。

《新闻 60 分》希望他们的观众能看到有趣的故事，于是就找来了一位所谓的安全研究专家威廉姆·罗森塔尔（William Rosenthal），此人经常以明星目击者的身份在指控奥迪的司法诉讼中出现。他要通过机械原理向人们展示"突然加速"现象是怎么发生的。这与其说是展示，倒不如说更像是一场表演。实话实说，Audi 5000 的事故数量（700 起）确实有点高，其中有 6 起造成死亡的事故被宣称是由"突然加速"造成的。NHTSA 也确实对其在 1982—1987 年期间生产的汽车展开调查,可是归根结底,《新闻 60 分》想讲给人们的是一个比事实更富戏剧性的故事。这毕竟是一档靠收视率支撑的节目,是唐·休伊特创造出的收视怪物。

此时的奥迪公司已进退维谷,作为世界上最主要的工业设计厂商之一,它的高管们很清楚这些汽车为什么会突然因加速而失控。原因很简单,你以为自己踩的是刹车,而实际上是油门。然而,一个又一个的驾驶者跳出来说,"我越是用力踩刹车,车速就变得越快"。好吧,作为一家汽车生产商,你必须尽可能地保证顾客的安全,这是重要的指导原则。而在这次事件中,你需要谨慎地处理与顾客之间的关系,就像孕妇做撑竿跳一样小心,不能简单地将错误归咎到他们身上。奥迪正是这样做的,尽管起初没什么效果,然而因为他们饱含善意,并搜肠刮肚地给这个因为踩错油门所导致的突然加速现象起了一个新的名词,即一个全新的、听上去更温和、更容易被接受的名词——"踏板操作偏离"。所以这个事件的负面效应并没有被过度地放大。这听上去是不是有点耳熟?就像把汽车着火描述成"发热事件"一样。

NHTSA 帮 CBS 新闻节目组安排了一场 Audi 5000 的安全性展示,让记者坐进车里先踩住刹车,然后再把油门踩到底,结果车子分毫未动。可是《新闻 60 分》的制片人阿伦·马瑞斯对这场由美国官方机构安排的展示并不感冒,他已经铁了心要证明奥迪有问题,证明这群来自德国的奸商把中了邪魔的汽车卖给了美国人。不过也正因为这样,一场由他主导的完美"驱魔"仪式才能顺利实现。为了让全世界的人都能看到汽车发疯的样子,他找了几个帮手,比如一些正直的"专家"、几位"安全倡导"团体的成员等,同时用虚假的手段让汽车呈现失控状态。《新闻 60 分》的恶劣行径最终被曝光,节目组承认造假并为此道歉,然而对广大观众的伤害却无可挽回了。

另一方面，奥迪签署了一份召回声明，并采取了一系列改进措施以降低用户踩错油门的几率。然而，这并不能改变什么，其销量直线下降，1985年奥迪在全美境内一共只卖出了74 000辆。而经过《新闻60分》的陷害和各路媒体的围攻后，到了1991年，其销量只剩下可怜的12 000辆。直到2000年前后，奥迪的销量才重新恢复到1985年的水平，而此时距《新闻60分》和那群所谓的"专家"的集体诬陷已经过了整整14年。

这起事件也很不幸地改变了一个人的职业生涯轨迹，那就是汤姆·麦克唐纳——前奥迪公关部主管，他被人们理所当然地当作了这场公关灾难的罪人，成了替罪羊。这是一个典型的"杀死信使"的做法。后来他成了国际汽车贸易联合会（Association of International Automobile Manufacturers）的公关发言人，而我正是因此与他相识、彼此欣赏，并在代表不同阵营相互厮杀的同时又情同手足。在20世纪90年代中期，我被借调到安迪·卡德领导的美国汽车贸易联合会（American Automakers Trade Association），在那里跟汤姆和汽车进口商们就日韩公然违反公平交易原则一事展开过激烈博弈。

在被借调的工作结束后（最终我也不清楚到底是谁赢了），我离开了华盛顿，回到底特律的克莱斯勒公司。1996年我成了公司的首席安全发言人。没过多久，我就发觉这是个烫手的山芋，因为第二次重大危机——"突然加速"事件爆发了。而这一次，被曝出问题的正是给公司带来过巨额利润的大切诺基和老款切诺基吉普车。

大切诺基是被克莱斯勒收购的美国汽车公司的工程师们设计的产品。这个项目在1992年启动时，之前的老款切诺基已经积攒了不少人气。因此，大切诺基诞生并且在底特律车展上首次亮相时可谓经典。当时公司的大佬鲍伯·鲁兹手持方向盘，底特律市的市长科尔曼·杨坐在副驾驶的位置上，鲍伯·鲁兹驾驶着大切诺基撞碎科博中心的玻璃墙进入了展区。这一幕瞬间被现场的记者们手中的闪光灯包围。如此亮相可谓前无古人，从此成了汽车行业的经典。破墙而出奠定了大切诺基的标志性意义，也因此吸引了无数来自世界各地的购买者。

到20世纪90年代中期，NHTSA发现有大量的"突然加速"的事故均指向大切诺基和老款切诺基。他们为此展开了正式调查，而原告的律师们也循着"血腥味"放出人去打探消息并造势。公共市民组织、由拉夫·纳德创建的"安全倡导"团体以及汽车安全中心的人，也都开始兴奋起来，大切诺基瞬间成了这群人的头号"公敌"。他们要求克莱斯勒进行大范围召回，无数的司法诉讼官司也紧随其后。

当时我曾经接到过一个电话。

"杰森，我是汤姆·麦克唐纳。"

"嘿，汤姆，你最近好吗？"

"我不是想教你该怎么做事，只是想给你点我当年在奥迪没有听过的建议。"

"我洗耳恭听，汤姆，现在这里就是个烂摊子。"

"很简单，不管你做什么，都不要去指责客户。"

这条建议我曾在后来与一位效力于丰田的朋友分享过。他是丰田不久前的一起"突然加速"事件中的受害者。丰田可能是我所见过的在处理危机公关方面表现最糟糕的公司之一。不过话说回来，人家毕竟是丰田，家里有钱，支票簿够厚，总能从这样的危机中存活下来。

"可是很难不责怪客户啊，汤姆，这类事故几乎都是同一个版本，司机们都说是越狠踩刹车车就跑得越快，而这些人往往对这款车很熟悉，就像那些在洗车厂工作、穿着大号雨靴就敢开车的人。"

"我懂，我懂，但是你必须搞清楚，一旦跟客户开战，你们绝对无法获胜。"

我当然知道危机公关的指导原则是永远要将客户的安全利益摆放在首位。可是这样一来，我们要怎样才能用事实说服媒体、NHTSA和法庭，以及这一切是否真的就像奥迪公司当初所描述的是由"踏板操作偏离"所引起的呢？

此刻，大切诺基"突然加速"已经成了整个行业最热门的话题，一波接一波地声讨，无论纸媒还是电视媒体都不停地向公司开火。情势危急，公司的首席吉普车工程师克雷格·温随时待命，我在底特律总部见到了他。如果你对克莱斯勒的总部大楼不熟悉的话，可能会认为这地方曾经被炸弹轰炸过。不过抛开它奇特的建筑风格不提，这里确实聚集了一大批克莱斯勒的顶级的工程师。

"克雷格，我该怎么解释才能不得罪客户呢？"

"一定会得罪他们啊，事实就是事实。"

我们两人在这个问题上都陷入了困境。

"杰森，什么都不用说了，我现在就可以带你去停车场，让你亲自试试一边踩刹车一边踩油门、然后将驻车挡换到前进挡是什么情况。我保证，咱们的大切诺基不会往前挪动半寸。"

"真的？"

"当然是真的，除非车坏了，否则油门永远赢不了刹车。"

"永远？"

"那当然！"

终于，我似乎想到了一个能让媒体闭嘴的办法，即如果"手套戴不上"，那就证明你是无罪的。*

刹车永远都会赢。我们来到停车场，克雷格现场向我演示了刹车是怎么战胜油门的。他说得没错。于是几天后，我们安排了一位曾经参与过这次大切诺基危机报道的商业记者罗德·梅隆尼在吉普工程中心见面，他服务于NBC旗下的本地WDIV电视台。见面后，我们向罗德描述了我们的计划，让他站到一辆

---

* 在世纪审判中，辛普森戴不上案发现场带血的手套成了影响结果的关键证据之一。——译者注

第 5 章 奔向危机的"突然加速"

大切诺基正前方做现场直播，随后克雷格启动吉普车，接着先踩刹车，然后再猛踩油门，同时从驻车挡切换到前进挡。

梅隆尼眼睛瞪大了一圈，一脸"你在逗我"的表情。不过，很明显，他的大脑此刻正在高速运转。尽管存在死亡的危险，但作为一名记者，他很清楚这样一则能在全国甚至全世界产生影响力的独家报道意味着什么。

"克雷格·温先生，你确定这样没问题吗？"他问道，虽然面带微笑，但我能从他的声音中感受到他的紧张。

"这么跟你说吧，要是我错了，你就被撞死了，而我和杰森也就完蛋了。"

WDIV 的早间新闻六点开播，画面中摄像机对准了梅隆尼，他正赶在广告插播前抓紧布置现场，而广告结束后，好戏即将上演。我打赌此时的梅隆尼一定紧张得连屁股都要抽筋了。克雷格启动了大切诺基，接着先踩刹车，然后再猛踩油门，当转速达到 5000 rpms 后，他把挡位从驻车挡切换到了前进挡。

接下来的一幕看起来有点惊悚——

吉普车就像着了魔一样地轰鸣着，车尾左右摇晃，活像一头打了类固醇的公牛。然而，它并未向记者所在的方向挪动分毫。这一幕整整持续了 10 秒钟，之后克雷格将挡位换回驻车挡，慢慢松开油门，于是这头钢铁猛兽才恢复了平静，空气中弥漫着轮胎与地面摩擦后产生的焦煳味，刹车赢了。几分钟后，罗德·梅隆尼又回到了电视转播画面中，这次她坐在了副驾驶的位置上，这是另一个刹车永远获胜的证明。尽管有很多事故的受害者坚称在事故发生时，他们越是用力踩刹车车速反而变得越快，但是我们的实验证明，如果你真的踩在刹车板上，那么车子一定会减速并最后停止前行，而不是车速越来越快。实验被安排在主办公楼后面的一条僻静的街道上，克雷格首先将车子加速到 30 英里，然后继续踩油门，与此同时他的另一只脚突然猛踩刹车，这时伴随着轮胎与地面的剧烈摩擦，车子在滑行了近 100 码之后停住了。但此时的克雷格并没有松开油门，轮胎与地面的剧烈摩擦仍在继续，而车在刺耳的摩擦声中并没有前行半步。这一轮实验的效果比第一轮更震撼。罗德·梅隆尼的报道很快便越出底特律向更远的地方传播出去了。

在这场被车祸和死亡所定义的危机中我们终于找到了突破口。我们相信这次实验所呈现出的真相可以保护公司，使公司从媒体的口诛笔伐和那些安全呼吁组织的围攻中存活下来。

可是我们的实验仍不足以说服芝加哥福克斯电视台的一名记者，他坚持说不可能所有的驾车人都犯同样的错误。他的调查还在继续，直到有一天我接到了他的电话。

"我亲眼看到的，杰森。"

"你看到什么了？"

"一辆大切诺基突然加速了。"

原来，一位来自芝加哥西郊的人联系到了这位记者，声称他的车"着了魔"。在摄像师的陪伴下，记者找到了他。正如他所说的，在油门未被踩动的情况下这辆车好像突然着魔了，自行加速跑了起来。当天晚上，芝加哥的电视观众都看到了这则报道。

"我的上帝！"

这是我在办公室里观看录像带时唯一想说的话（那时候网络媒体还远未像今天这样发达）。我立刻开车去见克雷格。

"见鬼！"

当我把这段录像播放给克雷格看的时候，他脱口而出。两小时后，我已经在一架飞往芝加哥的飞机上了，同行的是克雷格最信任的副手吉米·比耶林达，我们约在第二天一早与那位福克斯电视台的记者见面，一道开车去报道中的那位汽车主人家进行调查。

在启动那辆着了魔的吉普车之前，吉米用了一个电子检测装置连接汽车引擎的电脑。在检测的时候，我和福克斯的记者在一旁聊天，而吉米则打开了方向盘那侧的车门，并把头伸到了方向盘的下面。一分钟后，他面带微笑地向我们走来。

"我知道是怎么回事了。"

"等等，"记者突然说，"我得拍下来。"

于是，在摄像机的镜头下，吉米领着记者和车主来到了驾驶位的一侧，然后把头伸到了方向盘下面，这时他推了推油门的踏板，发现它被下面的垫子给卡住了。在当地2月的冰天雪地中，橡胶混着冰雪和路盐，那块垫子早已变得硬邦邦了。

"好家伙！"车主人惊讶地喊道。

接下来我建议那位记者带着摄像机跟着我们一起做段试驾：他坐在副驾驶的位置上，而我则坐在后排把摄像机扛在右肩上。十几分钟后，我们驾车来到了当地的一条高速公路上，吉米每一次用力踩油门，那块踏板都会被下面的垫子给卡住，而在脚松开后车就会突然加速。其实这时候只要轻轻地用脚再点一下，踏板就会从垫子里挣脱出来，车速瞬间就会降下来。真相终于大白！

待我们回到车主的住所时，他一再向我们表示道歉。

"没关系！"吉米说，"我们也很高兴能把事情搞清楚，这才是更好的解决问题的方式。很多人并不知道冬天要特别留意脚下的垫子，或者是选了不适合自己车型的垫子。不过我还有个问题，你的车是最近买的吗？"

"不是，这是我几个月前从福特镇买的一辆二手车。"

"要是这样的话，我建议你去找那个二手车商把一部分钱要回来。因为刚才电脑连到你引擎上时，数据显示这辆车已经跑了70 000英里，可你仪表盘上的里程表只显示25 000英里。很明显有人动过手脚，这是违法的！"

当晚，福克斯当地的电视台就报道了这件事，而那位记者很快又有了新的目标，即福特镇上的二手车市场。

到此为止问题是否就算解决？没有。因为危机指导原则要求我们必须尽可能地确保客户的安全和利益，而我们至今只证明了突然加速是他们的错误操作所导致的。那么，为何这样的情况会频繁地出现在大切诺基身上？这是我们必须解决的问题。当奥迪身陷"突然加速"的危机中时，NHTSA还曾同时调查了另外20款上报有"突然加速"现象的汽车，这在当时帮奥迪减轻了不少压力。可如今的克莱斯勒是众矢之的，因为大切诺基的畅销让媒体和大众的全部聚焦点都集中到了公司身上。

最终，我们找到了解决问题的方法。因为在当时，大切诺基是为数不多的还没有采用刹车交互锁技术的车型之一。这项技术会要求驾驶者从驻车挡切换到行进挡时提前踩住刹车。事实上，当时有很多克莱斯勒的车型都已经配备了这项技术。而且坦白地说，这项技术可以很容易地运用到老款车型上。更重要的是，它能从根源上解决驾驶者换挡前错踩油门的问题。只不过给客户提供这项改装是一笔不小的费用，而且很容易再被那些诉讼律师们盯上，把这作为大切诺基有缺陷的证明。

克雷格·温和我都坚持必须这么做，因为我们知道了解决问题的方法就应当采取行动。在克莱斯勒公司，针对这一决定的争论并没有持续太久，尽管我明知自己只不过是公司的一名普通中层员工，但我在会议讨论中的音量仍然过高了。不过公司的领导们最终还是支持了我的立场，我们的客户将得到免费改装的服务。

在这项决定公布的几分钟后，我接到了公司的一位间接老板也就是公司监管部二把手罗恩·伯茨的电话。罗恩偶尔会展现其强硬的一面，但总的来说，他是一个很公正的人，也是我共事过的最聪明的人之一。

他连一句"你好"这样的招呼都没有就直接在电话里吼道:"你知道你刚刚让公司损失了1.2亿美元吗?"

我一时语塞,不知该做何回应。在片刻的沉默后,罗恩说了一句"做得很好"就挂掉了电话。随后NHTSA便结束了对克莱斯勒公司的调查,只剩下一帮继续追着救护车跑的好事者和那堆诉讼官司。

> **危机公关一课:**如果你的客户错误地使用了你的产品,或者在无意识的情况下被你的产品所伤害,那么请记住为他们做点什么,并且要快。想想泰诺公司,它在20世纪80年代经历了被人投毒事件之后便主动改进了其产品包装,并在瓶口加上了密封膜,这不仅有效地缓解了危机,而且还带动了整个医药行业的发展。

第 6 章
杀死孩子的安全气囊

1992年,克莱斯勒公司成了首家将前排双置安全气囊作为标准配置的主要汽车生产商。这一做法很快在业内尤其是公关领域引发了一场不小的地震,因为早在几年前通用汽车公司的工程师和科学家们就曾提醒过,安全气囊的冲击力可能会对老人和孩子造成严重伤害。

时任 NHTSA 的主管乔安·克雷布鲁克女士对推动安全气囊成为汽车标准配置表现出了极大的热情,她坚信安全气囊的出现将取代安全带成为汽车最主要的安全措施。然而,通用汽车公司的工程师们又一次站出来表达了他们的反对观点。克雷布鲁克的坚持有她自己的理由,根据她手上的一份研究结果显示,当老龄和低龄乘客,也就是老人和孩子遭遇车祸时,安全带往往起不到任何保护作用。然而这一结果实际上并不准确,尽管现实中这样的情形确实存在,但却并非常态。其实,导致老人和孩子更容易在车祸中受伤的原因是他们脆弱的骨骼,他们承受不住车祸的撞击,因此与安全带相比,一个松软巨大的"枕头"看起来更加具有安全性。

然而,对许多专业人士提供的证据,克雷布鲁克女士又一次选择了无视。而此时,很多汽车生产商和安全气囊的狂热支持者也推波助澜,鼓吹安全气囊是如何神奇,如何能在车祸发生的瞬间救人一命。可绝大多数人并不知道的是,安全气囊巨大威力的背后是一次小型爆炸,而引发爆炸的是一种强力火箭推进燃料,这绝非儿戏,虽然这一爆炸所产生的气体可以在几微秒钟之内将气囊填满并瞬间弹出进而救人一命，但它也能致命。

我无意将安全气囊描述成一个危险的存在，它是我们这个时代最伟大的安全发明之一，其应用不仅仅局限于汽车领域。如今每年都会有三到四万人在美国的公路上殒命，但假设没有安全气囊的出现，那情况一定会更加糟糕。

但我想强调的是，考虑到美国人在20个世纪90年代的驾车方式，以及当时的人尤其是儿童的乘车习惯，强行将前排双置气囊作为标准配置未免操之过急。尤其糟糕的是，那个时候甚至有很多美国人还没意识到安全带的重要性。尽管多个州都通过立法规定"要么扣好，要么扣钱"，可情况并没有多大好转。而在此期间，许多汽车生产商都不合时宜地扮演了共谋者的角色，他们通过广告向人们展示了一个美好的场景，并通过慢动作拍摄，将安全气囊描述成了一个逐渐膨胀弹出的类似一个巨大的、松软的棉花糖，将身处险境的乘客们揽入怀中。

1996年秋天，据《今日美国》(*USA Today*)报道，近年在车祸中受安全气囊撞击导致儿童死亡的数量呈现出一种"令人警觉性的增长趋势"。负责这一报道的记者杰尼·多纳尔是我的一位老朋友，他根据某些"安全倡导"团体的说法，预测每周都将会有一到两名儿童因安全气囊的撞击而丧命。《今日美国》已经准备好就这件事上演一场类似"十字军东征"的戏码。

克雷布鲁克女士如今正面临一个艰难的选择，此时的她已摇身一变成了公共市民组织的领袖。是该继续扮演新角色，作为原告律师一方的同盟——安全倡导者——控告汽车生产商安装了那些杀死孩子们的气囊，还是该就自己当初不顾工程师们的警告，强力推动安全气囊成为汽车的标准化配置而道歉？进退维谷中的克雷布鲁克有些迷茫了，但这并不是最后一次。

尽管克莱斯勒成功地引领了行业的发展，将安全气囊引入流水线成为一项标准配置（克莱斯勒一贯紧跟通用、福特、日本和德国创新的步伐），但一提到安全性研究，它就没什么发言权了。克莱斯勒并没有什么像样的科学家，它的为数不多的Doctor（在英文里既有医生，也有博士头衔的意思）大多在公司卫生所里采集体温或给员工开假条。

有一次，PETA（善待动物的组织）那群把蚊子命看得比人命还重要的疯子，攻击汽车行业使用生猪进行碰撞测试，而一些支持PETA的媒体则列选了一个汽车制造商是"邪恶动物杀手"的名单。于是我跑去问我们的安全专家我们是否也做过同样的"动物实验"。

"我们没有科学家能做动物试验啊！"他说，"我们可以把一头猪放在一辆汽车里，然后模拟车祸。可是我唯一能给你的结果是，猪已经死了。"

在安全研究这方面，克莱斯勒要依赖通用和福特在汽车工程师协会（SAE）共享"杀猪实验"的分析数据。在那些反对为了挽救人类生命而杀猪的人看来，克莱斯勒也是"肮脏的"帮凶。对这些人，我建议他们下回到Famous Dave's或Chili's就餐的时候想想那首《猪宝宝你真好，你真好，你真好吃》的歌，或者想象一下冰激凌店把培根加到奶油里的画面。

《今日美国》对安全气囊撞击可能导致儿童死亡的报道引发了全民的广泛关注，也挑起了民众的怒火。克雷布鲁克开始感受到压力了，媒体不断地逼迫她，要求她为当初无视安全专家们关于安全气囊尚需完善的警告、强行推广的做法负责。这已不是一场你一言我一语的辩论了，因为通用汽车公司早就向克雷布鲁克所任职的NHTSA分享过几万页的测试数据了，并反复警告她设置前排双置气囊有可能对老人和孩子造成致命的伤害。

这是一种罕见的情形：一位原告律师们的盟友、前NHTSA的负责人倒下了。这位现任公共市民组织的发言人如今已底气不足。对于汽车制造商们来说，这是一个绝佳的机会：对这个经常在事实和数据上玩弄双重标准的支持律师团体的人反戈一击。汽车制造商的公关部门的相关人员（我代表克莱斯勒）和媒

第 6 章 杀死孩子的安全气囊

体几乎每天都会敲打克雷布鲁克和她的市民们。

可是不久后我接到了一个电话，电话的另一端是我的准老板罗恩·波尔茨（Ron Boltz），他曾在一年前的大切诺基事件中力挺过我。

"对克雷布鲁克的攻击得停一停了。"他说。

"别啊，罗恩，她就快撑不住了。"我激动得几乎带着哭腔问道，"为什么啊？"

"因为福特，它不想把事情闹得太凶。"波尔茨说。

好吧，确实，作为一个经常遭受攻击的行业，大家总要不时地互相照应下。这并非勾结，而是联合起来一同对抗那些"小家伙们"，比如那群身价千亿的原告律师们。克雷布鲁克得救了，然而问题依然存在并且十分棘手：杀死孩子们的安全气囊。

在抨击克雷布鲁克的同时，我们也试图寻找另一种最佳方式，以教育美国人尽快认识到安全气囊的功能和使用不当可能会带来的危险。对成年人来说问题很简单：把安全带给扣上就行。但气囊是次一级的安全装置，它虽可以辅助安全带，但当安全带和气囊组队出现时，气囊往往能证明自身的价值。对普通青少年而言，气囊也能起到保护性的作用，可是对于 13 岁以下的孩子们来说，气囊撞击造成的潜在伤亡就难以忽视了。

不过问题虽复杂，但解决方法却十分简单。理论上，只要保证孩子们都坐在没有气囊的后排就可以了。汽车行业和 NHTSA 都有大量的数据表明在绝大多数情况下，后排乘客的受伤几率要比前排小得多。真应了那句老话："真理永远要最后一个到达事故现场。"可是，我们要怎么说服家长们把他们的小鼻涕虫们放在后座呢？

我们请了 Stratacomm 公司的团队来做这项工作。这是一家总部在华盛顿特区的精品公关公司，该公司由 NHTSA 的另一位负责人戴安·施蒂德创立。作为克雷布鲁克的继任者，与其前任不同的是，施蒂德完全明白汽车制造商们对安全气囊尚未完善就被强行推入市场的担忧。Stratacomm 公司的团队成员还包括 NHTSA 的前发言人罗恩·德福和一位杰出的战略家杰夫·康利。当我还在 AAMA 的时候，康利就曾担任过我和安迪·卡德的顾问。经过一轮头脑风暴，我们想出了不少关于消息传播的点子。

但是，我们怎么才能说服一群顽固的、无视铺天盖地新闻报道警告、继续让自己的孩子坐在前排的成年人呢？我们意识到，最好的方法或许是劝说这些孩子们。

这并非没有先例可循，一些环保组织就很聪明地选择在校园里宣传"见到污染，一声吼"，还有一些禁烟组织也在孩子们很小的时候就成功地影响了他们。

不过，对于那些刚好年满 13 岁、还有一年就要进入高中的处于叛逆期的青少年，要怎么才能说服他们跟他们仅有 4 岁的弟弟或妹妹一起坐在后排呢？我们必须找出一个足够有说服力的理由，更重要的是，要足够有趣啊！

我们接洽了著名的 Learning Work 公司，这是一家专门为学校开发课程的公司。通常，学校会不断地收到来自各家机构的课程推荐，而这些课程往往受制于学校的流程和有限的时间，因而往往难以被采用或未被充分利用。我们的课程被命名为"我的后排我做主！（The Back is Where It's At!）"。颇具讽刺意味的是，这个我们精心设计的准备向全国每一所公立和私立学校推广的课程，标题里竟然有明显的语法错误。

为了让课程变得有趣，Stratacomm 公司的杰夫·康利建议我找一个能够跟十几岁孩子充分沟通并建立信任关系的人，比如说科学达人比尔·奈，他为了一个无比正确的理由加入了我们，之后挽救千万孩子的性命，同时也赚到了钱。

在 1997 年年底底特律车展新闻发布会期间，我们的团队与奈和他的团队一同参加了电话会议。一个多小时后,我们把自己的想法和想要传递的信息告诉了奈的团队,他们随后开始工作。两个星期后,脚本出炉。这是一个典型的带有浓厚比尔·奈风格的表演,有趣,搞笑,十分巧妙。

之后的拍摄在底特律的几处地方选景。到了 2 月初的时候,一份样片寄到了我在芝加哥的酒店里,当时我正在参加芝加哥的汽车展。那时"气囊杀手"的报道还闹得沸沸扬扬,好在这并未影响到参加车展的人的心情。这种感觉挺不错的。我和一位负责安全事务的同事米歇尔一起看了样片,之后我把录像带放到了 VCR 中,然后静静地坐在沙发上看比尔·奈的表演,感人,精彩!在片子结束时我扭头看了一眼米歇尔,她的眼泪已经从脸颊上滑落,我的眼睛也湿润了。如果这都搞不定的话,那就没什么办法了。

不过我们很清楚一点,那就是,如果这只是个克莱斯勒参与的项目,那么无论课程设置有多巧妙,无论比尔·奈的表演有多精彩,它都很难被学校所接受并采纳。我们需要别人的帮助,需要同盟成员。Stratacomm 公司迅速行动,很快就获得了儿科医生、美国汽车协会(AAA)及其盟友、警察、护士、急救医生们的赞扬。更令我惊讶的是,NHTSA 也加入了我们的活动,真可谓万事俱备。

5 月,在华盛顿特区的一所小学体操馆内,新闻发布会如期举行。克莱斯勒的总裁鲍伯·伊顿、AAA 的 CEO 罗伯特·达尔博耐特、NHTSA 的主管里卡多·马丁内兹博士以及比尔·奈,一同宣布了这一全国性项目的正式启动。他们面对摄像机镜头细致地描述了活动细节,希望在场的成年人,主要是各所学校负责课程安排的老师们能够准确地获取活动的重要信息。而我此刻所担心的是,比尔·奈的视频——这个项目的核心内容——能不能使现场几百名孩子喜欢,他们的反应将决定我们的工作成功与否。

万幸,我们获得了那个唯一想要的结果——现场发自内心的笑声和热烈的掌声。我们成功了！这是一次全垒打，不，这是一次大满贯！

这个名为"我的后排我做主！（The Back is Where It's AT！）"的课程带着语法错误，走进了占全国95%的公立和私立学校。而发布会现场，各位大佬们佩戴黑框大墨镜的合影也被各大报纸纷纷转载，这一切都向青少年们传递着一个强烈的信息，即"坐在后排才够酷"。

作为面向公众普及的一部分，也为了让人们能更深刻地理解安全气囊的危险，我们决定通过媒体做一系列的气囊弹出演示，展示它是如何通过一次小型爆炸而弹出的。之后有一次，我出差到圣迭戈的郊区给在普利茅斯巡回的改装车做媒体预推广，中途顺便飞往旧金山去面见NHTSA的主管里卡多·马丁内兹博士。就在我的手提箱放进安检仪的同时，至少有六名警察突然出现并把我团团围住。愚蠢，我竟然把气囊演示的设备——一大块电池和一堆电线——塞进了行李箱。"小心，炸弹！"这应该是当时警察们的内心想法。

警察们押着我来到了一个安全区域外的房间里。一路上我都在担心待会儿会有一个戴着胶皮手套的医生帮我做"全身检查"（会检查肛门内是否藏有违禁物品）。在房间里，警察们开始询问我的手提箱里究竟装了什么、有何用途。我向他们解释了自己要参加的活动，并表示这个仪器将作为演示的一部分。然而他们并未被我的这套说辞完全说服，而此时我又发现自己愚蠢地把名片落在了酒店里。这真是什么都说不清楚了。情急之下，我想起了这次活动的新闻稿在我的行李箱里，于是我赶紧告诉警察们。不久，几位安检员就根据我提供的位置找到了那沓稿件。警察们仔细地阅读了稿件内容，然后通知几位安检员对我行李箱中的电线和电池进行了检查。

在这期间，我向他们解释了这次活动的初衷，即让民众们获知气囊的威力和对儿童的危险性。警官们不断地点头表示他们完全理解我的意思。几分钟后，我终于登上了前往旧金山的飞机，括约肌完好。

在摄像机的包围下,一位本地的克莱斯勒汽车代理商的机械师向观众们演示了安全气囊的触发过程。伴随着一声巨响,前排的几个人被惊得几乎跳了起来。这是一次威力十足的爆炸,以至于挡风玻璃在那一瞬间都被震得粉碎。当然,被炸碎的还有安全气囊在人们心目中的巨大的、松软棉花糖般的形象。

"哎呀,这可不妙啊!"马丁内兹在我耳边低声说道。

"不会,我觉得很好。"我回答道,"这是很棒的视觉效果。"

我随即提醒参会的媒体记者,如实播出这段演示视频,不要启用慢镜头。

"我们需要各位的帮助,让人们知道气囊的真实威力。"不久之后,那则安全气囊杀死孩子的预言便不攻自破了,每周一两个孩子因为安全气囊而致死的说法也没有成为现实。孩子的家长们听从了我们的建议。NHTSA后来将"我的后排我做主!(The Back is Where it's AT!)"称为史上最成功的安全普及课程之一。作为这次活动的主要参与者,我深感自豪。

> **危机公关一课:** 在危机中,利用一切可能的渠道把真实信息传递出去。在必要的时候拿出一些创意,尽可能地联系潜在的盟友,借助他们的帮助获得最大的影响力。

第 7 章

谢谢你，安东尼·韦纳*

我曾主持过一场最糟糕的新闻发布会，直到前纽约州议员安东尼·韦纳挥舞着一张不友善的照片取代了我的位置这事才算过去。曾经在1998年年底的底特律国际汽车博览会上，我们准备向人们展示一款以塑料为材质的"轻混合动力"概念的道奇探险者车型。

事实上，这款车的外形看起来与一般的非混合动力的新车并没有什么不同，然而，那几年，克莱斯勒的汽车绝对是汽车展上的明星。一系列极具观赏性、娱乐性的新车发布会让克莱斯勒吸睛无数，成了众人关注的对象。我们整个团队成员无比自信，失败在我们看来是难以想象的。

参加会前头脑风暴的人员，除了克莱斯勒的公关人员外，还有负责现场表演的合作公司的代表罗斯·罗伊。这其中有人提出了一个模仿《危险边缘》节目的点子，即通过游戏的方式把历史上那些著名的发明和克莱斯勒如今的创新联系起来，届时在舞台上，达·芬奇、居里夫人、爱因斯坦等代表创新与智慧的人物将以参赛者的形象出现。整个剧本写得非常滑稽，非常适合美国观众。然而我们却忽略了一个重要事实，那就是作为一次国际车展，展会上有许多来

---

* 前民主党纽约州议员安东尼.韦纳，政治新星。在2011年至2016年期间，曾多次被曝出向女性发送猥亵照片的丑闻，其中他在2016年美国总统大选期间被曝出的丑闻间接导致了FBI重启对希拉里"邮件门"的调查，韦纳于同年辞去众议员职务。在一次丑闻曝光后的新闻发布会上，韦纳的讲话多次被叫骂声打断，现场混乱不堪，故被本书作者称为"史上最糟糕的新闻发布会"。——译者注

自法国，日本的参展商，还有那些不苟言笑的德国参展商。

我毫不掩饰地在现场展示自己的幽默感，并愚蠢地认为参展商们可以不用翻译就能理解我们在舞台上的表演。按照剧本的设计，在一场滑稽的问答游戏后，设计大师汤姆·盖尔将和一位开着塑料汽车的8岁小演员共同登场向人们展示新车。

明白了吧？！我们整场演出的核心思想就是为"新新人类"设计更环保、更佳性能的汽车。就在汤姆·盖尔向人们讲解"轻混合动力"的概念时，那个小坏蛋或小可爱或许觉得光摆几个造型还不过瘾，于是自作主张地跳出塑料汽车即兴表演了一段芭蕾舞。盖尔被这突如其来的一幕搞得有些不知所措，也没人能听见他在说什么。

我后来才知发布会仅仅持续了22分钟，然而当时我的感觉仿佛就像是持续了两三年一样。而就在这场发布会进行的同时，戴姆勒公司的尤尔根·施伦普和克莱斯勒公司的鲍伯·伊顿正在克莱斯勒奥本山的总部协商那个在汽车史上颇有争议的被人们称为可笑的"平等收购"计划。如今想想，我们当时那场灾难般的发布会或许是帮他们打了"掩护"。

郁闷之中，我给一位在尼桑的朋友蒂姆·麦卡锡打了电话。蒂姆曾经是尼桑政府事务部门的主管，也是我的一位老朋友，当年曾在美日汽车交易条款的交锋中跟我交手数次。我们之间的关系亦敌亦友，就像动画片中的狼和牧羊犬那样，争斗了一整天，然后互道晚安各自回家睡觉。尼桑在1993年曾经差一点成了我的雇主，不过最终它公正地录用了黛布拉·桑切斯。蒂姆曾在去年12月向我抛出过橄榄枝，不过被我婉言谢绝了。

尽管刚经历了一场极其糟糕的发布会（都怪那个小坏蛋），可是我的工作并没受到太大的影响。当时在克莱斯勒，我和托尼·瑟沃尼（如今的通用汽车的公关部主管）一道正处在职业生涯的快速上升阶段。然而我并不快乐。我当然清楚工作就是工作，并不一定总是"快乐的"。但是，当你在工作中所花费的时间远远超出了你对家人的陪伴时间时，虽然我觉得无奈并说服自己能享受工作的过程，但是我也认为自己应获得相应的奖励。如果连这都实现不了的话，那么我至少希望自己不要那么痛苦。当经历了工作中那些最难挨的时期之后，我领悟到，如果一个人长时期地无法平衡自己的家庭、工作和朋友三者间的关系时，那么就会妨碍他的判断力，甚至令他无法清醒地思考。

鲍伯·伊顿打破了克莱斯勒内部的和谐局面，他表示将通过一项任命，在公司现有的五位副总裁之中选择一人和他一起进入公司的最高管理层。于是一夜之间，各个部门之间用几年时间才建立起来的信任关系立刻土崩瓦解，朋友变成了对手，部门与部门之间的矛盾被迅速放大，工程部铆上了设计部，生产部跟工程部对掐，而销售市场部更是人人喊打。

在电话里，我向蒂姆·麦卡锡透露了有意另寻出路的想法，他十分开心。

"我这就给加州总部打电话，告诉他们这个好消息。"他说。

几周后我和蒂姆在芝加哥车展会上见了一面。

"你下周能不能飞趟加州去见下中村先生？"他问。

"没问题，我会安排好行程的。但是，蒂姆，我们的动作必须要快。"

最近一段时间，尼桑汽车频繁出现在新闻报道中，然而大多不是什么好消息。尼桑在北美的市场亏损严重，而在其国内，市场份额也出现了大幅下滑。一周后，我在加迪纳抬头仰望着尼桑北美总部那栋光秃秃的大楼，也见到了尼桑北美总部的总裁中村实和他的二把手浩二，这两个地道的日本人，被日本总部派来接手上一任总裁，即美国人鲍勃·托马斯留下的烂摊子。

浩二身材不高，为人和蔼，对我考虑加入一事表现得十分开心。相比之下，中村则要严肃得多，他询问了我对于尼桑的看法。

"很好的公司，不过跑偏了方向。"我说，"你们需要做两件事，即把那些美国本土化的东西去掉，找回属于你们自身的基因，保留日本汽车本身应有的特质。"

中村笑了，"你介意我抽支烟吗？"他问。

"干吗问我？你才是老板啊！我能一起抽吗？"我抽出一支烟问道。

他的眼睛一亮，说："我们到外面去吧，加州不允许在建筑物里面抽烟。"

我们来到户外，你一根我一根地抽了起来。他问起了我的家庭情况，我也问了他一些问题。我能看得出中村当时很开心，别的不论，至少他在加州遇到了一位烟友。回到办公室后，中村神情严肃地跟我说："我们眼下要处理的问题很多，行动要快。如果我们决定向你提供这份工作，我不希望在合同的细节方面再浪费时间。"

两天后，我接到了蒂姆·麦卡锡的电话。

"嘿，他们很喜欢你啊！不过有件事我说了你可能会生气，你还得再进行一个面试，田纳西州士麦那生产总部的头儿杰瑞·本尼菲尔德是一个挺嚣张的家伙，他说要见你一面。其实原本他打算让自己手下的 HR 去总部接替公关部主管的工作的，可如今你出现了，于是他准备要给你个下马威。加州那边出于礼貌同意了。"

于是，在又编了一个理由请假以及又进行了一趟飞行之后，我见到了非常不友善的尼桑生产总部主管。

"我怎么能知道你不是想利用这份工作当跳板找一个更好的机会呢？"

"你不必知道，"我直截了当地回击道，"这份工作也不是跳板，以尼桑的规模，公关部主管已经是个很好的职位了。"

面试结束，我从士麦那飞往菲尼克斯，去参加在那里的一个路演。

过了两天我返回底特律，在家中接到了尼桑 HR 部门相关人员打来的电话，他们愿意给我提供一个职位。我给了他们一个克莱斯勒的传真号码，然后紧张地守在传真机前等着接收文件。尽管他们开出的条件比起我在克莱斯勒的工资已经有了不小的提升，但考虑到我在克莱斯勒的前景，我觉得这份合约并不理想。

那天晚上，我妻子给了我一个明确的表态："我不会带着孩子们跟你搬去那个什么东西都死贵的加州的。"

晚餐后，我和往常一样跟我的孩子们打篮球，她们一个10岁、一个8岁，还有一个刚满5岁。几分钟之后，我妻子来了，她捡起球走过来亲吻了我。

"亲爱的，你去哪里我们就去哪里。"

第二天中午，我给尼桑HR部门回了电话，告诉他们我需要一个更好的待遇，他们答应晚点回复我。大概一小时后，我接到了他们的回电，新合同比起之前合同的待遇要好得多，我很满意。

"这还差不多，发过来给我签字吧！"

我又一次紧张地站在了传真机前，收到后快速地浏览了一遍，然后签字发回给对方确认。过了大概15分钟，我拨通了尼桑HR部门的电话。

"你们收到了？"我问。

"是的。"

"那我现在算是正式入伙了吗？"

"是的，此时此刻。"

返回办公室后我草拟了一份辞职报告打印出来，然后走进史蒂夫·哈里斯的办公室。

"我能把门关起来跟你说点事吗？"

"好家伙……"史蒂夫似乎有所预感地说道。

"我已经是尼桑北美公关部的主管了。"

"尼桑？鲍勃·鲁兹（克莱斯勒副总裁）前两天还和我聊到过，他说尼桑已经不行了。"史蒂夫·哈里斯脱口而出，之后他又很快地意识到有些不妥。

"真是不好意思，我的本意是他们正好需要像你这样的人才，恭喜啊！"

"我知道他们现在的情况不是很好，但也没糟到那种程度吧。"我此时还沉浸在新机会带来的兴奋和喜悦中。

我和哈里斯握手道别，他给了我一个拥抱。在我职业生涯中的很长一段时间里，他都给了我很多帮助，他就像一个低调的老师，从不畏惧和更出色、更聪明的人一起共事。

"你就是我的尤达*啊，史蒂夫。"在离开他的办公室前我这样对他说。我是他培养出来的汽车公关"绝地武士"。

那天快要下班的时候我正在办公室整理个人物品，突然我们的一位保安约翰·图罗克（也是我的好朋友）和一位警察出现在了我的办公室门前。和他们一起的还有麦克·莫里森（留着小胡子的稿件撰写主任，李·艾柯卡的很多精彩演讲都出自他之手），是克莱斯勒公关部的二号人物。莫里森站在那里神情凝重地摇着自己那颗光头。麦克和我的关系向来不错，但是此刻的他看起来并不开心，这可不是什么好事。

保安约翰告诉了我一个坏消息，他们通过监控我的开销记录，认为我有挪用公款的嫌疑。

"很抱歉啊，杰森，"他说，"这位警官要逮捕你。"

"什么乱七八糟的？你们在说什么呢？"我吼道，"你的警徽呢？"

那个警察拿出警徽在我的面前晃了一下，那应该是真的，看起来很有分量，上面署名奥布莱恩和一串警号。

"我说，你们一定是搞错了吧？"

---

* 尤达（Yoda），好莱坞电影《星球大战》中的虚拟角色，拥有强大的力量、智慧和至高的品格，其作为导师培训了一大批绝地武士，因而也成了绝地武士团的领导者。——译者注

这时莫里森开口了："我们已经注意你很久了，杰森，该死的！"

我就这样一头雾水地被警察带离了办公室，走过走廊，万幸，没戴手铐。而就在我们即将离开办公区的那一刹那间，一群人突然高声喊道："Surprise！"原来是整个部门串通好的，要用这么一个恶搞的方式给我送行，而平日里整个部门最擅长搞恶作剧的是我。真是出来混，迟早要还的啊！此时的约翰也已经憋不住笑了，而莫里森更是笑破了肚子。

我看着眼前的这位警察问道："那他到底是谁啊？"

原来那是约翰的一个哥们儿，操着一口标准的墨西哥口音，我竟然没想过一个墨西哥裔警察怎么会叫奥布莱恩（典型的爱尔兰姓氏）呢，阴沟翻船啊！

第8章
初到尼桑，当头一棒

离开克莱斯勒之后，我来到位于加迪纳的尼桑总部填写入职材料，并顺便适应下新环境。按规定，我应该在两周后才正式开始工作，但因为有很多事需要准备，所以我还是提前准备一下。克莱斯勒在我离职的事上表现出了极大的宽容，尽管我没有遵循提前两周通知的惯例，对此我虽心怀愧疚，但却也别无他法，毕竟我要跳槽的是竞争对手的公司。

我兴冲冲地找到中村先生的办公室，此时我是他手下的新任PR主管。像很多传统的日本人一样，中村的脸上总是一副严肃的神情。

"我想我已经说过了，我们没有谈判的必要。"

嚯，这语气怎么听着像要在头天上班就开了我似的，我心想。

"哦？这么说，您的开价已经没有回旋余地了？"我回道。

话说出口的同时我的大脑也在飞快地运转，眼前这个日本人不会听不懂这句话的意思吧。在新老板面前我是不是有点抖机灵了？

"那当然了！"中村的表情缓和下来，"我们去抽支烟吧！"

我猜飞利浦·莫里斯公司的股票那天一定又涨了。晚些时候，我心满意足地飞回底特律，这种满足源于我确信自己是被需要的，他们需要我，非常非常地需要我。我对即将到来的挑战感到十分兴奋，却不知危机也在前方静候着我，就像美国人常说的"屎就要落到电风扇上了"（指大祸将至），或者说要落到"乌七哇"（日语中的"扇子"的意思）上了。不久之后我就熟练地掌握了一堆日语词汇。

此前多年，尼桑北美分部一直以爵士乐传奇人物塞伦尼亚斯·芒克的名义，给大洛杉矶地区的一个青少年音乐发展计划提供资助。然而，当某个人的捐助占到一个项目的九成收入时，这就不是一个健康的501c方案了*，高度依赖会引发巨大的风险，尤其是当捐助者自身濒临破产时。

刚回到底特律几个小时后，我便接到了尼桑法律团队的电话，"你能早一点过来吗？我们遇到麻烦了"。

原来就在几天前，尼桑方面通知芒克的团队，它将停止对他们的资助。就合同而言，尼桑完全有权终止这一协议，然而合同赋予它的权利并不直接等同于现实的后果。芒克团队的生存瞬间变得岌岌可危，谁还能顾及什么合同？他们邀请了一位"勒索专家"——大牧师杰西·杰克逊——前来助阵。

我们一群人在尼桑PR部门楼层的会议室内集合，首先由一位法务部的律师向众人讲述了眼下的情况。从法律角度而言，尼桑完全有权终止与芒克团队的合作。不过，杰西·杰克逊牧师却发出警告，如果尼桑单方面终止协议，那他就将在全国范围内发起抵制尼桑的活动。鉴于公司目前亏损严重，恐怕任何的负面新闻都将是灾难性的。而且更麻烦的是，尼桑可能会因此得罪自己的主要客户群体。尼桑汽车在全美市场占据着4%左右的市场份额，而在美国非洲裔人群中的市场占比竟高达惊人的8%。

"我不知道你们用了什么方法能搞定这么多非洲裔客户，不过很明显，这种抵制活动绝对会要我们的命的。"我说。

巴基·卡尔是位来自田纳西州的硬汉，从会议开始起他就安静地听着PR和法务部门的发言，然而此时此刻他已难掩怒火了。

"我们资助了这些城区里贫穷的黑人孩子那么多年，这下倒成了种族歧视

---

* 美国法律规定的可享受免税待遇的非营利性组织的营收。——译者注

了？"他咆哮道，"这就是赤裸裸的勒索！"

"没错，"我说，"可是巴基，现实是从来没人逼我们，而是我们自己心甘情愿地给人家当奶妈的，而且还是唯一的一个，如今被勒索纯粹是自找的。更何况这件事对杰西·杰克逊而言简直太轻松了。想想吧，贫穷的黑人孩子，即将破碎的音乐梦，他连一滴汗都不出就能打垮我们。我以前跟他打过交道，这家伙虽然满嘴跑火车，但绝对擅长此道。趁着还来得及，我们应该赶紧讲和并提供补偿方案，然后给他们断奶。咱们没精力跟他们纠缠，还有更重要的问题要解决。"

我们就是这样做的，妥协，安抚，然后向着更大的危机出发。

尼桑的问题不在于濒临破产，而是比破产还要更加糟糕。除 1996 年以外，尼桑从 1991 年开始就一直处于亏损状态，它在全球市场的份额已经从 6.6% 缩水到 4.9%。在汽车行业中，市场份额的每一个点都可以折算成近 30 亿美元的利润，而这就意味着尼桑每年要承受近 50 亿美元的业绩下滑。而比业绩下滑和市场份额缩水更令人担心的是，尼桑的新车研发能力已近乎枯竭，研发系统处于瘫痪境地。更具有讽刺意味的是，他们还在不断地将过多的人力、物力投向他们持续恶化中的全球销售网络。

尼桑北美分部的运营情况尤其糟糕。通常人们会觉得，作为尼桑的管理者，通过在美国地区售出汽车和卡车来创造收益应该是最基本的考虑。然而，位于田纳西州士麦那的尼桑生产总部的管理层却不是这么想的，他们把尼桑北美分部当成了"利润中心"，即便在有效订单不足的情况下也会拼命造车，这消耗了大量的资源。

而尼桑的金融部门，职责应该是为新车的销售和推广进行融资，可它只顾着账面漂亮，置尼桑的整体利益损害于不顾。市场营销部更是一个重灾区，在前任 CEO 鲍勃·托马斯的带领下，该部门研究出了一套十分奇葩的推广方案。先说广告吧：让几只狗半夜溜进车里，人模人样地坐上驾驶席位，然后一位身材矮小、举止古怪的亚洲中年人对着屏幕高喊："狗狗们都爱大卡车！"而另一方面，它又以每个月只有75美元的价格提供卡车租赁服务，这使得一些穷到连裤子都快穿不起的老兄们也开上了尼桑的卡车，付不起租金就选择违约，于是尼桑北美分部就成了一个几乎被烂账压垮的银行。

万幸的是，尼桑的管理层意识到了事态的严重性，在经历了一系列灾难级的厄运之后，他们还是难以置信地在美国东北部市场占据了一席之地，如纽约、马萨诸塞和新泽西。尼桑锁定了东北部最出色的一位销售人员，并提拔其成为全美范围内的销售主管，此人名叫麦克·瑟基。瑟基的销售团队在纽约地区战绩卓越，跑赢了丰田、本田等主要对手。这位来自泽西区的家伙口才极佳，总能在人群中脱颖而出。他MBA出身，有一颗极具分析能力的脑袋，不拘小节，满口粗话，我们俩一拍即合。

"你觉得尼桑的问题到底出在哪里？"这是我初次见到他时向他抛出的问题。

"因为狗狗们都爱大卡车啊！"他笑道，"但问题是狗们都买不起车啊，于是我们只好把卡车都卖给那些连杯咖啡都买不起的人，但三个月后我们连一分钱都没收到，只能把车再拉回来，结果发现车价贬值了一半甚至更多，这就跟杂货店里的面包发霉降价是一个道理。我们的剩余价值就是狗屎，甚至狗屎都不如，这种状况必须改变！"

瑟基的坦诚让我对尼桑眼下的困境有了一点了解。有这样一位精通汽车销售和运作的高手一起共事让我感到踏实，然而这还远远不够。

在我进入尼桑两周后，PR团队的另一位同事蒂姆·加拉格开车带我去了尼桑位于加州拉荷亚的设计中心。蒂姆属于典型的PR人，和蔼，健谈，还是一个彻头彻尾的大忽悠，可以和这个星球上任何一位汽车杂志的记者把酒言欢。

在拉荷亚我们见到了尼桑的总设计师杰瑞·西斯伯格。西斯伯格个子不高，但十分健硕且精力旺盛，作为一个五十岁出头的中年人，他的身材好得令人惊讶。他颇有兴致地向我们展示了一系列的老款概念车型，还把我们带到他的工作室，那是他的设计师团队平日里"施展魔法"的地方。当然，他们还会在后院打打篮球。不过，眼下这工作室里却并没有太多"魔法"，或者公平点说，是在尼桑日本总部的频繁干预下被封固了魔力。

在工作室中央的一张桌子上陈列着一个四分之一比例大小的黏土结构的概念车模型。

"那是什么？"我问西斯伯格。

"我们管它叫SUT，是SUV和皮卡的混合体。"他说，"我们发现皮卡车的车主通常只会用到载斗的三分之一，所以我们就想，不如尝试取一部分浪费的空间放到车厢里，内置就模仿SUV那样。"

"能上市吗？"我问。

西斯伯格微笑的脸上浮现出一丝落寞的神情，"我们还没机会把实体车模做出来"。

我转向工作室的四周环顾了一番又问道："那Z型车呢？"

早在20世纪70年代，尼桑Z型车曾凭借其时尚的外观、精美的线条，和足以媲美运动跑车的性能在美国市场上风靡一时。这款车最早于1969年以Fairlady Z的型号在日本国内首次亮相，此后登陆美国，更名为Datsun 240 Z。除去外观及性能上的诸多优点外，Z型车最大的优势是价格，普通大众都可承受。它迅速改变了尼桑在美国人心目中的形象，从经济实用的小型车品牌变成了一个有品位的日本品牌，聪明又性感。然而在经历了两代之后，Z型车被卷进了丰田、三菱的高端跑车之争中，逐渐丧失了其价格优势，自此一蹶不振。

"Z型车，"西斯伯格抿嘴一笑，用手指了指自己的头，"它在这里。"

"哈！"我兴奋地拍了拍他的肩膀，"把它做出来啊！"

"我也很想呢，但是没有钱啊！"他无奈地说。

"我来帮你弄，"我自信地说，"你需要多少？"

"两个都做吗？"西斯伯格指的是新款 Z 型车和 SUT。"完整比例的黏土模型差不多要几百万呢。不过要是你认真的话，我明天就能给你具体的数额。"

"嘿，如果再不给外面的人看到点真本事的话，那尼桑就真的完蛋了。"说罢我们离开工作室返回加迪纳。

第二天一早，我拨通了瑟基办公室的电话。

"西斯伯格有两款很棒的概念车，我们得让他把模型做出来，让外界看到尼桑还健在呢，不过他现在没钱。"我正打算给他描述一番昨天在工作室看到的情形，"有一款叫 SUT 的车，它是……"

瑟基打断了我的话，"那个车型我两周前看过了，很有卖点。另外一个车型是什么？"

"还在他的脑子里，"我说，"一款新的 Z 型车，时尚、性感，是草根阶层买得起的运动车。"

"他差多少钱？"瑟基问道，他显然被勾起了兴趣。

"差不多几百万吧！"我说。

"我的上帝！"电话那端的瑟基说，"我能给你弄到一百万，不过这事最好还是先跟 Minilou 谈谈。"

Minilou 是我们的老板，也就是 CEO 中村、我的烟友。在他接任 CEO 的仪式上，当时的市场部主管杰瑞·弗洛伦斯当着全礼堂的人的面把新总裁的名字错念成了 Minilou，而不是 Minoru Nakamura，于是员工们将错就错就把这个名字用起来了。我来到尼桑后不久弗洛伦斯就离开了，此后他还担任过美国退休人员协会（AARP）的高层，直到英年早逝。不过他给中村起的名字保留了下来。Minilou，哈哈，我第一次听瑟基讲这个故事时笑喷了。

"Minilou 交给我，我有秘密武器。"我告诉瑟基，"我会告诉他你支持这个项目并且愿意提供资金。"

其实我的秘密武器几天前就已经公开了。自来到尼桑后的每一天，我都会和中村在办公楼院子里一起抽烟，早上抽，午休抽，下班后也抽。我不用去他的办公室里汇报工作，一切都在吞云吐雾间谈妥了。

之后的一天 Minilou 突然来到 PR 部门所在的楼层，并径直走进我的办公室。正当我的秘书邦尼在座位上惊讶之余，他来到我的办公桌前摊开了手掌，向我展示了一个类似老头用的存钱罐。他把顶部拧开，我看到里面有线状的防火材料，原来是一个便携式烟灰缸。

"我给你也弄了一个。"说完后他转身便离开了。

邦尼随后走进来问："刚才那是怎么回事？"

"他给了我这个。"我把总裁刚刚送的小礼物展示给她看。

"我的上帝，你知道这有多重要吗？"她说道。

"没错，我确实挺需要这个，日本烟灰缸。"我调侃道。

"不是啊，笨蛋！"她说，"这说明他把你当成自己人了，懂吗？自从他来到这里后，还从来……我是说从来没有到过我们这一层。"

哈，谁说抽烟没好处的？

我给 Minilou 的秘书朱迪打了一个电话。"他要下楼抽烟的时候麻烦告诉我一声，我有重要的事要跟他说。"我小声说道。

"可是，他现在就在办公室啊，你可以直接来找他，杰森。"

"噢，不行，"我说，"这事必须等抽烟的时候说。"

几小时后我、中村以及"莫里斯先生"*一同出现在楼下。我向他介绍了打造概念车模型的计划，并告诉他麦克·瑟基也支持并愿意提供资金。

"去做吧！"中村一边说一边掐灭了 10 分钟之内的第三根烟。"不过，眼下不要声张，我们还不能让日本总部那边知道。"

---

* 指飞利浦·莫里斯公司生产的香烟。——译者注

第 9 章
找回那已失去的优秀基因

第二天一早,我接到杰瑞·西斯伯格的电话,他说 Metal Crafters——一家为很多汽车公司制作概念车模型的金属加工厂——报价 200 万美金制作两个全比例模型。我告诉他我们总共只有 100 万。于是一天后他回复我说,加工厂那边同意让步,根据我们给的预算做一个全比例的尼桑 Z 模型和一个 1/4 比例的 SUT。

"1/4 比例,那不是看起来就跟玩具车一样吗?杰瑞,"我说,"必须要全比例的。"

经过几小时的讨价还价后,西斯伯格带回了一个很奇怪的解决方案:两个车都做全比例模型,还原真实尺寸,只不过每辆车只做三个面,第四个面用黏土抹出大概的样子。

这听起来实在是够不伦不类的。

"我们可以告诉人们,这两款车还在研发中。"我一边说一边暗自奇怪这鬼主意我是怎么想出来的。

"我可以接受。"西斯伯格说。

也没有别的办法了,我们找不到更多的资金。SUT 的设计方案很快就完成并送到了金属加工厂,不过 Z 型车的设计还在西斯伯格的脑袋里。我们都清楚尼桑需要什么,即复活经典——一款大众在价格上可以承受的、升级版的 Datsun 240 Z。不过这个想法在实现的过程却并没有想象中那么顺利。

第 9 章　找回那已失去的优秀基因

西斯伯格把工作室复原到 20 世纪 70 年代的模样，还找来了一辆原版的 Z 型车启发灵感。事实证明，这种做法适得其反，就像你搂着新媳妇正甜甜蜜蜜的时候，前妻却坐在对面的沙发上看报纸。老款 Z 型车的痕迹必须清除。

西斯伯格正忙着在工作室里施展"魔法"，而我和瑟基以及我们的老板 Minilou 正在思考该如何再次吸引人们对尼桑的兴趣。还记得我之前强调过的指导原则吗？永远将你的客户利益放在第一位。而在这方面，尼桑绝对是个负面的典型。

如果你不了解汽车行业，那么请你不要感到惊讶。事实上尼桑的客户就像福特、克莱斯勒、丰田等汽车制造商的客户一样，并不是一般意义上的消费大众，而是汽车经销商们。由于长期缺乏新款车型，尼桑的很多客户都已经流失了，现在需要重新说服他们把目光投向我们。更重要的是，说服我们的经销商们继续跟我们站在一起。

"我们需要组织一次路演，瑟基，"我说，"我们需要给经销商、汽车行业的分析师和媒体看点新东西，激发他们的兴趣。"

这不是什么新点子，克莱斯勒曾经的 PR 主管史蒂夫·哈里斯曾在 20 世纪 90 年代，即克莱斯勒深陷危机之时，采用过类似的策略。

"我们要让他们看到全新的 Xterra（很棒）、新款 Maxima（一般般），尤其是，要向他们展示我们的概念车——SUT 和最重要的 Z 型车，那才是我们的基因。"我向瑟基恳请道。

"咱们去找 Minilou 谈谈吧！"他说。

我不打算把这事留到抽烟的时候再说了，我需要瑟基的帮助，需要他的经验、他的激情，当然还有他们市场营销部的资金。

"让我先想一下，先做个预算，然后我们再去跟 Minilou 谈。"我说。

我熬了整整一个通宵，终于做出了一个方案。我们的路演要展示已经投产的新款 Xterra SUV、新型 Frontier 小皮卡和概念车 SUT，以及我们的重磅车型——尼桑新款 Z 型车。路演从纽约开始，首先要面对经销商，之后是汽车行业的分析师和媒体。路演还将抵达底特律，以及田纳西州的士麦那——尼桑北部总部的所在地。我们希望新款车能让工人们兴奋起来，毕竟在此前很长的一段时间里他们都忙于处理库存。路演的最后一站将是洛杉矶。

不到一周后，我和瑟基来到了中村面前，向他展示了我们草拟的"新尼桑"路演方案。他很欣赏我们的方案，但也提出了一个问题，那就是路演为什么没有包括英菲尼迪——尼桑旗下的豪华车品牌。

英菲尼迪这个品牌从创建伊始就有点先天不足。它作为丰田豪华系雷克萨斯的主要竞争产品，尼桑早在十几年前就对它开始了一系列的广告宣传。然而奇怪的是，推广人员拒绝在广告中展示该产品，甚至连一张车的照片都没有，全程只播放田野、森林和自然风光。这一系列堪称行为艺术的广告被业内人士嘲讽为"石头和大树"。事实上，英菲尼迪旗下确有几款不错的车型，但作为一个品牌，它几乎夭折了。

不管怎样，我们还是邀请英菲尼迪的主管汤姆·奥比加入我们的路演，让人们看看尼桑和英菲尼迪都还健在，可是他拒绝了。对此我们如实回复了 Minilou，并告诉他不能再拖了，必须立刻行动。我们的经销商已经失去耐心了，市场份额在不断地缩减，而紧随身后的媒体更是对我们一路看衰。

"你说的这些我都懂。"他回复道。

中村还需等待东京总部的允许才能批准我们的方案，不过此时的东京总部已经自身难保了。就像后来人们从费尔斯通轮胎公司、丰田汽车等日籍企业驻美国公司中领教到的那样，任何重大决定都要跨过大洋等待从日本总部发出，而这样做的结果就必然是令人沮丧的等待、消耗和计划的无限期推迟。

此时的尼桑面对的已不是手指流血这样的小麻烦了，而是如同败血症一样的绝症。美国公司的高层之间早已流言四起，大家纷纷议论尼桑的命运岌岌可危。不久后，流言停止了，日本政府决定出手相助，向他们的第三大汽车制造商提供一笔价值5亿美元的无偿贷款以维持其正常运转。你不得不承认，日本政府的确为它的制造业和制造商们提供了很好的保护，至于美国政府，其作风则大不相同。十几年后，一群美国汽车行业的高管为了得到政府对通用和克莱斯勒的救助，要承受无数来自国会的抨击和苛责。而日本政府则恰好相反，它跟韩国、德国政府一样，都深知强大的汽车制造业对一个国家经济的深远影响。

一周后，Minilou打电话让我和瑟基去他的办公室。

"你们可以做路演了，不过一定要控制好预算。"他脸上带着笑意说。

终于可以出手啦！

一个月后，我们出现在纽约第7街53号的希尔顿酒店里。我们需要给经销商们一个惊喜，让他们重拾对尼桑的信心。路演进展很顺利，麦克·瑟基和设计师杰瑞·西斯伯格就像两位活跃的拉斯维加斯秀场表演者。瑟基在路演前的一周钓鱼时手被划伤了，裹了一层厚厚的纱布，路演时，他把那只受伤的手举到半空中对台下的经销商们说："你们还记得那则愚蠢的狗爱卡车的广告吗？上周我被狗给咬了，这令我很生气，现在我要把这群笨狗给打跑。"台下的经销商们笑作一团。

随着尼桑新产品的不断亮相，台下掌声也逐渐热烈起来。最终，当我们揭开新款Z型概念车的神秘面纱后，现场的气氛被瞬间被引爆了，所有人都起立鼓掌，我甚至从几位经销商的脸上看到了流下的泪水。没错，尼桑正在试图找回曾经有的"魔力"，而对于我们的经销商而言，也许，仅仅是也许，他们数以百万的投资如今终于有盼头了。

我们随后为行业分析师们和各家媒体所作的展示也进展顺利，收到了很多积极的反馈，只是这些还不足以让我们扭转目前的颓势。业内人士对尼桑的未来仍旧存疑，很多人更保留观望态度，毕竟尼桑仍处在破产的边缘，出路未明。绝大多数人都认为尼桑只能等待一个有实力的公司前来接盘并为其输血续命。

我们的路演随后又去了底特律，最后在洛杉矶结束。在我看来，我已经帮助这家企业从死亡线上挣脱出来了，此刻我很自豪，也很享受这份成就，直到英菲尼迪的产品规划主管打来电话。

这个极度令人生厌的家伙，我在开车返家的途中接到了他的电话。

"路演不错啊！"他说，"不过，我想告诉你，因为你们的路演没有包括我们的产品，所以你们已经把英菲尼迪的每个人都给得罪了。"

我的怒火瞬间喷发，这些天来长途奔波所累积的疲劳已经让我失去耐心和理智，我对着电话破口大骂："当初我们恳求你们一起参加时，你们这群二货拒绝了。我原以为你们有什么高招呢，事实上你们什么都没有。你还有脸给我打电话？"

我冲着他一通猛吼，直到把车停在家门口的停车道上。当时我的妻子和孩子们正蹲在路边用粉笔在地上画画。

"嘿，亲爱的，还顺利吗？"她关切地问道，我的心中涌起了一阵暖意。

"好极了！"我说。然而事实上此时我已经筋疲力尽了。

第10章 与鲨鱼共舞

我们的路演取得了不错的效果,然而媒体记者们对尼桑未来的猜测却并未停止。《华尔街日报》驻底特律的记者鲍勃·西蒙森来到洛杉矶,准备采写一篇关于尼桑至少在美国境内复苏的潜在可能性的文章。我在克莱斯勒工作时就认识鲍勃并与他成了好友,他也很欣赏我的坦诚的交流方式。

在来到尼桑之前,我曾作为克莱斯勒"三巨头"的游说成员之一在华盛顿与日本品牌的汽车制造商们博弈多年。在尼桑宣布我加入时,鲍勃发表了一篇文章,并拟了一个极具调侃意味的标题:"旗帜反转:曾经的爆破队长,如今的拆弹专家"。

鲍勃这次打算分别采访瑟基、中村和我。

"这家公司是怎么陷入困境的?"鲍勃向我发问。

"这个嘛,"我说,"我们把汽车和卡车卖给那些没有偿还能力的人,以至于后来被坏账压垮了,收回的车也严重贬值。另外,我们也没想到狗看完广告之后竟然不来买车啊。"

西蒙森笑出了声,边听我说边在记事本上记录。

"基本上呢,"我继续说道,"我们就是让一根叫'愚蠢的棍子'给打晕了。"

两天后这句话出现在了鲍勃的专栏文章里。

"笑死我了。"麦克·瑟基看到《华尔街日报》后笑个不停。

"'愚蠢的棍子',真经典!"

瑟基当然会喜欢这篇报道，因为其中一句提到"瑟基和瓦因斯正努力引导尼桑走向复苏"。

不过中村会怎么呢？这篇报道的效果很棒，然而无论美国境内对尼桑复苏的议论有多热烈，它的未来依旧乌云笼罩，是时候找他抽一支烟了。

"杰森，你说的这根'棍子'究竟是什么呢？"中村问道。

我一边抽出一支烟一边思索着怎么回答他。

"喔，它指的是我们过去采用的体制。"我回答道。

我同时在想，中村到底知不知道这个英文单词是什么意思呢？

"'体制'就是……"

他打断我说："我当然知道'体制'是什么，我又没被'愚蠢的棍子'给打到。这篇文章中的绝大部分内容都很棒，只是我不确定东京那边是否满意。不过我挺你，就像他们总说的，加油干吧，朋友！"

几周后，《新闻周刊》又以"一根'愚蠢的棍子'"为题发表了一篇文章。他们认为在一般情形下，这样的言论足以让一个公司的PR主管遭到解雇，可是对深陷困境的尼桑而言，能如此直接、坦诚地面对过往的错误或许是一个积极的信号，正所谓知耻而后勇嘛。

与此同时，杰瑞·西斯伯格正在加班加点地设计新款尼桑Z型概念车，距离我们下一次展出——北美国际汽车博览会（我个人更喜欢称其为底特律汽车展）只剩下几个月的时间了。

我们几乎在跟鲨鱼跳舞。在此我说明一下，这个典故通常用来形容一个人丧失理智或彻底疯了。这源于多年前的热播剧《快乐的日子》中的某一集，大反派人物方奇踩着滑板从一只食人鲨的背上跳了过去。那一幕蠢透了，这部神剧没过多久也就停播了。

麦克·瑟基来到我的办公室，他提出了一个构想。

"我有个很大胆的主意需要你来帮忙。"他操着浓重的新泽西口音说。

"什么?"我问。

"我觉得我们应该找一个最牛的人来代言!"他喊道。

"谁啊?"

"李·艾柯卡!"

"李·艾柯卡?"我惊讶得下巴都要掉下来了。

"没错,兄弟,李·他妈的·艾柯卡!你帮帮我,咱们一起拿下他!"

我得承认,这一想法确实够大胆,那一刻我甚至感觉自己的大脑有点缺氧。没错,我的确认识李,他也认识我。当这位传奇人物从CEO的位子上退下来时,我还只是一个PR中层,偶尔负责给他的演讲稿里写几句笑话。

别的不说,这一想法最大胆的地方莫过于,李·艾柯卡一直被视为美国汽车业内狙击日本品牌的旗帜性人物,此前他在对日产车不平等贸易上的立场是出了名的强硬。不过,这也的确是把双刃剑。还有什么能比一个长期敌对的人突然开始支持你更有说服力呢?我们找到我们的PR合作机构埃德尔曼公司的人商议,他们也很喜欢这个主意。他们的头号干将、前总统罗纳德·里根的幕僚长麦克·迪弗告诉我们,他至少可以安排我们一次与艾柯卡会面。

一周后在比弗利山庄的半岛酒店,我、瑟基、迪弗和李共进早餐。

"你小子疯了吗?"李·艾柯卡在见面握手时冲着我说。

没有"早上好""你好"或"很高兴再见到你"这样的寒暄,也没有问"你怎么去给日本人打工"这样的话,而是"你小子疯了吗?"

退休后的艾柯卡并未赋闲,他一直在忙着卖一款电动自行车。瑟基提议如果艾柯卡愿意做尼桑的代言人,那么我们就可以尝试达成一个协议,即在我们卖车的同时,顺便帮他推广电动自行车。这主意听上去真是既讽刺又有点邪恶。

艾柯卡看起来有点动心,或许觉察到这可能成为一次复仇的机会,即报复那些不知感恩反而将他从克莱斯勒踢出局的人。众所周知，艾柯卡曾在20世纪80年代力挽狂澜，将克莱斯勒带出谷底。在一旁觉察到这一点的瑟基又适时地添了一把柴火，同意除支付给艾柯卡广告费之外，还将捐赠100万美元给他的新宠——一个修护自由女神像的计划。一家日本汽车公司花钱来维护美国人自由的标志，还有什么比这更奇怪的事吗？艾柯卡同意考虑我们的建议，而瑟基也承诺在一周内制作出一则广告方案供他审阅。

艾柯卡一周后将返回他在纽约的公寓，到时会在那里给我们一小时的会面时间。不过他表示，要做这个决定并不容易，他还需要跟他的两个女儿凯西和莉娅商量一下。

在返回托伦斯的路上，瑟基迅速地联络了尼桑的广告代理商ChiatDay公司。那天是周五，瑟基告诉公司的人需要他们在周末提出几个方案，以便他在下周跟艾柯卡面谈。公司广告人员的效率颇高，尽管时间有限，但他们还是在周二给我们发来了一份极具创意的清单，次日我和瑟基带着它即启程奔赴纽约。

当晚我们和迪弗共进晚餐。

"李本人基本同意了，不过他的女儿们担心他会因此而遭到嘲笑。"迪弗用谨慎的口吻说道，"她们对自己的老爹的保护欲望很强，怕别人说他像妓女一样只认钱。"

我们有机会，只是这机会还很渺茫。不过最终，在华尔道夫酒店艾柯卡宽敞明亮的公寓里，我们与这位传奇人物面对面而坐。

"我的女儿们觉得我一定是疯了才会考虑这件事。"瑟基尽力希望能让艾柯卡的注意力转移到我们的广告构思上，不过此时的他已有点心不在焉了。会面结束时，艾柯卡保证他会在接下来跟家人度假的时间考虑我们的建议。

周一我接到了迪弗的电话。"接近，但还没搞定。"李·艾柯卡对成为尼桑的新代言人这件事始终感觉有点别扭。这可以理解，毕竟在不久之前，这个代言人还是一位古怪的亚洲中年人和他的狗。

好在我们很快就在拉荷亚找到了尼桑的新代言人。

其实 ChiatDay 公司曾考虑过让我成为尼桑的新代言人,还派了一位项目经理来跟我谈。

"不能!"我说,"我是 PR,一个公司有软硬的两面,PR 是软的一面。"

后来,我常希望自己能收回当初的话。PR 虽经常被视为公司软的一面,然而在现实中,在帮助尼桑走出困境的过程中,光靠柔和是绝对不够的,尤其当公司里的日本 PR 们无所作为的时候,我必须要以强硬的态度去面对。

ChiatDay 公司提出了另一个人选,那就是总设计师杰瑞·西斯伯格,即跟我们一起参加路演、鼓舞现场观众的那位。

"完美,他是一位非常好的设计师,更重要的是,他很有'hutzpah'*。"我说,也不管用意第绪语来形容犹太裔的西斯伯格是不是有点政治不正确。

后来当西斯伯格决定把他的设计工作室卖掉拿去换音乐工作室时,关于尼桑未来的讨论又一次变得急迫起来,不过无论怎样,那还是比我们在 1998 年时的艰难处境要好很多。我们此刻唯一能说服自己的,就是我们还有希望,也只剩希望了。日后的经历一次又一次地教育了我,希望并不能当成一种策略。

即将到来的底特律汽车展或许是尼桑几经沉浮的历史上的最重要的时刻了。尼桑就像一辆疾驰的过山车,起伏反转,让人很难确定它在轨道上的位置。眼下我们有一些非常棒的产品正——要向媒体展示,我们要告诉媒体和大众,就像蟒蛇剧团(一个活跃在 20 世纪 70 年代的戏剧团体)的人说的"老子还没死呢!"

波尔·艾夫斯在《红鼻子的麋鹿》中扮演鲁道夫时曾精彩地演绎了"现在它要出手了"的片段。

我可以设法对付那些不作为的日本同僚,可以应对媒体一轮又一轮的质疑,

---

* 东欧犹太裔的意第绪语中的"胆量"一词。——译者注

但如果不走运的话，我可就真的没办法了。在底特律车展开幕前的那个周末，世纪暴风雪席卷汽车城，下了足足2英尺厚的积雪，温度降至冰点。西北航空公司的乘客们在飞机上滞留了8个小时，洗手间停止使用，婴儿们哭闹不停，现场混乱一片，整座城市陷入了瘫痪。电视新闻节目播报了这一情况。

底特律市市长丹尼斯·阿彻竟跑到《每日秀》上对主持人凯蒂·库里奇大吐苦水，说这座城市从没有经历过这么严重的暴风雪。这个无耻的家伙！底特律市几乎每年都要经历一两次暴风雪，可是这人又学到了什么呢？积雪堆在路面上长达几周无人清理，道路交通部门连基本的服务都难以提供，致使底特律最重要的活动——北美国际汽车博览会——随时都有被取消的危险。

我原本计划在周六下午从洛杉矶飞往底特律，然而在致电西北航空公司后，坏消息被确认了，航班取消，最早的一班也要等到下周二。那一刻我哭的心都有了，事实上，我确实在自家厨房里哭了。这么长时间以来，我、瑟基、西斯伯格和中村为参加这次车展所付出的辛勤汗水眼看就要付之东流，或者照底特律现在的情况来看要冰冻了。

别无他法，我联系了尼桑的旅行顾问迈克尔·某某（很抱歉，是麦克！早期阿尔茨海默症可能影响了我的记忆力），他答应帮忙咨询一下，但也认为照目前情况来看，基本没希望，除非……

"除非什么？"我问道。

"我可以尝试找架私人飞机。"他说。

"去吧！"我兴奋地喊道。

过了不到15分钟，亲爱的迈克尔回电话了。

"现在有架飞机，只剩一架了，报价3.5万美金，需要我们在15分钟之内确认。"

"给我点时间，不要挂电话。"我说，然后赶紧在公文包里翻找中村的手机号码（没错，那时候人们还不习惯在手机里存一堆号码）。

"中村先生，我是杰森，我找到了一架能飞往底特律的飞机，不过需要 3.5 万美元。"

电话那端沉默了一会儿，很难想象吧？尼桑，一家跨国公司，竟连 3.5 万美元的预算都没有。或许，别说 3.5 万美元了，35 美元也未必愿意出。

中村打破了沉默。

"飞机上有我的座位吗？"

我很难表达那一刻的心情，我爱我的烟友。

"当然，我一会儿给你打电话确认细节，不过你最好现在就动身去机场。"

飞机预订了，几小时后我们启程飞往底特律。

飞机降落后我们在原地停了两个小时才等到一辆来接我们的英菲尼迪 Q45。然而没过多久，车就在底特律郊外的冰天雪地里抛锚了，四周的积雪好像是大自然对我的嘲笑："看看我的威力吧，杰森！"我们花了整整一个小时才把车从雪里挖出来，而我竟愚蠢地把手套落在了家里，待回到车上时，我的手指已经冻僵了。按常规，从机场到我们酒店的车程只要半小时，但今天我们却用了两个多小时。不过，无论如何还是到了。

车展首日，原定 5 000 名记者只来了一半。然而没有关系，因为要不了多久，那些没有来的记者就能从新闻上看到展会的情况。

在竞争激烈的 SUV 市场上，我们首次亮相了尼桑经济实用且力量感十足的 Xterra。其实在我第一次听到这个名字的时候并没什么特别的感觉，直到听说它在设计阶段的另一个曾用名 Tamarack（落叶松）时，我便对西斯伯格说："哈，这名字够娘的。"

好吧，我对起名这事实在没什么研究。总之，Xterra 不是一款为强调舒适而设计的车，但如果你喜欢皮实耐用、洗车时拎根水管里里外外冲一遍就能搞定的车，那它绝对是你的菜。尤其它的后门配有一种弹出设计，可以供人将背包从里面挂上去。

这是一款很酷的车。

我们是如何策划它的发布会的呢？答案是：世界上最大的背包。在发布会开始前，Xterra 被藏进了一只高达 25 英尺的巨型背包里。发布会开始，背包被打开，令众人眼前一亮。而与此同时，发布会的手册和汽车照片都被放进了一个正常尺寸的背包里，分发给现场的媒体人，他们自然乐于接受免费的礼物。这是我在克莱斯勒时与史蒂夫·哈里斯共事期间学到的一招。

送给媒体人一件有实用价值的纪念品，他们就不会随手扔掉。随着展会的顺利进行，他们会收到很多的材料、袋子，而这其中大部分都会被扔掉，然而他们会把有用的东西装进我们送的背包里，而背包的侧面则印着尼桑 Xterra 的标记。

待展会结束后，媒体记者们将涌向底特律市区的酒店，门童的手推车上会堆满数以百计的尼桑 Xterra 背包，之后它们会跟随记者们飞往英格兰、德国、日本及世界其他国家。

车展的第二天是我们的收获日。尼桑 Xterra 虽然给我们带来了不小的收益，但对眼下正在大出血的尼桑而言也只能算是一个小小的创可贴了。我们仍需要向人们展示尼桑已经恢复了往日的元气，能够在被福特、吉普、切诺基统治的 SUV 市场上争得一席之地。在这次发布会上，我们还要展示了一款特别设计的 SUV 和皮卡车的合体——尼桑 SUT。更重要的是，尼桑 Z 的概念车型也将面世。

我们以 SUT 开场。说实话我并不太在意人们对 SUT 的反响，我关心的只有 Z 型车，因为它才是杰瑞·西斯伯格、麦克·瑟基和我的共同心血。西斯伯格在传统 Z 型车的基础上做了一定的更改，谈不上好，也谈不上坏。事实上，好坏都已不重要，这辆车只要出现便够了。

媒体的反应是，也许尼桑真的找回了属于自己的基因。尼桑汽车占全美4.4%的市场销售份额，本次车展上却占据了媒体超过1/3的报道。

这是一次绝对意义上的成功。在接下来一个月的时间里，我们都在庆祝并期待新车面世，直到某一天，挂着尼桑大旗、从东京驶来的巨轮船身一震，人们才从被大旗遮挡的部位上看到了两个红色的巨大的"出售"大字。

在2月份芝加哥汽车博览会开始前，戴姆勒－克莱斯勒公司（原克的莱斯勒公司此时已被戴姆勒公司收购）表示出对收购尼桑公司感兴趣。

这让我感到格外沮丧。

"你觉得接下来会怎么样？"我妻子问道。

我们一家人都生活在物价高得要命的加州，我们分别还有三个10岁、8岁和5岁的孩子。

"很糟糕啊，亲爱的，我不知道接下来会发生什么，或许会有人愿意收购尼桑。"

"你之前不知道这家公司的情况有多糟吗，杰森？"

"知道一点，只是没想那么多，我当时就想，在这我能有机会升到副总裁的位置。可能当时脑子懵住了。"

"没关系，我们会好起来的，总能挺过去的。"

多好的女人啊！多好的伴侣！

不过尼桑并不想把自己卖给德国人。没错，这两个国家确实曾在二战期间穿过一条裤子，可是多年来，日本一直努力地阻止德国车进入本土，并视其为国际市场上的主要竞争对手。

戴姆勒－克莱斯勒公司的主席尤尔根·施伦普则希望借此机会在汽车行业打造一个新的全球秩序：一个由德国来领导欧洲、美国和亚洲的新格局。而这正是多年前李·艾柯卡曾经试图并最终放弃的事业。当年李·艾柯卡曾想合并克莱斯勒、三菱和菲亚特，然而最终以失败告终。

不过此时尼桑公司的 CEO 塙义心已另有所属，他想抱住那群密歇根州的迪尔伯恩兄弟们的大腿——福特汽车公司。塙义敏锐地意识到福特就像一艘等待撞上下一座冰山的巨轮泰坦尼克号，而尼桑这座大冰山已经在水下静候多时了。

塙义秘密飞往底特律与福特公司的 CEO 阿历克斯·托特曼会面。他近乎哀求地希望能得到福特公司的庇护。考虑到福特公司的家族背景，他们几乎是塙义唯一信任的美国公司。有传闻说塙义甚至当着托特曼的面痛哭流涕，请求福特公司收购尼桑。

然而塙义的眼泪攻势并未奏效，托特曼拒绝了，他对尼桑石榴裙下的丑陋有所耳闻。然而不久之后，他的公司也将陷入绝境，尽管眼下他们正在享受着创纪录的收益，不过只是眼下而已。

我们在 2 月抵达了"风之城"，然而这次并没有什么新产品展示。在一个月前的底特律车展上我们已经出光了手里的牌。当然，这将是芝加哥人第一次亲眼看到 Z 型概念车，不过此时的媒体聚焦点已经全部集中在了戴姆勒 – 克莱斯勒对尼桑的收购传闻上。

就在这时，一位老朋友突然进来插了一脚。

鲍勃·鲁兹，前战斗机飞行员、克莱斯勒副总裁、李·艾柯卡公开的头号敌人、产品专家，此时是一家大型汽车电池制造商的 CEO，决定跟媒体聊一聊他对这一收购的看法。他举了一个例子，向他在克莱斯勒曾经的同僚们说明收购尼桑汽车的好处。

他认为与其收购尼桑不如采取如下做法："买上 50 亿或 60 亿美元的金条，在侧面喷上尼桑的标记，然后找一艘货轮开到太平洋中间扔掉。这样的话你最多也就亏个 50 ~ 60 亿。"

谢谢你，鲍勃，感谢你全家！你要不要再编个段子？

在芝加哥车展现场接受采访时，麦克·瑟基被问到如何看待鲍勃·鲁兹的这番言论时，他愤怒得难以自持。

"你去告诉鲍勃·鲁兹，好好卖他的电池、玩他的飞镖去吧！"瑟基用他浓重的新泽西口音吼道。谢天谢地，他忍住了没喷出那些"F"开头的脏话，看来接受采访前对着镜子练习一番还是有好处的。

我们和戴姆勒–克莱斯勒最终能否合作，或者说尼桑能否存活下来，完全取决于戴姆勒一方对收购项目的最终评估结果，这一评估过程将持续一个月左右。戴姆勒方面要审查尼桑完整的账目，这相当于对公司的全面体检，尼桑必须毫无保留地交出账目，尊严什么的必须暂时放一边。

尤尔根·施伦普迫切地希望能够收购，这对他而言无异于加冕，他将成为史上最大规模的汽车公司的总裁。然而即便他的野心如此之大，也难以吞下一只有毒的猎物：尼桑的债务规模如此之大，以至于让人绝望。而与此同时，戴姆勒在去年11月收购克莱斯勒后的一些问题也逐渐暴露出来。

施伦普无法承受更多的风险。假如尼桑最终被证明是无法挽救的，而克莱斯勒的真实问题又正在暴露，那他显然会成为全行业的笑柄。

1993年3月10日，星期三，收购宣告流产。

"我们在友好的气氛中开诚布公地商讨了双方潜在合作的可能性，但最终还是决定终止这次合作。"施伦普是这样对媒体说的，留下深陷泥潭的塙义及其尼桑公司转身离开了，而不久后他也将发现破产的梦魇正在前方向他招手。

塙义还在试图挽回面子，"我们会继续寻求合作的机会，虽然和戴姆勒的合作终止了，但我们相信还有很多潜在的合作伙伴"。

请容我翻译一下他的这段话："来人啊，救命！"

旗帜反转，公关传奇的新阵营。

第11章
法国人来了

好好想一下，法国人上一次扮演救援者的角色是什么时候了。好吧，他们确实在独立战争期间给了我们不少帮助。可是从20世纪初一直到世纪中叶，美国人已经偿还了成吨的利息，还不包括之后的一些。

我最爱的笑话之一是说有人在报纸上刊登了一则广告："卖枪，法国二战时的来复枪，只开过一次，掉地上一次*。"哈！

不过法国汽车制造商雷诺是认真的，他们已经做好了接盘的准备。当得知戴姆勒选择退出后，他们很快就意识到有机会把收购尼桑的价格锁定在最低点。雷诺的手里攥着20亿美元的现金，表示愿意向尼桑注资，而无需控股权。

在尼桑的股东们和管理层看来，保留对公司的掌控是很重要的。他们骄傲却也愚蠢，他们更愿意相信公司眼下只是得了一次感冒，而不是致命的肺炎。

然而事实是，就像雷诺不久之后发现的那样，癌症已经在这个公司的体内转移了。3月27日，雷诺与尼桑的同盟协议正式公布，雷诺将持有尼桑33.4%的股份，并拥有一票否决权。一项艰巨的改造工程即将拉开帷幕，而我也将是参与者之一。这家来自日本的汽车制造商将被彻底改变。

雷诺对未来伙伴的评估还在继续，我们急需展示尼桑最好的一面。在过去的这段时间里，我们一直努力在改变尼桑的形象，至少在美国境内还算成功。我安排美国汽车杂志《公路和赛道》的撰稿人山姆·米塔尼和尼桑的Z概念车

---

*　指投降或被俘虏——译者注

型做了一次亲密接触，我的努力得到了回报。

在杂志 4 月刊的一则长篇报道中，山姆讲述了一个标志性车型重生的故事，并指出尼桑终于找回了属于自己的基因，而文章的结尾则借用了电影《麦田里的守望者》中的一句台词："念念不忘，必有回响（If you build it, they will come）。"

没错，这就是卖点。我们从米塔尼的文章中偷走了这句借来的台词，并打算做点文章。我们联系了尼桑的活动承办商 George P. Johnson 公司，策划在一个月后的纽约汽车展发布仪式上展示新车型。3 月 31 日，我们抵达纽约。我们的计划很简单，当众宣布尼桑 Z 概念车型将投入生产，并承诺这款标志性的新款车型不久后将出现在街边经销商的展示柜中。

不过眼下我们还有一个问题：日本的尼桑总部还没批准我们的计划。晚上十一点我在酒店房间里接到了中村的电话。

"关于 Z 型车，塙义先生还没有批准。"

我目瞪口呆，简直难以相信，随即沮丧地说："好吧，那你告诉塙义先生，如果他不批准，我就绝食。"

电话那端沉默了一会儿。

"杰森，没人关心你是不是要绝食啊！"

我几乎能从电话那头感受到他此刻脸上的苦笑，我的这位"烟友"在调侃我。

"别担心，我来搞定这件事。"说完他便挂掉了电话。

三小时后，我还清醒着，紧张又气愤。我已经联系了我的团队成员，告诉他们近来这段时间所做的一切可能都是徒劳。

电话声再次响起，还是中村，他说："搞定了，按原计划进行吧！只是塙义先生对我们没有事先征求他的意见表示失望。"

我猜中村一定被狠狠地训斥了一番，不过，好在他还是争取到了。

"很抱歉，让您为难了。"我歉疚地说道。

"杰森，这是我们自己选择的，去抽支烟吧，酒店外面见！"

是得抽一支了。在经历了难熬的一夜后，这正是我想做的，抽烟去！

此时距离我在克莱斯勒工作曾经"荣获""史上最差发布会"的头衔已整整一年，是时候做出点改变了。在安排好后台等待 Minilou 之后，我回到观众席，等待发布会的开始。现场座无虚席，无须担心，作为一个注意力重度分散的人，我很少能在椅子上坐得住。

随着舞台灯光变暗、古典音乐声响起，帷幕徐徐拉开，George P. Johnson 公司制作的玉米地风光出现了，那一刻我好像回到了爱奥瓦州的家乡，那里有我的梦想和辽阔的田野，而这正是我和我的 PR 团队成员，以及瑟基、希斯伯格和 Minilou 共同努力并希望看到的。

几分钟前，我在 PR 领域的导师、通用汽车的 PR 主管史蒂夫·哈里斯告诉他的团队成员："跟我去尼桑的发布会现场，都学着点。"

辽阔的田野是如此动人，我激动地流下了眼泪。我实在太累了，但此刻又无比快乐。接着聚光灯对准了中村，他坐在舞台的左侧，面对前排的观众，手里拿着一张放大版的《公路和赛道》杂志报道尼桑 Z 概念车型的文章。

现场，尼桑的一位日本 CEO 面对台下的由美国和世界各地记者组成的观众娓娓道来。这不是什么歌舞伎之类的娱乐表演，而是关系到公司生死存亡的努力。上帝啊，我爱你！

随着音乐声逐渐减弱，Minilou 现场朗读了米塔尼文章中的最后两段，以那句台词"念念不忘，必有回响（If you build it, they will come）"结尾。

读罢，他放下杂志站了起来。

"我们会把它做出来的！"他一边紧握着拳头在空中挥舞一边高声喊道。他身后屏幕上的玉米地背景从中分开，新款尼桑 Z 型车奔驰而来。

现场无数的闪光灯闪个不停，那有点像贾斯汀·比伯离开法院时被围追堵截的场面。

我们回来了！

但愿如此！

那天是 1999 年 4 月 1 日，愚人节。有一条尼桑曾用过的标语说："生命是一段旅程，请享受这一路！"然而，回想我们所经历的一切，真是一段备受煎熬的旅程。

差不多两个月后的 5 月 28 日，尼桑和雷诺的联姻正式完成，我们终于得救了。然而尼桑的情况是如此糟糕，以至于一贯勤恳的雷诺人也无法理解这个新盟友身上的诸多顽疾。

在之后的一个月时间里，新的董事会成立了。更重要的是，由卡洛斯·戈森领导的新管理层团队也在 7 月 1 日正式亮相。戈森曾带领轮胎行业的巨人米其林走出困境，从此一战成名。他缩减成本的手段近乎凶残，也因此被人们冠以"成本杀手"的称号。

在法国人接管后，中村先生，我敬爱的 Minilou 出局了。他为了我们能在美国打开局面花了太多的钱，卸任后他被调回日本管理尼桑旗下的一家供应商。日本公司有一套知名的"内供"体系，通过控股公司建立一套完整的供应链，由总公司掌控成本和定价。如此一来，真实的竞争就不复存在了。

中村在北美公司的继任者勇树，是日本总部指定的临时主管，是个十足的混蛋，以致我的老友麦克·瑟基在他上任不久后就离开了。就在他离职前的某天，我还特地向瑟基问起了这位新领导，瑟基毫不掩饰对此人的厌恶："当心啊，他是个操纵欲很强的混蛋！"这位新主管在北美公司的人缘向来不佳，之前还曾经极力吹捧那个"狗爱汽车"的广告。不久，瑟基递交了辞呈，转投

Priceline.com 旗下。

在离开前，瑟基颇有骑士风度地向勇树提出了最后的请求，希望能获准向尼桑的董事会陈情让中村留任 CEO 一职，勇树告诉他："我不会帮你的。"

我失去了曾经的伙伴们，而新老板的外号是"成本杀手"。我准备好享受这段旅程了吗？还是先扣好安全带吧！

我的家人离开加利福尼亚回到了密歇根，原因很简单，加利福尼亚的学校实在太一般了，而等待进入私立学校的名单已经排到了几年后。在我们居住的新港海滩社区里，总是能看到各种各样经过整容的脸，无论男人还是女人，几乎没有没动过刀的。我不喜欢这里的生活，我想回家了，而尼桑给我提供了这样的机会。

他们准备换掉蒂姆·麦卡锡（我的老友，正是他把我带进了尼桑），让 HR 主管巴基·卡尔取代他负责政府事务。

"把政府事务交给我吧，我可以每周飞一次洛杉矶，隔周再去华盛顿特区，将底特律作为办公中转点。"我努力争取道，"在法明顿希尔斯（底特律周边）的技术中心给我一间办公室就可以了。"

我是幸运的，他们还不想让我离开，于是我也得以和家人团聚。尼桑给我的待遇要好过我在离开时对待他们的方式，对此我一直心怀愧疚。

在宣布任命的前一天，我正准备收拾东西前往底特律接手政府事务，然而却接到了麦卡锡的电话。

"他们是派你来取代我的吗？"他问。

我一时语塞，瞬间感觉自己像个混蛋，"蒂姆，他们决定换掉你，接替你的不是我就是巴基；如果是我，我会保护好你的团队，可他就未必了"。

电话的那端沉默了几秒钟，"你知道我活了这么多年学到的一点是什么吗？"他问我。

"人生苦涩？"我回道。

"不！"他纠正了我，"怨恨是喂给自己的毒药。"

我的朋友丢掉了工作，却没有丢掉尊严，他的话到今天还影响着我。

第12章 成本杀手

卡洛斯·戈森离开了他在东京的新家飞往美国。为了拯救尼桑，他刚刚组建了一个新的管理团队。在洛杉矶稍作短暂停留后，戈森便一路向东抵达汽车城底特律。两个地点的工作人员都对这位新老板的到来感到紧张，但同时又抱有希望。准确地说，他还不是尼桑的头号人物，那个位置还属于CEO塙义，长期巨大的压力让塙义的健康出了问题。但无论如何，在美国公司的员工心目中，究竟谁掌舵已是不言自明了。

戈森选择了底特律技术中心的一个主会议室作为临时办公室。这个技术中心的主管是一位温和的日本籍经理，一个典型的日本人，对美国文化不甚了解。

我还记得在差不多一年后的一天，他把头探进我的办公室说："杰森先生，我和太太都很期待明天参加你的生日惊喜派对。"

还惊喜个什么啊！我妻子想给我一个四十岁的生日惊喜，为此她已经准备很久了，结果就这样被他给泄露了。还有最过分的，临下班前，他又来到我的办公室。

"杰森先生，明天晚上惊喜派对见哦！"

拜托！我是说真的，日本人，在所有人里，不是最应该懂得什么叫"惊喜"吗？60年前他们可是在珍珠港给了我们一个巨大的"惊喜"。

我和戈森面对面而坐，却并不感到紧张。事实上在得知戴姆勒－克莱斯勒决定放弃收购尼桑的时候我就不再紧张了，而这次会面反而让我感受到了希望。

"我听到了不少关于你的好话,"戈森说,"我需要你的帮助,我们的时间有限,所以我就直奔主题了。我想听听你的想法,什么人值得一用,哪些人应该让他们走人。"

这人真的就像外面传说的那样,没有废话,单刀直入。我一口气讲了15分钟,指出哪些人应该留下,哪些人应该走人。我认为最该被重用的人之一是杰德·康纳利,因为他是顶级的销售人员。

"他可能不是我见过的最聪明的人,但够机灵且非常坚定和坦诚,然而目前他只发挥了一半的潜力。最重要的是,"我告诉卡洛斯,"我们想要解决现在的问题,必须重用那些愿意相信和愿意追随尼桑的人。"

戈森是个天才,他能尽可能地从别人身上发掘出可用的资源供他调遣。"还有什么想说的吗?"在我准备起身返回办公室前他问道。

"对了,别相信东京的PR团队,他们烂透了。"

他叫住了我,"你愿意来东京待几周吗?帮我把下一步的计划给理顺"。

"没问题,我可以。"

谈话十分愉快。

回到我的办公室后,弗雷德·斯坦迪什立刻跑了过来。尼桑驻底特律只有我们两个PR人员。弗雷德曾经是美联社记者,在PR领域的阴暗面里"蛰伏"了多年,直到获得这份体面的工作状况才有所好转。几个月前我曾经冲他发过一次飙。

"你是我见过的最懒的PR人员了。"我也顾不得他在尼桑的资历,直截了当地冲他喊道,"听着,我觉得你现在的待遇太低了,我给你两个选择:要么打起精神来跟着我好好干,我给你再涨一半的工资;要么我现在就炒了你。你自己选吧!"

弗雷德愣了一下,"我选第一个"。

我们相视大笑。从那之后，他成了业内最棒、最勤奋、最聪明的 PR 人员之一。此刻，在我的办公室里，他迫切地想知道我和戈森会面的情况如何。

"非常顺利，"我说，"他渴望得到我们的支持。他相当聪明，相信我。"

进入 10 月，我登上了前往东京的航班，以协助完成尼桑的复兴计划，又称 NRP（Nissan Rivival Plan）的制定和公布。光看这名字就似乎给人感觉有些不切实际，但我们的掌舵人是卡洛斯·戈森，大家相信或许在他的领导下，能将尼桑这艘倾斜的大船扳回来，即便这艘船已是千疮百孔，比葬身珍珠港的"亚利桑那"号还要狼狈。

和我同行的是丹尼尔·沃德——尼桑欧洲区的 PR 主管。丹尼尔是个举止优雅、身材修长的英国人，这让跟他并排而站的我看起来就像是个从艾奥瓦州来的乡巴佬。不过虽然外形上有些差距，但在工作中我们会成为很棒的组合。尼桑和它软弱的日本 PR 团队需要我们，戈森也需要我们。在相处中，我很快就发现可以直截了当、毫无保留地与戈森交流，就像他对我那样。

戈森召集了一帮极聪明的人，他们有来自法国和美国的产品研发人员，其中包括最傲慢的帕德里克·佩拉塔，他负责修复尼桑陷于瘫痪的产品研发系统。

在 PR 团队里，我们称佩拉塔为"阿洛塔·佩拉塔"。为什么呢？因为我们都是恶俗剧《王牌大贱谍》的忠实粉丝。我参加的第二次员工户外聚会就是跟着大家一起看《王牌大贱谍 2: 宇宙间谍 007》的首映。《王牌大贱谍》在第一部里有阿洛塔·法吉纳，而我们有阿洛塔·佩拉塔。

就是他，我们的阿洛塔，从一系列记录中发现了尼桑的每次新车项目启动，都是在日本国内先发布的，要等上 12～18 个月后，才会在欧洲和美国推出同款车型，这真让人难以理解。而当这些车型进入市场时，往往已经快过时了。这种做法真令人匪夷所思，丰田不会这样，福特也不会这样，可是尼桑的这群小丑们就是这么办的。阿洛塔要求他手下的尼桑产品计划人员解决这一问题，并给他们一周的时间想办法。

夜晚，我来到戈森的办公室。时钟"滴答"作响，我们已经从早上 7 点忙到了晚上 10 点，没有妻子和孩子等着回家，我们的生活就是手提箱和距离银座三个街区外的酒店。酒店里的淋浴糟透了，像是专门为一个 5.2 英尺的日本人设计的，身高近 6 英尺的我，大部分的水都只淋到了肚脐上。

每天结束工作后我就跑回酒店房间吃一份外卖，然后给我在加州的员工们发邮件，之后就伴着电视里很傻的日本游戏节目昏昏入睡。我猜想戈森已经好久没睡了，这是他工作生涯处于低谷的时候。

日本媒体猛烈地批判戈森，把他描述成被派来破坏日本传统商业模式的恶棍，他每天都会受到死亡威胁。甚至有传言说，戈森亲手封掉了一些尼桑本部附近的风月场所，这些场所一向是尼桑管理层的"服务中心"。一个法国人竟然把他们找乐子的地方都给关了，还有王法吗？

更多的流言则指向戈森威胁要关闭一些零件供应工厂，它们大都是腐败的"内供"体系的必要组成部分，而它们的背后则是大型汽车制造商，它们通过定价来从"自由市场"中获利。

"你需要更多的安全保障措施，"我说，"我每天晚上都横穿马路跑回酒店。"

"为什么要横穿马路？"戈森问道。

"因为我怕哪个想不开的混蛋跳楼时砸到我身上。"

戈森大笑，不过他也意识到了眼下局势的严峻。很多人都盼着他失败，他们不希望看到他在日本汽车行业中的改革成功，因为这代表着日本传统商业模式的颠覆。

接下来他把注意力又拉回到了自己身上，就像我的另一位法国朋友、前克莱斯勒总设计师弗兰克斯·卡斯坦说的，把注意力拉回到自己身上。

"我怎么才能换个绰号呢？"

我愣了一下，然后对着这位全世界最有权力的CEO之一笑出了声。"你拉倒吧！"我说，"绰号又不是你给你自己起的。你想要什么绰号啊？'种马'怎么样？"

戈森没说话，我意识到自己的玩笑开得有点过了。接着我说："绰号指的应该是你的形象或者之前做过些什么，但你总不能平白无故地跑到人跟前说我的绰号叫这个或那个。"

又一阵沉默后戈森笑了，他总算明白了。

没过多久，戈森的绰号就变成了"7-11（24小时连锁便利店）"，全天候待命。他没日没夜地工作，努力将尼桑从破产的边缘挽救回来。可以毫不夸张地说，这也使他变成了一位漫画式的超级英雄。这才是正确的方式，即用你的行动和成绩说话。

就在我们开心地聊着戈森的绰号时，阿洛塔·佩拉塔一脸怒气地冲进了办公室。针对欧美地区的新车项目延迟启动的问题，他手下的产品研发团队给他带来了一个解决方案。

"你们都想不到，"他带着一脸难以置信的表情说，"他们给我的答复是，既然欧美地区的项目总是晚启动，那就把日本的新车启动项目也推迟12～18个月吧，这样就一致了。这群人是白痴吗？"

阿洛塔接着又说了一连串的法语。我赶紧抓起我的黑莓手机想翻译一下刚才他说的话，然后意识到这功能还没发明呢，或者发明了我也买不起。

随便吧，反正法语、希腊语什么的在我听来都没区别。

戈森神情淡定。他在来东京之前就深入学习过日本文化，他知道如果想要拯救这个公司，这是必做的功课，否则在人们的眼里他就只是一个"丑陋的美国佬"（抱歉我找不到更好的词来形容），尽管事实上他是个法国人。

"你怎么回应他们？"他问佩拉塔。

佩拉塔的气还没消，他说，"我告诉他们应该感到羞耻，让他们滚出去！"

戈森摇摇头说："你现在回去，在你的团队成员跳楼之前向他们道歉，你不能告诉一个日本同事说他应该感到羞耻，永远不能！"

阿洛塔·佩拉塔收起他的"獠牙"离开了办公室。尽管他对日本同事的愤怒并非没有道理，但戈森教会了他该如何同一群内心骄傲的日本人相处。在这一点上，我也学到了很多。

戈森已经尽其所能向团队施压了，然而很快他就领教到，他面对的是一群无比顽固的尼桑管理层和董事会成员，这些人仍认为眼下这一切仅仅是一次阵痛或一次轻微的碰撞而已。

"他们觉得几个月后情况就会好转，能回到从前的样子。"戈森边摇头边对我说，"假如尼桑这次能存活下来，那它的活法就要彻底改变。"

我仿佛正在看法国皮特·汤森德*的演出，在继李·艾柯卡拯救了克莱斯勒后，汽车史上最大规模的一次复兴即将在他的精心部署下得以实现。他是我们这群人的英雄，像一位大师级的摇滚巨星，而我正在扮演他的鼓手。

宣布尼桑复兴计划的日子逐渐临近，戈森变得越发谨慎起来。

"别把我们计划的细节告诉日本PR人员，他们一定会泄露给媒体的。"他告诫我们。

丹尼尔·沃德，我的欧洲搭档，和我一起扮演着邦德的角色。我们并肩地坐在戈森办公室楼下的会议室里，撰写不久后公布计划时要用到的通讯稿。一位优雅的英国人，旁边坐了一位粗俗的美国底特律小子，通讯稿以及戈森的讲话稿在我们的手中改了一遍又一遍。

无数次易稿后，沃德仍不厌其烦地把我写"Analyzing（分析）"一词中的"Z"删除掉，改换成英国人习惯拼写的"Analysing"中的S。我真搞不懂这

---

* 皮特·汤森德，英国摇滚明星。——译者注

群人到底对"Z"有什么意见,最终还是我胜利了。我们决定分别负责美国区和欧洲区的通讯稿,并传递一个共同信息,即向这两个地区的人宣布不久后他们将看到全新的尼桑 Z 型运动车,正如几个月前在"希望的田野"发布会上,尼桑时任北美区总裁 Minilou、我的朋友中村先生当众承诺的那样。

"丹尼尔,你们英国人会管这款车叫尼桑 Z 还是尼桑 S?"我带着讽刺的口吻问道。

"你赢了!"这位温和的英国人小声嘀咕着。一个美国人、一个英国人和一群法国人正努力试图拯救一家日本公司,想象一下这会是一种什么样的情形。

在新闻发布会开始的两天前,我们集中在酒店的活动现场。尼桑的日籍 PR 团队负责现场布置和后勤工作。我们走进大而空旷的发布会现场,看到几天后戈森将要站上去并当众宣布日本商业史上最重大改革的那个主席台。

"你是在逗我?"我冲着工作人员质疑道,也不管我的一嘴美国腔是不是还有人翻译。"这个主席台周围到时会挤满媒体记者,可是新掌门的讲台才那么短一截,谁能看到他?"

尼桑的 PR 人员表示他们没有更好的办法,但他们的表现在我看来就是示威。我据理力争,僵持了足足有 15 分钟却毫无作用,气得我只能到外面去抽烟,这时候我多希望能遇到我的朋友 Minilou 啊!在最后一支烟即将燃尽时,一辆加长豪华车停在了我面前,卡洛斯·戈森来了。

我赶快向他道出了自己的担心,"你到时必须全副武装,要展现出威严,而不是只在嘈杂的人群里只露出一个脑袋"。

"我来解决。"戈森说着便走进了酒店。他径直进入会场来到尼桑日籍 PR 人员的身边。

"那个讲台需要增高 2 英尺,想办法帮我搞定吧。"他礼貌地说。

于是,目标达成,连句废话都没有。

第 12 章 成本杀手

在下午稍晚些时候我们返回总部时，遇到了一个很棘手的问题：董事会主席兼首席执行官塙义突然决定到尼桑复兴计划的发布会现场发表一段讲话。

塙义最近经常出现眼部抽搐的问题，就像《粉红豹》里的检察长德雷福斯那样。他的健康状况不佳，尼桑的巨大负担压垮了他。他保证在戈森宣布拯救尼桑的计划时会一直待在后台，不会影响其演讲。

然而，很多事情都因无法操控而改变了。

卡洛斯·戈森把塙义准备好的演讲稿交给了我，我看完这篇 5 分钟的演讲稿后即意识到，这篇演讲稿即将把一切变成一场彻头彻尾的灾难。塙义准备说戈森的尼桑复兴计划只不过是对他已经实施的改革的延续，这就好像说罗纳德·里根上台后会继续按照吉米·卡特的思路来执政一样。我们之前的努力、精心营造的氛围都会化为乌有。

"我需要你来修改一下。"戈森说。

我来到之前写稿子的那个会议室，然后悄悄地叫来了丹尼尔·沃德。我把塙义准备发表的演讲稿给他看过后，我们就对它一字一句地进行修改。经过好一阵的忙活之后才终于完稿，我们直奔尼桑的 PR 部门，找到他们的二把手、塙义的手下。

我实在记不住这个人的名字，原因有好多，不过最主要的原因是这个混蛋是个十足的小人，总在我们试图挽救尼桑的道路上跳出来扮演拦路者的角色。

"我们需要跟塙义先生聊聊有关他演讲的事，戈森先生让我来协助你。"我说。

10 分钟后，我出现在了董事长的办公室里。

"塙义先生，戈森先生和我都觉得您这篇演讲稿有可能给尼桑复兴计划造成负面影响。"我谦恭地说。

我的日本 PR 对头同事迅速地把我的话翻译了过去，然而我甚至怀疑这家伙说的是"应该把这美国佬拉出去毙了"的话。

我据理力争，当着董事长的面希望能劝说他改变讲话内容，同时等着日本同僚把我的请求翻译给他。然而似乎并没有什么作用，塙义还是非常坚持。

最后在忍无可忍之下，我的多动症发作了，一时头脑发热地说："塙义先生，如果你坚持要继续这个演讲，那么你会看起来像个蠢货。"

我是不是太冲动、太西部牛仔了？我等着旁边的日本同事翻译给他，正当翻译要开口时，塙义打断了他。

"我不需要翻译，我知道'蠢货'是什么意思。"他用磕巴的但清晰得令人难以置信的英语说道，"那你觉得我应该怎么说？"

我赶快递上我和丹尼尔·沃德修改过的演讲稿给他，纸上还带着打印机发热的余温。塙义花了5分钟时间读了读。

"写得很好。"他说。

任务完成了。

发布会前一天，我给在艾奥瓦州的父母打了电话。我曾在青春"叛逆期"时给他们制造了太多麻烦了，直到我长大成人后，才逐渐成了他们的骄傲。

我如今在东京用着私人司机，做着一件大事。我还记得我在接受尼桑这份工作前，曾经问过我的父亲是否能接受我到一家日本人的公司去工作。他曾在二战时担任过部队的兽医，在广岛原子弹爆炸后的两周进入长崎。

"我们昨晚在新闻里看到你啦。"我妈妈笑着说。

"老爸觉得怎么样？"

我曾经站在PR世界的中心接受聚光灯的洗礼，而现在我的父亲正在缓缓地老去；我曾经因站到世界的顶端而痛苦不已，然而现在我要强调的是，我要让我的父亲为我感到骄傲。

回到总部，戈森正准备晚上和尼桑的董事会成员碰面并交代一下即将宣布的复兴计划。他把尼桑的日籍 PR 主管们也召集到会议室内,向他们讲了明天将会发生什么。丹尼尔·沃德和我已经知道了计划的内容,而其他人并不知,因此戈森想要让更多的人了解计划的后果的严重性。

"我们将会关闭五家工厂。"他说,"但如果这个消息在明天之前被泄露的话,我将关掉六家甚至更多。"

戈森已经被日本本部的 PR 团队和日籍董事会的成员的泄密行为折磨得恼怒不已。丹尼尔·沃德和我整理了一份扩充版的常见问题解答交给戈森,让他在发布会前一晚上的 10 点分发给参加会议的董事会成员们。由于担心泄密,因此他想等到最后一分钟再跟董事会的成员们分享他的计划。

我提醒他,"日本人是出了名的聪明,如果不喜欢答案你就连问题一起删掉,千万别给他们机会"。

董事会会议结束后我又来到他的办公室。

"把这些问题给删了吧!"他说。

"我提醒过你的,卡洛斯。"我说。

"杰森,删了吧!我能记住这些问答,不用印在纸上。先让这些人满意,好吗?"

当我感到疲惫绝望的时候,他却更加睿智了。这家伙已经将日本文化融会贯通。我在夜半即将离开他的办公室时他却叫住了我。

"你打算给我们明天的公告拟一个什么标题?"他问我。

"'我们正在改变日本的企业',句号。"我说。

返回酒店,我连衣服都没脱就瘫倒在了床上。

第二天的发布会,怎么说呢,非常震撼。数不清现场有多少相机,不过我可以告诉你,当戈森开始讲话时,四周的媒体记者全都涌向了讲台,而且全都是站着的。假如那个讲台没有被提前加高,那么当众人蜂拥而上并争抢着提问时，他看起来就会像个小矮人，像拿破仑，只不过拿破仑的统治更加出色而已。

接下来的一天我参加了东京汽车展。隔日，我已经在成田机场给我的孩子们挑选玩具了。我是一个不称职的爸爸，而这是我唯一能补偿他们的。我花了一大笔钱，然后登上了西北航空公司的航班。没想到同机巧遇肯·奇诺——《公路与赛道》杂志驻底特律前主编，他如今是新晋的福特公司 PR 精英，碰到我拍了拍我的肩膀。

"他们给你的薪酬太低了。"他说。

他并不是第一个这么说的。

> **危机公关一课：**如果你深陷一场危机中，那么请不要像鸵鸟一样把头埋进沙子里，也别指望危险能自行解除。我借用一句老话："希望不是一种策略。"如果你效力的是一家跨国公司或组织，那么请事先了解对方国家的文化，以及这种文化和你的母国之间的差异，这是非常必要的。

第13章

危机之母：福特/费尔斯通轮胎大溃败

我觉得自己是被迫加入福特公司的。

在1999年的东京汽车展上我遇见了普利策奖得主、《华尔街日报》的记者乔·怀特，他当时正在跟福特汽车公司的PR主管沃恩·科斯卡里安交谈。沃恩，一位和蔼的绅士，他并非PR出身，他更像是一位亚洲地区的贸易专家。因此，在接到福特公司抛来的PR职位的橄榄枝时，他并没有显现出过多的兴奋。福特公司是幸运的，因为科斯卡里安几乎在那里度过了大半生，他就像福特公司的一块砖，哪里需要往哪里搬。沃恩对我在尼桑的高光表现早有耳闻，尤其是我们见面的时候正好是尼桑复兴计划在东京宣布的第二天。

我们的初次见面过程是这样的：

"杰森，这位是沃恩·科斯卡里安，福特PR的头儿。"怀特介绍道。

"你想要我这个位子吗？"科斯卡里安一脸真诚地问我，我们旋即大笑。

"很高兴认识你，沃恩。"我说。

不过说实话，谁会不想成为福特的PR老大呢？因为1999年下半年的福特公司俨然是汽车行业的宠儿：巨额的收益，首席执行官贾奎斯·纳塞尔的出色领导，以及福特家族后代、时任执行主席的小比尔·福特的鼎力支持，使得福特公司正在全力摆脱长久以来汽车行业"铁锈地带"的陈旧印象。福特公司甚至大胆地给所有员工都配备了家用电脑和免费的宽带，希望自己的员工和他们的家庭成员能尽早地分享到网络的智慧。这让其他没有想到过这点的汽车制造商嫉妒不已。纳塞尔执掌的福特公司看起来更像是一家微软这样的科技公司，而不是像史蒂贝克那样的传统汽车制造商。这一点自然也博得了媒体的青睐。

不过机会并没有马上到来，在之后的几个月里我并没有收到什么新消息。在尼桑，我的日本同僚已经对我有不少怨气，他们对我明枪暗箭不断。当千禧之年即将到来时，我已经准备好接受新的挑战了，而我的连襟、此时已是福特公司产品主管的克里斯·西奥多尔，也很清楚这一点。

在某天的教堂礼拜后，他把我拉到一旁说："你周五晚上去跟贾奎斯·纳塞尔吃饭，记得晚上六点到玻璃屋。"玻璃屋是福特公司在密歇根州迪尔伯恩的总部。

那一晚我坐在自家的后院里盘算着自己的将来，同时想到了不久前险些发生的一桩事情。差不多一个月前，我去了一趟加迪纳，招呼我在加州的PR团队成员们聚餐。与我同席的是科特·范·朱姆沃特，一位深受媒体喜爱的PR老兵，年轻时曾经是个嬉皮士，于是我们的话题很自然地转向了大麻。

"我上大学时候爱死大麻了，"我承认道，"不过现在是真不知道能从哪儿买到那东西了。"

39岁的我差不多已经有十六七年没碰大麻了。两周后我回到城郊的家，邀请加州的PR团队成员来家里聚餐。那是2000年底特律汽车展媒体日的前夜。在过去的那段日子里我们一直保持着良好的斗志，一同经历了雷诺公司接管前那诸多不确定性以及公司随时可能破产的煎熬。我们是"全世界汽车行业最有趣的PR团队"，公司很需要我们。

晚餐气氛热烈，结束后我穿过车库的门送大家，科特·范·朱姆沃特走在人群的最后。就在他走向自己的车时候突然停住了，转过身从他裤兜里掏出了一个装柯达胶卷的小盒子扔给了我。"这什么呀？"我边问边打开了盖子，"我的上帝！"我看了盒子里的东西后惊呼了一声。

第 13 章　危机之母：福特/费尔斯通轮胎大溃败

"你不是说不知道从哪儿能搞到这东西吗？"

哟呵！

那一晚，底特律车展的前夜，我们的未来仍悬于一线，即便是新盟友的加入也未必能担保尼桑一定能顺利渡过难关，我需要一种缓解压力的方式。至少我是这么认为的。于是午夜过后，等我妻子和孩子都入睡、泰德·科佩尔的《夜晚连线》道过晚安后，我溜进了车库并关好门，同时手里握紧了那小盒子。我取出一支大麻，然后掏出火机，正当准备打火的时候，门突然开了。

"爹地，你在干吗？"我 7 岁大的女儿正透过门缝向车库里张望。我迅速地把那支没点着的大麻放回盒子并揣进了口袋。

"没干吗，宝贝儿，咱们去睡吧！"

而一个月后我即将在福特公司的体检中心接受药检。惊不惊险？意不意外？我得救了！

但或许还没有。

遵照西奥多尔给的地址，我提前 30 分钟到达了位于迪尔伯恩市美国路 1 号福特公司总部的访客停车场。我紧张得不行，一口气抽了半包万宝路，进玻璃屋门前又狂喷口气清新剂以遮盖烟草的味道。我向行政前台说明了自己的来意后即被带到了大卫·墨菲在 11 层的办公室。大卫是纳塞尔最亲密的伙伴，也是福特公司全球人力资源部的主管。他们两个都来自澳洲，从底层的一级经理做起，然后在公司逐渐获得提升。接下来他们会对我进行一次面试，然而此前我并未被告知有面试，所以这多多少少让我感到了一丝不悦。

"你在尼桑手下管多少人啊？"墨菲问。

"30 人左右。"我答道，尽管某种程度上我现在做的是全球 PR 主管。

"这样啊，那你觉得自己有能力掌管一个在全球有 300 多人的 PR 团队吗？"墨菲接着问。

"听起来你们公关部招的人太多了。"我反击道,同时在想自己是不是在这位刚认识的高管面前表现得有些过于张狂了。

　　面试只持续了几分钟,墨菲告诉我纳塞尔正在距离玻璃屋半英里外的利兹卡尔顿酒店等待和我们会面。

　　我们走进了一间特别的私人宴会厅,里面有纳塞尔和科斯卡里安,他们非常热情地欢迎了我,接下来一边寒暄一边点菜和酒水。纳塞尔问到我的 PR 哲学,以及我认为福特公司的公关团队还有哪些不足。后一个话题实在有点给我挖坑的感觉,尤其考虑到让我吐槽的是即将被我取代的那位仁兄,他就坐在我对面。我只得尽量挑一些正面的东西来说,不过以我对福特公司的观察而言,我还是给了纳塞尔一些我的建议。

　　"少刁难别人。假如通用汽车公司通知明早 10 点召开记者发布会,那就别让你们的 PR 也宣布明早 9 点召开发布会,这会让媒体记者们感到不悦和为难的,因为他们只能从中选择一家去参加。你们的 PR 很喜欢搞这一套。"

　　科斯卡里安点头表示赞同。很明显他希望能回到亚洲市场继续做他的贸易专家,而不是继续握着 PR 这个烫手山芋。席间大家相谈甚欢,于是我们很快就成了朋友。一顿晚餐,两杯葡萄酒,六杯水,两杯浓缩咖啡,还有三个小时的长谈,我感到有点累了,更关键的是我的膀胱快憋炸了,于是我起身说:

　　"抱歉,先生们,我去方便一下。"

　　然而返回宴会厅时我感觉气氛有些变化,纳塞尔已经换上了一副公事公办的面孔。

　　"我相信你很适合我们的团队,只不过……(见鬼,他要说'但是'了)下周一上午你还得去见一下小比尔·福特(董事长),征得他的同意。"

　　我已经成功争取到了纳塞尔的认可,可是直到今天为止我都没想明白,自己怎么会说出那段差点让煮熟的鸭子飞掉的话。

第 13 章　危机之母：福特/费尔斯通轮胎大溃败

"我猜你可能忘了，我曾不止一次地在公开场合说过小比尔·福特是个蠢货。"

"我没忘，杰森，"他面无表情地说，"只不过我们要跟敌人靠得更近而已。"

说罢，纳塞尔哈哈大笑。

晚宴结束后我驱车前往克里斯·西奥多尔的家去见我的妻子、她的妹妹和克里斯。面试进展很顺利，可是接下来这个周末的等待却让我倍感煎熬了。如果能通过的话，我将得到一份全球汽车行业中最重量级的 PR 工作，不，或许是全世界最好的 PR 工作。福特公司，这个世界上最大的汽车公司之一，正逐渐摆脱其长久以来在美国汽车行业给人中下的"铁锈"形象。唯一让我感到遗憾的是，我会因此离开我在尼桑的挚友。

接下来那个星期一的上午，我被带到了小比尔·福特的办公室

"欢迎加入我们！"这是比尔见到我时的开场白。

面试就这样结束了，感谢上帝！我对他的承诺是：永远都不会溜须拍马，只会尽我所能给他最好的建议。

他的回答是："你会成为这里的一股清流。"

签字，打包……之后发货。

福特汽车/费尔斯通轮胎危机，这一原本被视为汽车行业历史上最重大的危机事件，如果没有后来的通用汽车公司因点火器失灵之祸而转移公众的注意力的话，后果将不堪设想。这一危机即将在两周内发生。这一危机事件后来成为大学课堂上的商业道德经典案例。

很快，山雨欲来！

第14章

噩梦来袭

我和福特公司首席法务顾问约翰·尹特马基很快就成了朋友。约翰给我的印象和我以前对福特人的印象截然不同。他非常温和，充满热情，富有亲和力，让我颇感意外。

苏珊·克鲁塞尔主管PR的安全及规范事务，这也是我起初在克莱斯勒从事的那项工作。这是一份基础性的工作，只有完成后才能沿着PR的职业阶梯继续往上升职。我给自己的办公室制定了不关门的政策：不仅限于直接向我汇报的下属，而是向团队所有成员开放。

克鲁塞尔告诉我的助手琳恩·奎格利，她有些东西要给我看：休斯敦当地电视台KHOU的安娜·维纳尔所做的一系列新闻报道，其中涉及福特及其他几个汽车品牌使用的费尔斯通轮胎发生的胎面脱落情况，它会导致致命的车祸。

"我给你看看这个新闻片段。"苏珊边说边走进了我的办公室。

"别在我这儿看，"我说，"我们去尹特马基的办公室看。"

我的助理给尹特马基的助理打电话说我们这就上楼去找他。

见到我们，尹特马基问："你们拿的是什么？"

"我们也说不好，"我说，"只是苏珊有点担心。"

福特负责媒体监控的人已经把KHOU的三个系列报道都给合到了一份录像带中（容我简单描述一下，以防有人不知道录像带这个老物件是什么。这个东西的尺寸大概是ipad的一半大小，只是更厚，可以用来录像，然后放到一个叫

VCR 的播放器里播放）。

录像带里的新闻开始播放了，我们看到了一连串恐怖的车祸现场，有些是致命的，两辆福特探索者和一辆 GM 的萨博班出现了胎面脱落的情况，导致翻车，乘客非死即伤。在过去的几周时间里，克鲁塞尔已经针对此类事件跟公司的律师商议该如何应对。录像继续播放，突然一份来自福特公司的声明出现了，根据我们的轮胎供应商提供的信息，公司否认这一现象是汽车本身的问题。某种程度上，这份声明给大众的感觉更像是指责顾客没有做好日常保养工作。

"我们是在指责客户吗？"我问道，瞬间我想起了克莱斯勒吉普车的"突然加速"风波。

接下来的事情就开始朝着愚蠢的方向发展了。福特公司为 KHOU 安排了一场内部展示会，让一位试驾员在工程师的安排下驾驶一辆探索者并模拟爆胎的情形，以展示爆胎后驾驶者可以很轻松地完成停车并避免车祸。我被这一幕惊得下巴都要掉下来了，因为试驾所用的车辆都配有外部保护架，就是为了避免翻车而安装的。

"这是干吗呢？那辆车明显装了保护架，而且驾驶员是知道会爆胎的。这样的模拟还有什么意义？"我冲着还在播放录像的电视喊道。

果不出所料，几秒钟后，一位安全专家（一位诉讼律师）出现在了电视画面里并说："这辆车安装了防止侧翻的保护架，并且司机是知道要爆胎的。"他一句话道出了实情，即受测试的司机对爆胎早有预料，而现实中的乘客却对他脚下有缺陷的费尔斯通轮胎和可能产生的致命危险却一无所知。令人难过的是，在事故中丧生的 271 人中，很多人都不知道发生了什么，而接下来还有更多的人会因此而受伤。

尹特马基预见到了可能出现的危险，因此他在接下来的一两周时间里（特别说明：抱歉，由于福特公司在 20 个月后解雇纳塞尔、墨菲和我的时候扣下了大批文件和材料，因此我对准确日期已经记不清了，不过并没有什么实质性的影响）说服纳塞尔成立了一个由他领导的轮胎专项小组，小组成员包括纳塞尔，以及生产、设计、采购、供应、广告部的主管和我。最初，我们这群人是每隔几天碰一次面，后来当危机开始蔓延的时候，我们每天都要碰面，大家共享信息、分析最新进展、对新闻报道作出回应并制定相关策略。时至今日，我仍对当初我们在这次危机中的应对感到自豪，我们制定的策略证明了福特公司是一家视顾客利益高于自身安危的公司。

在福特公司和费尔斯通公司历史性地开战前的几周，我们便商定轮胎专项小组的一切决定都要基于我们事先列出的几项指导原则，而任何决定都不能违反这些原则。感谢3M公司的真诚合作，我们把所有的指导原则都列在了他们的记事表上，还贴到了轮胎专项组会议室的墙上。这些原则并不复杂，我至今依然记得，这是因为当初大家在讨论的时候，马克的笔在我手里。

第一条　客户的安全和满意是我们的首要目标。

第二条　我们要尽可能地为客户寻找可以替换的轮胎，要全天候地紧盯全球轮胎市场。

第三条　团队成员彼此之间的沟通要开诚布公，所有应对都要有事实依据，不可妄断，不可揣测。

第四条　我们，福特公司，要保护费尔斯通公司。

熟悉后来情节发展的人可能会觉得最后一条指导原则与事实有些背离，不过请听我说完。

其实很久以来，费尔斯通公司的财务状况都要比福特公司糟糕得多。可以毫不夸张地说，福特公司坐拥几十亿美元的资产，而费尔斯通公司可就没有这样的家底了。一些前期的征兆已经预示着这一批轮胎的问题堪忧，比起20年前的费尔斯通500轮胎问题有过之而无不及。那一次危机最终把一个曾经辉煌的公司送上了拍卖席，不得不接受来自日本的被吹得神乎其神的普利斯通轮胎公司的收购。

然而，我们知道，假如诉讼律师们和他们那群快乐的"安全倡导者"团体的成员们，比如公共市民组织的乔安·克雷布鲁克和克莱伦斯·迪特罗，以及安全性研究及策略组织的肖恩·基恩，说服媒体和民众相信所有的费尔斯通轮胎都是有问题的，那么恐慌将开始蔓延，而汽车行业也会在这样的蓄意攻势下逐渐衰败。福特公司的未来，还有通用、丰田公司这些费尔斯通轮胎的大客户，都不可避免地会受到影响。我说过一句话，后来反复被媒体转载。我形容克雷布鲁克和基恩这样的人，他们的论调始终是"一切圆的、黑色的轮胎都是有缺陷的和致命的"。那些诉讼律师们一直不择手段地玩弄文字游戏，我需要向人们做出一个清晰的、有力的回应，以避免那些不实的信息的扩散。

如果福特公司想要保护费尔斯通公司的话，那就需要安抚自己的客户，让他们愿意继续使用质量好的费尔斯通轮胎。而眼下我们急切地需要把行驶在路面上的有可能出问题的轮胎给换掉。

到了 2000 年的 5 月份，危机开始蔓延，地域范围还不仅仅局限于美国。事实上，美国本土是在危机后期出问题的。福特公司最初发现费尔斯通轮胎有问题，是在中东和委内瑞拉售出的探索者上。这两个地区有两个相似之处：同样炎热的气候，同样卖出了大量的探索者，它们是当时全世界 SUV 销量最高的的地区和国家。在 20 世纪 90 年代后期，福特公司在中东地区的子公司收到了很多关于探索者上的费尔斯通轮胎发生胎面脱落情况的投诉，对此福特公司无数次要求费尔斯通公司对此进行调查，然而，每一次得到的官方回应都是"顾客缺少必要的维护"。

不错，很多中东地区的驾驶者都会通过刻意降低胎压以增加在沙漠中的抓地力，而在回到高速公路上却并没有及时给轮胎打气，这会导致轮胎的温度过高（对轮胎安全绝不是好事）。然而，正是因为不断收到"不是我们的问题"这样的回复，才让福特公司的人逐渐放松了警惕。

委内瑞拉的情况也同样严峻，甚至更加致命。由于当地路况不佳，使得这个国家成了福特探索者的巨大市场。炎热的气候加之糟糕的路面对轮胎而言可不是什么好事，尤其是质量不佳的费尔斯通轮胎。NHTSA已经盯上了福特公司和费尔斯通公司，而媒体对于这场危机也及时给予了大篇幅的报道。福特公司的设计师们从委内瑞拉运来了成船的费尔斯通轮胎，全都切开查验，这并非因为它们的运气不佳，而是因为它们统统都是垃圾。

福特公司和费尔斯通轮胎公司之间的合作已经持续了近百年，如今正面临着分裂的风险。小比尔·福特的母亲就是费尔斯通家族的成员，而他的曾祖父亨利·福特和哈维·费尔斯通是烟友，亨利·哈维和托马斯·爱迪生手持猎枪吞云吐雾的照片就挂在福特总部行政楼的墙上。

纳塞尔和我都觉得我们如今正处于一个"泰诺式危机"的边缘，那起标志性的危机发生在20世纪80年代，最终被强生公司成功化解。一批泰诺被一个有恐怖主义倾向的家伙掺入了氰化物，这引发了全国范围内的恐慌，尽管根据警方调查这名嫌犯只出现在芝加哥。强生公司为此损失了数百万美元，不过最终换回了民众的信任。

如今，福特公司也面临同样的选择。

令人发怵的电话铃声响起，福特公司驻华盛顿特区的公共事务主管尼科尔·所罗门通报了一则坏消息（我在进入福特公司后聘请了尼克尔，早年间我曾与她在美国汽车制造业联合会并肩作战，我们是"三巨头"在特区组建的公关机构的成员之一。）

"今天有一辆探索者在环形公路上翻车了，当地的电视台都去报道这次事故了。我会随时给你通报消息。"

NHTSA 和全国的媒体都盯着我们呢，这个时候在它们眼皮底下发生事故？坏了！

我以百米冲刺般的速度跑到了纳塞尔的办公室，发现他正在高管会议室开会。顾不得那么多了，我冲进会议室打断了正在进行中的会议，也不管列席的都是公司的顶层人物。

我跑到纳塞尔身边，低声在他耳边说道："抱歉打断你们了，但是我想咱们的'泰诺时刻'到了，一辆探索者在环岛附近翻车了。"

"有最新的消息立刻告诉我，杰森。"

回到办公室，尼科尔·所罗门的电话又响了。

"这是个假新闻，出事的是萨博班，也不涉及轮胎故障。"

我只得折返会议室，轻轻地推开会议室的门，然而纳塞尔此时已终止了会议。

"伙计们，有辆探索者刚刚在环岛附近翻车了，我想我们曾说过的'泰诺时刻'已经来了。"纳塞尔说道，而此时我还没来得及开口。

"实际上，纳塞尔，我告诉你的消息是错报的，出事的是一辆 GM 萨博班，很抱歉！"我心怀愧疚地说道。

"没关系，杰森，这并不重要，翻车的事故随时可能发生，而到那时媒体记者会蜂拥而上。事实上，我们的'泰诺时刻'已经到了。"

5 月 6 日，纳塞尔打电话让我去他的办公室。仅仅在我入职 3 个月后，我们已经成了可以互相信任的朋友。我从不拍他的马屁，而他对自己的公关主管也总是毫无保留。

"我等会儿要跟小野通话，我想让你也听听他会说些什么，这可能对我们未来的行动很重要。"

纳塞尔说的这位小野并不是小野洋子，尽管我倒是很想问问她当初为什么要搞垮披头士!

不,这位小野是费尔斯通北美分公司的总裁,直到这一刻还在试图拒绝和我们沟通。此前我们两家公司曾就委内瑞拉国内的汽车轮胎问题可能出现的局面及应对方案进行过协商,但是,很显然,费尔斯通跟我们并不在一条战线上。通话声从扩音器中传出,小野很显然是对着一个准备好的稿子在读,他的声音有些轻微地颤抖。纳塞尔对着我翻了个白眼。在小野念完后,纳塞尔表现出了强硬的态度。

"不管你们参不参与,我们都要换掉那些轮胎。"他说。

电话就像掉线了一般,沉默了很久,最后小野说"再见"。

我看了一眼纳塞尔说:"不妙啊!"

"这件事可能会变得很棘手,杰森。"

第二天,公司宣布召回在委内瑞拉境内的全部费尔斯通轮胎,而 NHTSA 也正式启动了对美国境内费尔斯通轮胎危机的质询。很不幸,战斗开始了。再见,我亲爱的家人们,待 18 个月后尘埃落定时我们再见。正当我认为我们的团队应该不会再吸引更多的媒体的火力时,NHTSA 的行动让整个事件再次升级,并且这还不仅仅是在迪尔伯恩。还记得我们有一条指导原则是"保护费尔斯通公司"吗?我们说到做到。我们派遣了几名 PR 团队的成员到田纳西州纳什维尔去帮助那里的费尔斯通 PR 协助控制媒体日渐猛烈的炮轰。起初他们还多少表示出一些感激,可是到了后来就变成了拒斥。

直到后来有一天麦克·沃恩打电话告诉我:"我们觉得这里有点不安全了,双方合作的意向虽然这几天稍微有所变好。"

危机事件开始恶化了。费尔斯通公司几乎每天甚至每小时都在告诉媒体,那些针对胎面脱落进而导致死伤的报道毫无根据。福特探索者由于胎面脱落而导致伤亡的事件不断在增加,而出事地点主要集中在委内瑞拉炎热的南方地区。

正如我们承诺过的指导原则一样,我们试图用事实和数据说话,于是我们请求费尔斯通公司为我们提供相关的数据。

可是他们拒绝了。他们那时掌握着所有与轮胎相关的数据。轮胎有一套区别于其他汽车配件的担保体系,福特公司的工程师和数据专家们希望能从费尔斯通公司那里获得一些数据,却不幸地遭到了拒绝。两家公司之间的矛盾正日益加大。

我试图活跃一下轮胎专项小组的气氛,面对日益严峻的危机,以及我们和供应商之间关系更加趋紧的情况,这样做是有必要的。于是我找到福特公司的安全及环境主管海伦·帕图斯卡斯,她是一个外刚内柔的大龄女孩,我问她:"假如这场危机日后拍成电影的话,你希望谁来扮演自己。"

"这个,我不知道啊!"她回答道。

我提议说苏珊·萨兰登怎么样,她听后大笑,一旁的汤姆·鲍格曼也被逗乐了,他是福特开拓者的领衔工程师,一表人才。

"你呢?"我问他。

"我得想想再告诉你。"他回答道。

几周后,他在和费尔斯通公司方面就委内瑞拉境内轮胎召回一事协商时大发雷霆,气得他离开了会议室。之后他给我打了一个电话。

他开口便喊道:"强尼·沃德!"

"什么?"我问。

"你不是问过我希望谁来演我吗?记得不?"

"噢,对啊!"我这才搞明白他在说什么。

"我希望强尼·沃德(一位色情电影明星)来演我,这样拍出来至少我的老二会很大!"

我的上帝,伙伴们的压力确实太大了!

我的压力在 6 月 3 日那天伴随着巨大的悲痛达到了极点。那天，我的父亲去世了，一位参加过二战的兽医、棒球明星、老师、饲料销售员，一位伟大的父亲。塞希尔·瓦因斯已无力与那些医生都难以诊断的病症继续搏斗下去了。我飞回了艾奥瓦州，在一家医院里亲眼目睹他在中风和心脏病引发的心力衰竭中死去。看到自己的父亲被血呛死是极其可怕的一幕。在葬礼开始前，纳塞尔和尹特马基走进了培拉小城第一浸信会的教堂。只是短短几个月的相识，我们便成了歃血为盟的兄弟，即将一起面对美国汽车史上最大的危机。

第15章 第一枪

2000年7月中旬，NHTSA要求费尔斯通公司公开此前所有针对其轮胎的索赔资料。几天后，这些资料终于可以给福特公司的专家们分享了。费尔斯通公司为什么会突然决定跟福特公司合作？

这或许是顾及NHTSA这个世界上最大的政府机构之一的影响力，或许是其高层终于意识到福特公司并不是他们的敌人，而是盟友，更是过去的一百年他们最大的客户。

无论出于什么样的原因，费尔斯通公司总算跟我们合作了，我们的数据和工程专家们迅速针对这些数据着手调查。这堆数据像一锅大杂烩，缺乏连贯性，让人难以入手。零散的单据和电子文件，以及海量的杂乱数据。这就是费尔斯通公司这家汽车上唯一接触地面部位的供应商交给我们的。

"这就是些数据垃圾啊！"厄尼·格鲁什说。他一向温和，总是自称"极客"，负责这次危机中的数据分析。"我们拿到的就是些毫无价值的数据，我得弄台超级电脑才行。"

不过几天后，格鲁什和他的团队成员们还是破解了费尔斯通公司的轮胎数据，问题出在费尔斯通公司在伊利诺伊州迪凯特市的一家工厂里。20世纪90年代初期，这家工厂曾发生过激烈的劳资纠纷。作为费尔斯通公司旗下的生产厂家之一，其产品的不合格率一直居高不下，即便同一款轮胎也是如此，致使安装了迪凯特这家工厂生产的轮胎的福特探险者出现了大面积故障。而其他几家公司的几款将这批问题轮胎作为备用轮胎的车型，如雪佛兰萨博班和吉普切诺基，也出现了类似的故障。

鉴于一直以来费尔斯通公司蔑视我们的存在、无视我们的请求，如今我们只需把这一消息泄露给媒体就能令它破产。不过，还记得我们的指导原则吗？我们要保护费尔斯通公司，避免让汽车行业遭受更大的冲击，也避免让我们的客户受到伤害。民众，即那些现实生活中的人，就像你身边的家人，他们此时已感到恐惧，纷纷找到的福特经销商，要求更换轮胎，即便他们车上装配的轮胎没有问题或者故障根本不在轮胎上也提如此要求。幸运的是，大部分的探险者并未安装迪凯特市那家工厂生产的费尔斯通轮胎。

几天后，即7月下旬的一个周六，我们团队和费尔斯通方面的团队成员会面，他们就此事作了一系列说明，我将它们总结成一个词就是"废话连篇"。

接下来，我们团队的成员用费尔斯通公司提供的数据给他们上了一堂科学普及课，全程逻辑严密，推算严谨，哪些探险者上装了问题轮胎，哪些没有，当面掰扯清楚。还有啥问题没有？费尔斯通公司的人被逼得差点尿了裤子，就像后来厄尼·格鲁什向我描述的那样，房间里充斥着一股尿骚味。会议暂停。

过了一会儿，费尔斯通公司的人回到会议室说："我们需要召回这些轮胎。"

叮，叮，叮，胜负已分！

然而，真正的麻烦才刚刚开始——

NHTSA对费尔斯通公司的召回请求显得有些警觉。在这场危机中，政府机构、福特公司和费尔斯通公司之间始终存在着一种紧密的协同关系。福特公司这边，说实话完全不想参与其中，这本来就是轮胎的问题，而且轮胎相对于汽车的其他部件是属于另外一个担保体系。不过它还是参与了，考虑到费尔斯通公司消极避守的策略，更重要的是现在的故障发生在福特汽车上，所以我们希望能尽早了结此事。我们仍然坚守我们的第一条指导原则：顾客的安全和满意是第一位的。可就在我们开始和费尔斯通公司的相关人员商议该如何处理之后的召回公告时，他们还在媒体前不断地强调说他们的轮胎没问题。

我们还能说什么呢？

8月9日，我们在华盛顿特区的国家媒体俱乐部举行公告。在公告前的几日，我被指派去和费尔斯通公司的相关人员共同拟定召回声明。现在，危机已经进入白热化阶段。有一晚，我和我的副手肯·奇诺在办公室收看晚间新闻，他原是《公路与赛道》杂志的记者，当 ABC 电视台的《世界晚间新闻》开播后，一段标题在荧幕上闪现，瞬时便抓住了我们的眼球："今晚的主要话题仍然是：轮胎和大火"。"大火"指的是加州大火，"轮胎"说的是福特汽车轮胎。

费尔斯通公司的 PR 主管克里斯汀·卡波维亚克给我发了一份召回声明的初稿，其中的一些内容对福特公司很不利。他这就有点不地道了，本来这批轮胎应该由费尔斯通公司自己召回，但福特公司为了让问题尽早得到解决才决定帮忙，而如今他们却要把这笔账算到我们头上。费尔斯通方面表示，他们的轮胎没问题，毛病是出在福特汽车的胎压 26psi 上。他们暗指如果福特汽车胎压的设定提高一点，那么当胎压低于设定值时，轮胎就不会出现这样敏感的、容易发生危险的情形了。

某种程度上，关于胎压的说法倒是有一定道理。因为如今开车的人对汽车轮胎日常的保养极其随意，而在我们父辈的年代，开车的人对轮胎的养护要比如今的人好很多，比如我的父亲就会定期更换和保养轮胎。而如今越来越多的人会选择租车，他们往往还没等到车出问题就把车交还了。如今传统的服务式加油站也早已成了历史，再也没有人帮你把油填满油箱、检查机油，并确保你的车胎压力正常。只有一点是费尔斯通和福特两家公司的工程师们共同认可的，那就是当胎压低于设定值时，轮胎与地面的摩擦会产生多余的热量，就像汤姆·鲍格曼跟我说的，"炎热是轮胎的敌人"。我们发现的情况是，对于一个本就有缺陷的轮胎而言，过热可能会是致命的。当然，并不是所有的轮胎都会这样。

就在费尔斯通方面继续坚持胎压是轮胎事件的罪魁祸首时，我们已经获得了摧毁他们不实之词的撒手锏，只不过我们并不想用它。我们很清楚自己目前的处境——处于一场肮脏的内战的边缘，而媒体和诉讼律师们正站在四周起哄并叫好。假如费尔斯通和福特两家公司全面开战，那么危机会全面升级，这就会令福特探险者的用户们感到愤怒，而陪审团的成员们则乐于借此机会惩罚一下我们两家公司。

为我们友情提供摧毁费尔斯通公司不实之词的撒手锏的是古德伊尔轮胎公司，它是福特探险者轮胎的另一家主要供应商。在此前的两年时间里，古德伊尔公司为探险者提供了和费尔斯通公司差不多等量的轮胎供应。在这个过程中，古德伊尔公司的 PR 主管查克·辛克莱尔也和我成了朋友。我问辛克莱尔有没有发现有哪些指向福特探险者不正常的甚至危险的索赔记录。在对数据经过一番仔细搜索之后，他给我提供了一份古德伊尔公司的声明，即凡是安装了古德伊尔轮胎的福特探险者从未出现过胎面脱落的情况。而他们的胎压设定是多少呢？是 26 psi。

我们的另一个发现则如同在摧毁费尔斯通公司谎言的利刃上又抹了一层剧毒。探险者有两个组装基地：一个在肯塔基州的路易斯维尔，另一个则在密苏里州的圣路易斯。在一次偶然的情况下，福特公司的生产部闹了个乌龙，把本该运往路易斯维尔的费尔斯通轮胎送到了圣路易斯，而古德伊尔轮胎则被错误地送到了路易斯维尔，两批轮胎的运输恰好颠倒了。不曾想，这一乌龙如今竟成了我们最有力的证据之一。假使故障是由于福特汽车的胎压设定所致，那为什么安装了古德伊尔轮胎的探险者就没有出现过胎面脱落的情况呢？假使毛病出在福特公司的工厂，那么当轮胎的运错后，为什么还是只有费尔斯通轮胎出现故障呢？如果是福特方面的问题，那么古德伊尔轮胎也不会安然无事。所以，事实已经很清楚了，整起事件就是由费尔斯通的问题轮胎所引致的。

当然，费尔斯通方面不会承认这一点。而那些所谓的"安全倡导者"团体正煽动大众要把费尔斯通轮胎从路面上清除出去，而与此同时，费尔斯通公司在二级市场的销售情况也在急剧恶化。费尔斯通公司孤注一掷，一封又一封的信函飞来，把全部筹码都压在了胎压这一说法上面。在发布会召开的前两日，我实在无法忍受费尔斯通公司的 PR 团队，然而我还是竭尽全力设法与他们合作，事实上这是在保护他们。

"你在逗我吗？"我问卡波维亚克，"我们一直试图跟你们站在同一战线上，尽管这次召回是你们单方面的，然而你们却硬要把屎盆子扣在我们的头上。别再提什么胎压有问题的鬼话了，我们现在需要的是采用哈利·皮尔斯的做法应对危机。"

哈利·皮尔斯曾担任通用汽车公司的法务总顾问，他亲手终结了 NBC 的热门节目《每日连线》。当时该节目的主持人杰恩·保利和另外几位业内的江湖骗子，联合两位所谓的安全专家（诉讼律师）拜伦·布洛克和拉夫·豪尔，共同策划了一次虚假的测试，以展示通用汽车的皮卡车侧鞍形油箱有致命的缺陷。

之后，在汽车行业历史上影响面最广的一次新闻发布会上，皮尔斯当着各路媒体人的面，揭露了 NBC 在节目中的违法造假手段，并用近一个小时的时间为自己公司的产品澄清。

我那时还是克莱斯勒的一名年轻的 PR 人员，我在驾车返回总部的途中通过广播收听了那场新闻发布会的情况，一个接一个的细节、一桩又一桩的事实，皮尔斯的演讲堪称伟大。当晚杰恩·保利不得不通过现场直播向观众道歉，而 NBC 的主席在几天后也引咎辞职。现在，我告诉卡波维亚克，以下是我们应该做的：

"一定要依据事实确定哪些轮胎是有问题的、哪些是安全的，一定要拿出科学的依据，让那些诉讼律师们没有机会制造恐慌，从而使大众了解只要是黑的、圆的轮胎就有问题。如果我们两家公司互戳脊梁，那是对任何人都没有好处的，无论是你是我还是我们的顾客。"

她说她明白了。说到底这是人家的新闻发布会，只不过她并不清楚我手里有什么牌。

8月8日，午夜已过，在华盛顿特区康涅狄格大街的五月花酒店里，我正辗转反侧地试图睡一会儿，这时有人敲门并给了我一封信，这是一份第二天一早费尔斯通公司产品召回发布会的最终定稿。这份公告在醒目的位置上指明福特公司在装有费尔斯通轮胎的探险者上设定的胎压是不安全的。

我一跃而起从冰箱里抓起一瓶啤酒一饮而尽，然后穿好衣服急匆匆地走到三个街区外的费尔斯通公司的PR驻地机构弗莱施曼·希拉德公司，并在一名警卫的带领下上了楼。在一间会议室里，我看到费尔斯通公司的PR人员和律师们还在紧张地工作着。我问他们卡波维亚克在哪里，他们带我去了为她临时准备的办公室。我们接下来的对话虽并不长，然而并不友好。

我直接把他们的定稿和一份古德伊尔公司声明的复印件摔在她的临时办公桌上，接着用强硬的口气对她说："赶紧把那个胎压的说法给我删了，不然我就用古德伊尔公司的这份声明灭了你们！"

我在东京经历的尼桑复兴计划发布会可能是我参加过的规模最大的发布会，而费尔斯通轮胎召回的记者发布会则是最让我紧张的一次。费尔斯通公司带队的是他们的销售主管加里·克雷格，而福特公司的则是海伦·帕图斯卡斯，他们一同坐在主席台前，卡波维亚克担任活动的主持者。现场有差不多二十家电视台，还有其他一些知名媒体和国外的新闻机构，整个发布会现场人都坐满了。

我站在最后排，我旁边的是戴安·斯蒂德，她曾在里根总统任期内担任过NHTSA的主管，如今和罗恩·迪福、杰夫·康利这两位华盛顿的PR天才兼好友共同经营一家传媒公司。后面两位，我曾与他们共事多年，他们都是绝顶聪明的人，人脉广泛，而且更重要的是，他们的人品无可指责。

费尔斯通公司的公告毫无系统性，也没有事实作为依据，更没有好坏轮胎的具体区分。总之，根本没有用哈利·皮尔斯式的事实和数据说话，它仅仅是一份简短的宣布召回的声明。然而，接下来发生的一幕就有点像20世纪50年代的好莱坞影片了，一位年轻的女孩走进发布会现场将一张纸条交给了卡波维亚克。

"我刚刚接到一份通用汽车公司的声明。"她说，接着她便拿出一封信读了起来："通用汽车公司没有发现费尔斯通轮胎有任何问题。"这时我转向身旁的戴安·斯蒂德，眼睛都要瞪出来了。

她的眼睛狡黠地一转，然后在我的耳边附声道："战争要来了！"

接下来的发布会互动环节几乎就是对费尔斯通公司PR人员的折磨，克雷格回答问题毫无头绪、结结巴巴。而福特公司的帕图斯卡斯则表现出了相当的克制，没有受媒体的诱导对费尔斯通公司落井下石。汽车行业大战的第一枪已经由费尔斯通公司打响了。

第 16 章
我们这个时代的战争

在发布会宣布召回数以百万计的费尔斯通轮胎后不久,我们担心已久的危机终于到来了。费尔斯通公司的召回公告非常糟糕,以至于媒体,更重要的是公众,都不知道哪些费尔斯通轮胎是无问题的,哪些是有问题的。一些购买了探索者的顾客纷纷涌向福特汽车的经销商门店,要求更换费尔斯通轮胎,尽管他们的车的轮胎甚至都不是迪凯特工厂生产的。有的顾客甚至在现场就痛哭起来。

对于这样的阵势,一些经销商只能默许他们的顾客的要求,于是这也就产生出了另一个问题,即原本在召回清单上可以及时更换轮胎的顾客必须要等更久的时间才能更换。道理很简单,因为我们根本没办法一下子找到这么多的轮胎来更换。

"安全倡导者"团体的成员如乔安·克雷布鲁克、克莱伦斯·迪特罗、拉夫·纳德等更是趁火打劫,是他们共同制造了福特探索者全体车主的恐慌,让事态进一步恶化,也让情况变得更加危险。他们对费尔斯通轮胎不加区分的指责最终导致了类似"银行挤兑"事件的发生,只不过这一次人们竞相提取的不是现金,而是轮胎。这很无耻,但这群家伙就是干这个营生的,帮助他们的诉讼律师朋友们制造并推动一个能致使福特公司破产的势头。

在那场灾难般的发布会结束的两天后,我和轮胎专项小组负责人约翰·尹特马基,以及这场危机中我逐渐依赖的"军师"肯·奇诺在一起碰了个头。奇诺是我们 PR 团队中最聪明的家伙,他以前是记者,几年前离开《公路与赛道》

第 16 章　我们这个时代的战争

杂志加入福特公司。初来乍到时他很受不了福特公司古板的做事风格，于是他就像一只被困在笼子里的公牛，时不常把怒气撒向周围的人。无论是以前的同事还是福特公司的员工，甚至连上帝，都可能统统被他得罪个遍。

在宣布我成为福特公司的新任 PR 主管之后，我去和我的团队骨干成员们会面。在见到奇诺时，我直截了当地告诉他："肯，大家都说我应该炒了你。"当时的我已经被自负冲昏了头脑。在 40 岁就成为这个世界上规模最大、最负盛名的公司的 PR 主管之后，我开始表现得傲慢自负和蛮不讲理。后来我为自己的粗鲁向肯道歉。之后他也逐渐成了我和福特公司的最忠实的伙伴。

肯和我告诉尹特马基，我们必须尽快在这场危机中抢得先机，尹特马基同意我们的说法。但是要怎么做到呢？那天已经是周五了。

我此前还从来没有在周六召开过新闻发布会。我们通知了在这场危机中参与报道的绝大部分媒体，并告知他们福特公司要举行一次电话会议，说明此次召回的具体安排及相关数据。我们无法通知到所有的媒体，毕竟时间有限，更何况媒体的名单已经有几百家了。

每位参加电话会议的记者都会收到一份传真，上面显示的内容正是我们曾经恳请费尔斯通公司在发布会上采用的，即采用哈利·皮尔斯式的数据分析，对安全的轮胎和需要被召回的轮胎作出明确区分。电话会议由我主持，肯·奇诺协助，其他参与者包括技术分析师厄尼·格鲁什、探索者总设计师汤姆·鲍格曼，以及法律总顾问助理丹尼斯·罗斯。大家都围坐在我办公室的圆桌前，我们差不多讲了一个小时，然后对记者们提出的问题一一作答。

离开玻璃屋，我驱车回家看见我的妻子贝蒂斯正在门外等我。

"费尔斯通的克里斯汀·卡波维亚克几分钟前给你打了电话，听上去她有点不高兴。"她告诉我。

我给克里斯汀回了电话。

"你们刚刚搞的那个发布会是我见过的最没有职业操守的会议！"她在电话那边吼道。

我调整了一下情绪（熟悉我的朋友都知道我很少这样做），用尽量平静的口吻回复道：

"你说什么呢？你们惹了那么大的麻烦，如今所有顾客，不管他们的轮胎是否有问题，都跑去我们的门店要求更换新轮胎，而那些真正倒霉的、用着你们垃圾轮胎的顾客只能干等着。你还想教我什么叫职业操守？我告诉你，就因为你们不敢正视自己的错误，对自己的错误捂着盖着，可能还会导致更多的人会为此丧命。所以你少跟我撒泼，有工夫赶紧想办法去找能替换的轮胎。"

电话那头足足沉默了15秒，似乎克里斯汀已经明白了我的意思。

"明天我们两家一起再组织一次电话会议，跟媒体把你今天讲到的内容再重复一遍。"她说。

把我们说过的话重复一遍？奇怪。而且在星期天开发布会？反正在这场危机中，我已经见怪不怪了。于是第二天，福特和费尔斯通两家公司的人员同时再一次出现在媒体面前。

这当中，有几位我认识的记者打来电话跟我说，接连两次参加一模一样的发布会可能是他们报道汽车行业新闻这些年来遇到过的最奇怪的事了。不过我并不在乎这些，因为我并不希望和费尔斯通公司之间的战火继续蔓延下去。这或许是一个好的信号。当然，又或许猪还会飞呢！

一周后，我和我的家人、纳塞尔、福特公司的其他几位高管一同前往圆石滩参观老爷车展览，这或许是世界上最豪华的车展。那些可能比上帝还有钱的土豪们正在现场挥金如土。要是把这些老爷车的价格都加在一起，可能比世界上的一些国家还要富有。我很难尽兴地欣赏这些宝贝，因为媒体记者们的电话接连不断地打进来，我的妻子为此已经有点生气了。

第 16 章 我们这个时代的战争

"亲爱的,我们好不容易才出来放松一下。"

可是情况愈发糟糕起来,我 8 岁大的女儿莱恩只要一听到电话铃响就会嚎啕大哭。忍无可忍的贝斯蒂一把夺走我的电话,并威胁要把它扔到马桶里冲走。

圆石滩的附近有几处世界上最好的高尔夫球场,在靠近第三洞的某一处我的电话又响了,是贾奎斯·纳塞尔。

"杰森,我打算暂时关闭巡游者(皮卡车)的工厂,然后把用来更换的轮胎都发到那里,你觉得呢?"

巡游者,福特旗下的小型皮卡车,跟探险者一样都装配了费尔斯通轮胎。这并不奇怪,毕竟巡游者就是探险者的前身。

"这个想法很大胆啊!"我说,"不过我们之前商量过,一旦出现危机必须尽快找到可以用来替换的轮胎。"

不久后工厂关闭了,不过工人们的薪水还是照发。值得赞叹的是,很多工人都自愿前来帮助运送轮胎的货车装箱,这些货车随后将奔赴各地的福特经销商门店。

我们已渐渐理清了头绪,然而这还远远不够。费尔斯通轮胎危机每一天都是汽车行业里最引人关注的事件。而哪些所谓的"安全倡导者"团体的成员们仍在不遗余力地推波助澜,煽动大众的恐惧和怒火。

国会宣布将对费尔斯通轮胎事件举行听证会,而福特公司的很多用户也都不断地要求更换轮胎,即便他们的车不在召回之列。在我们的轮胎专项小组的一次会议上,一位采购和供给部门的高管说,有一次她去看她儿子参加的足球赛时,一位购买了探索者的车主问她能否辨别出她的车的轮胎是否有问题。

"我去看了她的车,然后告诉她,她的车装配的是 16 英寸的费尔斯通轮胎,而不是被召回的 15 英寸轮胎。不过我又想,是不是很多人都分不清这一点呢?"

几天后,每一位福特公司的员工都收到了我们制作的小卡片,上面写明如何辨别自己的车的轮胎是否需要召回，包括被召回的车的轮胎的特点和型号，以及如果发现有问题该向哪个部门求助等信息。我们意识到我们有一支可以代表福特公司的部队，我们需要借助他们的力量来走出这场危机。

我的助理琳恩把头探进我的办公室对我说："《新闻60分》节目的唐·休伊特正在线上。"

糟糕，休伊特是热门节目《新闻60分》的创办者，我们所有的PR都不希望成为他的座上宾，尤其当有人因你的产品丧命之后。

休伊特开门见山。"杰森，我们觉得你们公司现在的做法是正确的，并且我们想安排一个摄制组进驻你们的公司，跟踪一下福特公司是怎么应对这场危机的。"我告诉他我们会尽自己最大努力走出这场危机，但眼下的舆论环境每天被谣言和谎话充斥着，这些误导大众的信息往往来自那些诉讼律师和所谓的"安全倡导者"团队成员，还有那些费尔斯通公司的人。

"我很愿意跟你合作，但我必须去说服我的老板。小比尔·福特恐怕是最难说服的，他受自己父亲的影响，一辈子都不愿意和媒体打交道。你们打算派谁来报道？"

"莱斯利·斯特尔。"他说。

我知道莱斯利是出了名的台前幕后两张脸的人，她私下里温柔可人，但只要摄像机的灯光一打，立刻就变身成凶猛的比特犬。

我抄近道来到了纳塞尔的办公室，并跟他讲了我刚才接到的电话。

"你有什么建议，杰森？"

"贾奎斯，其实不管有没有我们，他们都会做这个报道的。我们现在的方向是对的，所以我们应该抓住这次机会，争取在电视上把我们的故事讲给别人听，我们必须保证一切都是透明和真实的。"

"让我想一下，明天回复你。"

第二天我又来到纳塞尔的办公室。"昨晚我给杰克·韦尔奇打了电话，咨询了他的意见，"纳塞尔说，"他的想法跟你一样，不管我们合作与否，人家都会做这期节目。他说，如果是 NBC《每日连线》的人来报道，那绝对不要同意，因为他们不值得信任。而《新闻 60 分》虽然强硬，但却一向公正。所以不如这样，你联系一下莱斯利·斯特尔，请她过来谈谈并吃个午饭，然后我们再做决定。"

我表示同意，继而又补充道："如果这事最后办砸了，不用你炒我，我自己就把自己炒了。不过我知道这么做是对的！"

第 17 章
国会炼狱

两天后,斯特尔和她的制片人里奇·伯宁一起来了。相比演播室,斯特尔要比在荧屏上看起来老许多,不过风采依旧。最初联系这次采访时,我和伯宁就沟通比较多,相互间的对话也一直很友善,同时他也需要我这样的朋友来帮助他了解整个事件的全貌。

在办公室,我们聊到他打算采用的拍摄方式,基本上就像是附着在墙上的苍蝇,不被人注意,他会全程拍摄我们满世界寻找可以替代的轮胎、搜集证据的过程。

和纳塞尔共进午餐的时间到了,我带着斯特尔上楼去他的办公室。纳塞尔的助手泰瑞·伯克催促我们赶快进办公室,说午餐已经准备好了。送她到门口时,我转身准备离开。

"你要去哪里啊?"斯特尔问。

"纳塞尔自己搞得定,你们不需要我在这儿。"

她之后向我坦白说此前从没见过哪个PR人员会把自己的老板丢给"凶狠的"媒体人然后自己转身离开的,这一点令她印象深刻。

午饭过后,我送斯特尔和伯宁去停车场,并告诉他们我会第一时间回复他们纳塞尔的意见。在我回到自己办公室门口时我看到了我的助手琳恩。

"给纳塞尔打电话。"

话刚出口,我一想,坏了,这也太快了。

第 17 章 国会炼狱

"杰森,你知道《新闻60分》平均每部分内容的时长会持续14分钟吗?"在电话接通后纳塞尔这样问道。

"差不多是这样的。"

"哦,那你想没想过,那可能是你在福特的最后14分钟了?"

第一次,我哽住了,不知该说些什么。纳塞尔没有忘记我曾经发过的誓,一旦《新闻60分》的报道最后演变成一场灾难,那我就得卷铺盖走人。

"是,没错!"我说。

那边沉默了一会儿,然后是一阵大笑。"别担心,这么做是对的。只不过我得提醒你,小比尔·福特对这事非常紧张,所以咱们最好还是少让他露面。"

我立刻致电CBS的里奇·伯宁,告诉他这个消息并准备开拍。不过有些规矩我还得提前跟他们定好。首先,我告诉他所有的采访都要用我们的摄像机来拍摄,这是为了避免某些采访片段被剪辑后断章取义误导大众。其次,不能搞突然袭击。如果需要我们对某一份文件或材料给出反馈意见的话,那么要提前交由我们审阅,经同意后才能拍摄材料,以保证内容的真实性。他对这些约定表示同意,几天后,《新闻60分》的拍摄组正式进驻福特公司。

到8月下旬的时候,这场危机的波及面越来越广,我每天早上9点都会接到上百个来自全国甚至世界各地的媒体人的电话。福特和费尔斯通两家公司正处在一个全面开战的临界点上,尽管这并不是大家所希望看到的。我们尚未向费尔斯通方面发起过任何形式的攻击,尽管我们手中握有"武器",可以用来还击那些毫无事实根据的诬陷。

但随后接到的一个电话差点让我崩溃。

电话来自ABC电视台的丽萨·斯塔克,她是参与这场危机报道的主要记者之一,同时也是比较公正的一个。

"杰森,我想我已经掌握了一份确凿的证据。"

那是一份 25 页的资料，来自加利福尼亚的一家独立轮胎测试公司在 1988 年所做的一次测试。证据表明，安装在开拓者上的 15 英寸费尔斯通轮胎，在开拓者问世前就已经发生过轮胎脱落的情况。我请她把这份资料传真给我。

接着我立刻找来了我的得力助手肯·奇诺。

"这下糟了。"奇诺脱口而出。

如果看到这份资料的话，很显然，人们会认为我们早就知道这些轮胎是有问题的。情况紧急，我赶紧联系我们的作战室，我需要一个人的帮助，他就是厄尼·格鲁什，我们的调查专家。

"不妙啊！给我几分钟的时间，杰森。"

三十分钟后，厄尼和探索者的总工程师汤姆·鲍格曼一起来到了我的办公室。

"你这份东西缺两页啊，杰森。"厄尼说，而他一旁的鲍格曼则一脸微笑地看着我。

不见的两页是这份资料的封面和一个测试说明。主持这次测试的工程师注明了测试中出问题的 15 英寸轮胎。而且，事实上，他们用来做追加测试的是一对 16 英寸轮胎，因为在测试开始时，曾有一对相似的 16 英寸轮胎出现了胎面脱落的情况，于是测试员想要复制这一情况，这是他们的工作，必须不断地重复故障，然后找出原因。

"16 英寸的轮胎后来根本就没有投产过，"鲍格曼说，"而且，那个给丽萨·斯塔克这份材料的坏蛋绝对知道这事。"

又来了，又是搞这种虚假材料的老把戏。有些人总是想火上浇油，不断向媒体投掷饲料，好养肥那些诉讼律师们。这次的预谋很显然是冲着福特公司来的，因为在福特和费尔斯通两家公司之间，谁都知道前者才是值得一抢的"大户"。而就在最近，一位知名的"市场营销大师"已经把福特公司比作"行尸走肉"了。

"丽萨，我是杰森·瓦因斯，关于那份证据，有挺重要的两页你没有看到。"

我把材料上缺失的两页通过传真发给了她，并向她解释了内容细节。她惊呼自己差点受骗上当。

"我想你应该查一下你的消息源，然后当面告诉他们，他们是群骗子，是群彻头彻尾的骗子，搞不好还是违法的骗子。"

两周后我又接到了来自《华尔街日报》的记者、普利策得主乔·怀特的电话，他可能是这个星球上最聪明、最有道德操守的记者之一了。

"我拿到了一份材料，这或许是对你们不利的确凿证据。"乔说道。

"让我猜猜，是不是一份25页的轮胎测试资料，说15英寸的轮胎在1988年就发现有问题了？"

"你怎么知道的？"他惊呼道。

于是我把那缺失的两页又发给了乔，然后向他解释了一番。他异常愤怒，不是冲我，而是对他的消息源，那些接连欺骗两位有职业道德的记者，并试图诬陷福特公司。

8月下旬，国会派出的调查员来了，他们把我们上上下下翻了个底朝天，恨不得钻到我们的内裤里去瞧一瞧。他们索要了很多相关数据，同时又把公司的工程师、采购部人员以及我都仔细盘问了一番。我们的沟通团队成员也已从纳什维尔撤出，他们起初是被派去帮助费尔斯通公司的，但如今也回到了迪尔伯恩。麦克·沃恩早前曾告诉过我，我们公司和费尔斯通公司两家的关系已经变得十分紧张了，他说："他们冲着我们咆哮，有一些团队成员甚至被他们骂哭了。"

我们"保护费尔斯通公司"的指导原则看来已经走到头了。很明显，在费尔斯通公司的人看来，如果他们要玩完的话，至少要拉着我们一起下水。

福布斯（Forbes）正打算写一篇关于这场危机的主题文章，标题是"纳塞尔最艰难的考验"。他的手下想拍一张纳塞尔在我们的作战室里的照片。

在《福布斯》(The Forbes)杂志的摄影师抵达前，我和肯·奇诺先到作战室里做了一番检查，确保没有什么敏感的或机密的内容被拍到。在作战室后面的墙上写着我们最早列出的几项指导原则。这些字当初是用红色的马克笔写的，而我俩都清楚红色在照片里会看不清楚。

"肯，把那个字用黑色马克笔重描一遍。对了，把最后一条指导原则（'保护费尔斯通公司'）给去掉，不伺候了。"我学着丹纳·卡维模仿乔治·布什的口吻说道。

福特和费尔斯通两家公司在媒体上的厮杀还在继续，致使大众越发感到迷茫，这是可以理解的。当然，这在很大程度上是拜那些居心叵测的"安全倡导者"团体所赐。我们意识到是时候推出一张能为福特公司代言的新面孔了。奇诺和我都觉得无论这张新面孔是谁，都免不了要在不久后的国会听证会上接受口水的洗礼。同时我们也一致认为，那个即将被"祭献"的人不能是福特家族的继承者小比尔·福特，尽管有些人对他并不认同。

国会自然是乐于小比尔·福特出现在听证会上，尤其是共和党的议员们，近来坊间盛传小比尔正打算资助阿尔·戈尔参加总统大选（戈尔和他的支持者们一直给小比尔的办公室打电话，希望能得到他的资助）。

于是贾奎斯·纳塞尔只得临危受命，成为公司的代言人。福特公司的董事会表示同意。奇诺和我在周四为他起草了一份讲话稿并交由市场营销部修改。到了周六，纳塞尔站到了摄影机前准备拍摄一段商业广告。他将告诉美国的民众，福特公司的全体员工正在努力地帮助他们，为他们装有费尔斯通轮胎的探险者或开拓者皮卡车消除隐患。这并不是一次福特公司的自我辩护。

纳塞尔是光着脚拍完这则广告的。别问我，我也不知道为什么，真的！

甚至来不及测试，我们的广告就在《周一晚间橄榄球》的节目中播出了。我们的营销部门采用焦点分组的方式观看了直播，效果很好。人们希望看到一个具体管事的人能走到台前与他们直接对话。不过批评的声音还是有的。

"那则广告播出的时候我都没在看电视。"《底特律自由报》的编辑尼尔·夏因告诉我，"起初我还以为是个卖澳洲牛排的广告呢，后来就看到这个矮小的、满嘴澳大利亚口音的阿拉伯人在讲话，那场面太穿越了。"

在第一则广告播出后和接下来拍摄的这段时间里，形势又一次发生了变化。如今我们要被迫开始为福特探险者辩护，这一切都拜费尔斯通公司和"安全倡导者"团体所赐，他们一直都在刻意地误导那些我们试图保护的民众。

他们用错误信息持续轰炸的策略最终导致我们犯了错，虽然并不严重，但那毕竟也是错误。我们的营销部门在接下来的广告里让纳塞尔为福特探险者辩护的广告语是"我家里也有三辆探险者"。这则广告一经播出，就在我们的焦点小组中炸开了锅。

观众的反应几乎可以一致地总结为："那当然了，你家有三辆探险者，但我敢打赌，它们的轮胎绝对都没问题。"

于是在一片争议声中，这则广告刚一上线便又被撤下了。

进入 2000 年 9 月，即将到来的国会听证会已经开始预热。参众两院都希望能从福特和费尔斯通两家公司的这场危机中分到一杯羹。众议院的委员会由来自路易斯安那州的比利·陶津率领，他是一个为了能成功获选，甚至从民主党变成共和党的人。比利·陶津正盼望着能借此机会在全国打响名号，为此他特地聘请了一位名叫肯·约翰逊的人作为他的头号吹鼓手。这位老兄仗着一纸南伊利诺伊大学的理工文凭，自称知道与汽车有关的一切。

参议院的第一委员会则由约翰·麦凯恩和阿兰·史派克担任，他们将率领委员们对福特和费尔斯通两家公司展开攻击。参议院接受了福特公司方面提交的证人人选：福特公司安全事务领导海伦·帕图斯卡斯和福特探险者的总设计师汤姆·鲍格曼。然而，比利·陶津和他的"宠物"肯·约翰逊则不依不饶地摆出了一副强硬的姿态，点名要求纳塞尔来做证人，其余人一律免谈。陶津是机会主义者拉姆·伊曼纽尔的忠实信徒，"不要错过任何一次重大危机"，这群"忧心忡忡的公仆们"希望看到一场大戏上演。因此当比利·陶津和肯·约翰逊看到福特公司这边提交的人选名单上只有小小的海伦和汤姆时，自然大为光火。

"我们达成了一项协议。"讲这话的人是珍妮特·马林斯，她是福特公司驻华盛顿办公室的主管，据称在共和党内有着广泛的人脉。马林斯参加了我和约翰·尹特马基（福特公司作战小组的领导）以及肯·奇诺的电话会议，我和肯支持纳塞尔在国会听证会上作证，不过马林斯依据其在华盛顿社交圈子的广泛人脉提出了不同的看法。

"我们还是用海伦和汤姆作为人选，而不是纳塞尔。陶津刚开始会表示不满意，并会斥责我们几分钟，但最终还是会不得不接受我们的人选的。"马林斯说。

接下来发生的是我为我的朋友兼同事肯·奇诺感到最为自豪的一幕了。听了马林斯的话，他气血上涌非常愤怒。

"这件事跟什么上层社交圈没任何猫腻关系，也跟华盛顿的那帮小丑无关，这是一次民意审判。如果坚持原来的人选，那么我们会被那帮人的口水淹死的。"

"肯说得对，"我说，"既然纳塞尔能够成为福特公司的广告代言人，那他就必须出现在华盛顿特区。更何况他是处理这件事的最合适的人选了。他会成为那个会场里最聪明的人的。"

我们就这样争论了半个小时，其间，我和奇诺的激愤差一点就让我们说服了他们。不过最终尹特马基决定结束这次通话，他需要一些时间来考虑，以做出最后的决定。到了晚上7点半，我筋疲力尽，白天我在福特总部工作了14个小时。

于是，我钻进了自己的陆虎车（没错，不是福特，尽管公司给我提供了一辆免费车）一路赶回家。途中我给尹特马基的办公室打电话留言说："无论你做什么决定我都支持。"后来我得知马林斯也给他留了一条类似的信息。当晚，尹特马基决定信任他的华盛顿专家。第二天一早，比利·陶津得知了福特公司的决定：纳塞尔太忙，来不了。这下可捅了马蜂窝了。

"纳塞尔日理万机，无暇作证"，你觉得这标题怎么样？

国会议员陶津背弃了他对马林斯的承诺。接下来议员们绝不只是用了几分钟的时间来批判纳塞尔拒绝作证的决定，而是对其作为男性的尊严进行了猛烈的攻击，进攻的发起者正是陶津的同觉肯·约翰逊。

"既然他有时间拍广告，那就一定有时间站在这里面对美国的民众！"他动情地带着哭腔喊道。

到了中午，约翰逊和各路媒体对福特公司的合围达到了最高点。同时，纳塞尔也把他手下最好的一群骨干全部召集到了他的办公室，他们是一帮比我年长 10～20 岁的资深行政副总裁，只有我是一个卑微的、负责 PR 部门的小副总裁。我们围坐在纳塞尔的玻璃圆桌前。

"杰森，现在外面的舆情怎么样了？"纳塞尔问我。

我觉得那一刻我周身的血液几乎全都集中在了我左侧负责胆量的那个睾丸上（我没有瞎掰，这是有科学依据的）。

"舆论觉得你就是个懦夫。"我说。

那一瞬间我感觉自己几乎进入了一种慢动作的状态。虽然纳塞尔和我是好朋友，但如今想到那一幕我还是觉得自己太过放肆了，或许是自己太妄自尊大了吧！

接下来的 1.5 秒钟好像持续了整整一个世纪，所有的高管们都一脸震惊地看着我，只有销售主管罗伯特·利维和法务总顾问尹特马基除外。

"见鬼,杰森,我就说我应该去作证的!"纳塞尔说,同时双臂沮丧地垂向两边。

纳塞尔,黎巴嫩裔,在此前的人生中一直是位斗士。他在演讲中曾提及他小时候在澳大利亚读书期间因自己与当地孩子肤色、相貌及饮食习惯的不同而遭受的偏见,令许多人感动落泪。在担任福特公司的CEO期间,他曾受命去调整管理层中的种族多样性结构,之后因为在一次高级管理人员会议上提到"这个公司里的白人面孔太多了"而遭到猛烈声讨。他是个经历过重生的男人,聪慧绝顶,从福特公司澳洲区的一名初级经理一步步地升迁到了如今的权力顶端。现在他的公司正在遭遇波折(在产品研发方面),而他自己也在这场汽车业史上最大的危机中身处险境。

"我能做些什么?"他问道。

"你得同意作证,我们一小时内公布这则消息。"我说。

有几位高管对此仍表现出了一些迟疑,认为我们的反应过快了。此时利维,这个行业的元老之一,也表态了。

"我们需要马上阻止事件的恶化,杰森说得没错,我们得赶紧解决这件事。"

一小时后的新闻发布会堪称媒体的饕餮盛宴,小比尔·福特和贾奎斯·纳塞尔同时出现在了发布会现场,终于阻止了事态的进一步恶化。对众议员陶津和他的同党而言,这无疑是一场大胜:他们终于把一位工业领袖推到了众人面前,迫使他卑躬屈膝、任人羞辱。

我们是在距离听证会还有两天时间时抵达华盛顿特区的,两天后我们即将面对参议院的议员以及由陶津率领的居心叵测的众议院议员的质询了。参议院并没有对我们之前提供的作证人选提出异议。很明显,与众议院相比,参议院的听证会只能算是走过场。而所谓的"代表民意"的众议员们,则每两年就要参选一次,因此他们急于寻找一个能够露脸的由头,毕竟他们与每隔六年才参选一次的参议员们的处境大不一样。

我们来到福特公司驻华盛顿的办公室,在这里模拟听证会现场,对纳塞尔轮番进行轰炸式的提问,帮他做最后的准备。

"不知道答案就不要瞎猜,翻小黑书。"这是命令。我们的团队已经把关键事实和核心数据编辑成册,其中包括福特公司管理层在中东地区最初发现费尔斯通轮胎有缺陷最后导致探险者翻车,及至其后的一系列往来通信。幸运的是,我们并非在训练一只菜鸟,纳塞尔比这屋子里的任何一个人都更能胜任这份工作。

对海伦·帕图斯卡斯来说,就是另外一种情况了。她将率先代表福特公司步入听证会的大门,面对参议院的议员们。尽管她在大部分人的印象中就是一个强硬的铁娘子的形象,但是在深度接触后,我意外地发现她其实有颗敏感、温柔的内心。在过去的三个月时间里,海伦一直同我们并肩作战,她的眼袋往下耷拉,很大程度上是受我们这群烟鬼的影响,没日没夜地工作后只能靠抽烟消除睡意。在听证会的前两天,我们为她布置了功课,她的准备工作做得很充分。

可是之后,我却把事情给搞砸了。

我安排她在听证会前先跟媒体见面,借机把我们的一些消息传播出去。我知道像参议院听证会这种场合,往往是你一言我一语的大杂烩,很难提炼出什么有价值的内容。我们聚集在福特公司驻华盛顿办公室的大会议室里,海伦先发表了一份简短的声明,随后各路媒体记者开始万炮齐轰。CBS 的雪利·阿特金森率先发难,我意识到这场发布会开始变味了,某个瞬间我还以为自己坐在了一个家暴审判席上,不断有人抛出类似"你为什么要打老婆"这样的质问。海伦根本没有机会说出我们想要传递的信息。只差五分钟就要到最终陈述的环节了,阿特金森突然起身离开,我赶紧把她拉到了一旁。

"你要去哪里啊？你还没有听完我们要说的话呢。"我说道。

"我得去发稿了。"阿特金森说。

发稿？发什么稿？我们的话都还没说完啊！那是2000年，千禧年的到来似乎激发了一些媒体的多动症。网络媒介不断诞生，让"准确并不重要，速度才是王道"的这种心态迅速在各家媒体蔓延。

在福特公司驻华盛顿办公室的会议室里，海伦刚刚完成了最后的简要陈述，此时正坐在椅子上发抖。这是我的失误，她还没有准备好应对这样的场面。而第二天她还要出现在国会听证席上，放下尊严，面对参议院的议员们并接受他们的质疑和批判。

"回房间去休息吧！晚上找一个好餐厅，吃顿大餐，点一瓶好酒，都算在公司的账上。"我告诉她。

"要一瓶苏珊·萨兰登会点的那种？"她微笑着说道。

"去吧，姑娘，你会好起来的！"

此刻，我真正意识到一直以来与我共事的这位女同事是个多么杰出的人啊！明明恐惧，却绝不退缩。她的本职工作是让福特公司的汽车变得更安全、更环保，而如今却代表公司承受着这个行业中最沉重的压力。她本不需要做这些，但是当危机来临时，却勇敢地承担了这一切。

那天晚些时候，一个奇怪的消息传来，我是通过接听Stratacomm传媒公司罗恩·迪弗的电话知道的。

"弗莱什曼公司刚刚退出了。"罗恩说。

"什么？"我问。

"弗莱什曼公司今天终止了和费尔斯通公司的合作。"

在PR界这绝对是个大事件。作为一家公司，尤其是作为弗莱什曼·希拉德这样的大公司，你不能丢下自己的客户转身一走了之。还有不到24小时，国会的听证会闹剧就要上演了。我赶紧给我的朋友理查德·克莱恩打电话，他是弗莱什曼·希拉德公司的骨干成员之一。

在危机初期，费尔斯通公司和弗莱什曼公司的人一直拒绝与我们合作，我只得联系理查德。他向我引荐了玛莲娜·迪尔，他们在圣路易斯办公室的负责人之一。

我们初次通话时的气氛有些紧张，直到玛丽莲冲我咆哮道："杰森，你能不能先闭嘴听我把话说完？"

"你讲。"我说。

"你说的我们都试过了，可他们（费尔斯通公司的人）就是听不进去。"

我能理解她当时的难处。不过如今，他们已不再是费尔斯通公司的同盟了。

"发生什么事了，理查德？"我问，此时新闻里正在播放弗莱什曼公司的这一决定。

"这么说吧，杰森，这件事事关我们的职业操守，我只能跟你说这么多。"

弗莱什曼公司退出后，与其同样隶属于奥姆尼康集团的凯旋公关公司迅速捡起兄弟公司丢掉的垃圾，成为费尔斯通公司的新合作伙伴。

几年后，我在法兰克福汽车展遇到了奥姆尼康集团的 CEO 约翰·雷恩，当我们在一起抽烟的时候我提到了这件事，并问他："所以，我就是纯粹好奇，你们集团的这些公司到底算有没有道德底线？"

他当然知道我是在调侃他，两人旋即大笑。但是在 2000 年 9 月，我们身处危机之中，这件事就没那么好笑了。

9 月 6 日，对福特和费尔斯通两家公司来说都是晦气的一天。我们首先要面对参议院，之后是众议院（由比利·陶津率领）。参议院的质询开门见山，由约翰·麦凯恩和阿兰·史派克率领的商业委员会的委员们只不过是来做陪衬的。但令人意想不到的是，普利司通 – 费尔斯通北美分部的主席小野出现在了听证会的现场。只见他深鞠一躬，就像一个在一通豪饮之后又痛哭并忏悔着的天主教徒一样，向现场的全体听证会议员们不停地道歉。不久之后，费尔斯通公司的 PR 团队就将会为他们的老板辩解，称那并不是对轮胎质量问题的谢罪，只是对造成如今这样的局面表示歉意而已。

海伦·帕图斯卡斯代表福特公司的表现堪称精彩，我当时并不在现场，而是通过 C-span 电视台的直播看到的。我们当时在帮纳塞尔为稍后与陶津的见面做最后的准备。参议院的听证会结束后，我给海伦打了电话。

"你太牛了，萨兰登女士！"我之前曾建议过海伦，如果这场危机日后拍成电影的话，可以找苏珊·萨兰登来扮演她。

"还好，多亏你之前把我教训得那么惨，我才能做好准备啊！"

我停顿了一下，突然想不出该说些什么。在一阵尴尬的沉默之后，我说："很抱歉，之前让你受了那么多苦，万幸这件事没有被搞砸，我觉得你棒极了，真的很有种！要是日后有需要的话，也希望你能把'蛋'借我用用。"

她被我最后一句话逗得直咳嗽，笑着骂道："你这个白痴！"

"真的很感谢你，海伦！"

轮到"民意代表们（众议员）"出场了。哈！纳塞尔已经做好了准备。在听证会之前的两天时间里，公司的律师们和我本人通过模拟听证会的方式轮番攻击纳塞尔。我们已经预想了国会议员们届时会给福特公司 CEO 的"优厚待遇"。到了最后，纳塞尔已经用勇气和头脑中记录的事实准备完毕，他累了，在听证会的前夜早早上床休息了，届时他需要拿出最佳状态。

福特公司驻特区的主管马林斯，之前我提到过，她和比利·陶津率领的众议院议员达成过一个"协议"，其中一项是允许证人们，包括纳塞尔和费尔斯通公司的行政副总裁约翰·拉普，在听证会现场隔壁的一个小房间里宣誓，此举是为了避免被媒体记者抓拍到事后做文章。想象一下几位商业巨头排着队右手举在空中宣誓的场面。还记得那些把烟草公司的高管描述成罪犯的照片吗？

当我们落座后，陶津宣布听证会开始，随即要求证人们起立宣誓。我连眼睛都没转，也没有露出任何有攻击性的表情（我们事先被要求过不要有过多的动作和表情），但我还是忍不住地回头望了望约翰·尹特马基，发现他也正在看着我。

那些国会的混蛋们，或者还有他们的助手们，都是不能信任的。

纳塞尔准备好了。他的回答简明扼要和有回击力。当被问到一些他不知道的问题时，他会承认自己确实不知道，并保证会尽快地给议员们作出答复的。很重要的一点是，当他在分享一些具体日期或数字时，会查阅我们事先准备的小黑书，拒绝凭空捏造。

纳塞尔坚持的底线是："这是费尔斯通轮胎的问题，跟我们的汽车无关。"

而另一边，费尔斯通公司的人的回答就含糊极了，说这些轮胎只是问题的一部分，并不是问题的全部。

拉普的其中一句证词是："我们的错误就是此前从未使用过索赔数据作为轮胎性能的评判依据。"

或许吧，但是很重要的是，只有费尔斯通公司自己掌握这些数据，所以他们要么就是极度无能，要么就是在撒谎。在返程的飞机上，我问海伦·帕图斯卡斯怎么看拉普的这句证词。

"该死的，他在撒谎。"她说。

不久之后，另一轮国会参众两院的听证会即将到来。

回到迪尔伯恩，福特公司的研究人员和律师们发现了一份 Q95 的费尔斯通轮胎报告。根据报告，我们发现，费尔斯通公司其实早在 1995 年就发现他们的荒野 ATX 轮胎在行驶中表现不佳（拉普不是作证说他们从来没用过索赔数据吗？）。不过现在有一个问题，就是这份报告已经被法院封存了，而唯一揭露的方式，就是需要有人在费尔斯通公司的人宣誓作证的情况下，询问这份文件的情况并申请解封。这个人便是密歇根州的国会议员约翰·丁格尔，他是众议院的议长之一，同时也是汽车行业的忠实信徒。丁格尔与福特公司的工作人员已经会面并作了一系列的提问，都是有关法律方面的，这些提问一定能逼出那份该死的Q95报告。

在9月21日的众议院听证会上，随着丁格尔宣布"开球"，我紧张地坐到了椅子的边缘上。接下来的五分钟是极其受煎熬的，我看着丁格尔不停地打着擦边球，直到最后才抛出了那个致命的提问。费尔斯通公司的拉普成功地扮演了装疯卖傻的角色，迟迟不作答。丁格尔的质询时间到了，不过他创建的查询线将最终让事实完整曝光。费尔斯通公司制造了一批致命的轮胎，他们知道这事并进行了修复，可是对那些已经售出的正在被车主们使用的垃圾轮胎却置若罔闻。Q95的报告就如同当年投向日本进而导致结束战争的那颗原子弹，只不过这一次的这颗原子弹最后哑火了，而福特与费尔斯通两家公司之间的战争不仅仍在持续，而且会变得愈发丑陋，而各路媒体，还有那些诉讼律师们，却为此欢呼雀跃。

第18章
我需要休息

我不清楚地狱里是否也有假期,只不过我很庆幸自己能在危机的煎熬中获得片刻的喘息。我和我的妻子乘坐的飞机降落在巴黎戴高乐机场,巴黎汽车展的媒体日即将拉开帷幕。而就在昨天,我们全家在我的连襟克里斯·西奥多尔的家中一起烤肉时,我当着全家人的面控制不着自己的情绪几近崩溃。

原因是一个悲剧深深地刺痛了我。有位福特探险者的车主从当地的经销商那里获知为她更换的轮胎已经运到了,然而不幸的是,当她到达经销商的门店后发现轮胎上的刻字不是她喜欢的样子,于是便提出更换。经销商告诉她下一批轮胎要两周后才能运来,很遗憾,她只能选择等待。但几天后,她的一只被召回的费尔斯通轮胎在行驶途中爆掉了,这导致了翻车,致使她的女儿在这场车祸中当场丧生,只因为那个该死的刻字图案!

我在给我的家人讲这个故事的时候突然有些难以自控。

幸好,他们就在身边,他们安慰并平复了我的心情。当你身处危机的前线时,往往会遭受各种各样负面情绪的冲击,而此时最重要的就是不要将你自己与爱你的家人们分开来,他们即便无法给你提供有用的建议和帮助,但他们的关爱也足以帮助你走出阴霾。一直以来,这份工作给我的身心健康都造成了不小的伤害。在危机到来后,我能陪伴家人们的时间也随之锐减,可是每当看到他们时,那份温暖能让我暂时忘掉那些晦气的轮胎,他们就是我的港湾。这是我从危机中挣扎时学到的重要的一课。

啊，巴黎！在酒店办理好入住手续后，我的妻子就和一位朋友去逛街了。我和我的得力助手肯·奇诺一起来到街边的一家咖啡店里聊天，话题自然离不开费尔斯通轮胎以及之后的打算。我们两个最近都累得要死，而此时最好的缓解压力的方式莫过于一瓶昂贵的法国红酒了。之后（下午四点钟），回到酒店后我就睡了，再睁眼时已经是晚上。我的妻子有点不高兴，难得来巴黎，一座爱与美食的城市，可我居然在床上昏睡。

第二天是巴黎汽车展的首个媒体日，这可是在汽车行业中工作的最有趣的一部分。我们白天可以跟人聊车，晚上可以参加聚会，更重要的是公司会买单。只可惜，这些我都无福消受，我没有机会跟别人聊车，还是因为那些该死的轮胎。

乔鲍·切达（"Csaba Csere"在匈牙利语中的发音竟然是"乔鲍·切达"，上帝啊！这群疯子）是《人车志》的主编，他是美国或许也是这个世界上汽车行业内的最有影响力的记者之一。他的杂志是不能被美元买通的，然而并非所有钟情于汽车行业的媒体都是如此。

乔鲍在一楼展厅里看到了我，当时我正和奇诺、纳塞尔在一起。乔鲍拉住我并提出了一个想法，即他想要一辆探险者车来做测试，然后在车行驶过程中弄爆一只车胎，以测试驾驶员是否能很轻松地将汽车安全停下。

"不行！"我直接给拒绝了。

不过乔鲍并没有放弃，他表示可以自掏腰包在车里安装保护架。

"你没搞明白，乔鲍，"我说，"关键是你的驾驶员是知道这是在测试，同时他也知道即将发生爆胎。可在现实中呢？你只会听到'嘭'的一声响，然后一切就都结束了，车子将以每小时70英里的速度失控。这才是普通人，不是你们《人车志》的测试员。"

乔鲍并没有被我吓倒，几周后他还是设法安排了一场测试，让一辆探险者在行驶过程中爆胎并同步计时。为了模拟爆胎的意外情况，当车速达至每小时 70 英里时他们会用猎枪朝轮胎射击。这样一来，测试员就很难预测爆胎究竟会何时发生，然而说到底，驾驶员还是知道轮胎一定会爆的。第一次测试毫无意外，驾驶员很轻松地就让车停下来了。接下来换上一只新胎，然后重复刚才的过程。只不过这一次在爆胎瞬间，驾驶员的双手松开了方向盘，但还是将车安全停稳。一天后，测试的全过程在 NBC 汤姆·布罗考主持的《晚间新闻》中播出来了。说实话，在涉及费尔斯通轮胎的福特汽车的新闻中，这种正面报道已经很罕见了。不过在我看来，它仍然毫无意义。

因为《人车志》的测试无法解释探险者由于费尔斯通轮胎胎面脱落所引发的一场又一场车祸和一桩又一桩悲剧。虽然乔鲍的团队用猎枪打爆了轮胎，但却并没有造成轮胎胎面脱落，而且轮胎被打爆后会变得更加扁平，在与地面接触时甚至能产生比平时更强的抓地力。

在实际行车中，高速运转的费尔斯通轮胎会在不可预知的情况下，伴随着巨大的爆胎声响在短短几秒钟内完全爆裂，而普通驾驶者并不是预先知道会发生爆胎的测试员。最重要的是，当轮胎的橡胶部分完全脱落后，车会突然发生侧倾，而用于固定的金属胎圈此时会和地面发生摩擦。这就好像在完全不知情的状况下，一辆高速行驶的汽车突然开到了光滑的冰面上，此时的驾驶者出于本能的过激反应可能会导致车辆完全失控，甚至在大多数情况下会发生翻车。

尽管事实是探险者已经是世界上安全记录最好的车型之一了，这一点可以从联邦政府的 FARS（Fatality Analysis Reporting System，致命性分析汇报系统）中得到确认，但如果你乘坐一辆高速行驶的探险者并发生翻车，那也无异于同死神跳舞。

当被问到对 NBC 这一报道的看法时，我首先表示欢迎这样能证明探险者安全的测试，只不过在实际行车中，每一起车祸的情况都是不同的。当一些车主驾驶的汽车配置了有缺陷的费尔斯通轮胎时,他并不知危险何时降临。所以,如果完全相信《人车志》的测试结果,那就可能会误导大众。曾有很多广播、电视等媒体的主持人通过艺术化的表现,向大众传递了错误的信息。但福特公司不会参与任何形式的误导,更不会允许自己对自己的顾客有任何形式的欺骗。

第19章
虎口脱险

我们离开巴黎经过短途飞行后来到了圣特洛佩兹，参加在那里举行的新福特蒙迪欧在欧洲市场的媒体试驾活动。试驾活动现场的气氛很热烈，人们白天试车，晚上喝酒，个个快活，除了我以外。

我基本上一天都待在酒店的房间里，接听各家媒体询问与费尔斯通轮胎相关信息的电话，同时还要安抚在迪尔伯恩的轮胎专项小组成员们，他们已经受够了《新闻60分》摄制组不断提出的这样那样的甚至有些过分的要求。

我拨通了CBS制作人里奇·伯宁的电话说："我们给你们的拍摄资源已经够多了，下周我会安排一次你们采访纳塞尔和小比尔·福特。但所有也就到此为止了。"伯宁没有抱怨什么，他很清楚为了帮他成为荧幕上的明星，我已经押上了自己在福特公司的前途。

当伯宁和他的摄像团队来到纳塞尔的办公室时，福特公司自己的摄影机已经架好了，他们用了大概三十分钟的时间来调试设备，尤其是背光。随后"母老虎"到了，她很不高兴。

"你们那些摄像机算怎么回事？"莱斯利·斯特尔抱怨道。

"这是我们之前定好的规矩，不是吗？"我说着并同时看了看伯宁。

"没错。"

经过必要的化妆后，纳塞尔走进了办公室。我们不希望人们从荧幕上看到精心打扮后的斯特尔光鲜亮丽，而对面的纳塞尔却灰头土脸，就像1960年斯特尔和肯尼迪在辩论时的情形一样。

纳塞尔和斯特尔愉快地寒暄了一会儿，随后面对面坐下。摄像灯开启，这时"母老虎"的爪子已开始悄悄伸出。采访刚进行到几分钟的时候，斯特尔突然拿出了一份文件扔到了纳塞尔的面前，要求他做出评论。纳塞尔刚开始准备回答，但却又突然停住了，然后从牙缝里挤出了四个字："见鬼，杰森！"

我顿感触电一般，立刻上前说道："我们之前说好的，伯宁。"

"不能搞这种突然袭击式的把戏，所有采访用到的资料必须让我们提前过目，这是我们当时约定好并且你同意的。"

伯宁点点头。

我接着说："我不希望再看到有任何类似的情况发生，否则这次采访立即终止。我们要检查一遍你们准备用到的资料，确认它们是真实的之后才会做出评论，你们同意吗？"

同意。

根据以往的经验，像这种采访时突然抛出的资料往往要么是与主题无关的，要么就是不完整的，或是完全带有欺骗性的。而最终的检查也证实了我的看法。斯特尔骗不到纳塞尔，他对整起事件的经过了如指掌，面对任何问题都坚持用事实说话。更重要的是，福特公司在这场危机中自始至终都真正做到了将客户的安全和利益置于首位，与费尔斯通公司完全不同。

接下来，只剩一个采访，受访者小比尔·福特。

在采访当天的早些时候，又一个针对福特探险者的虚假指控登上了媒体版面。我们传媒团队的成员包括肯·奇诺、乔恩·哈蒙、安妮·朵尔以及苏珊·克鲁塞尔，他们的表现已足够出色，就像一个稳定的导弹防御系统，每天都要拦下一堆飞向福特公司的虚假信息导弹。这些攻击往往集中在下午4点半到5点之间，因为这样的话，我们就几乎没有时间在媒体直播前完成辟谣。在福特和费尔斯通两家公司的这场轮胎拉锯战中，整个国家的新闻媒体都在努力地寻找着能决定双方命运的确凿证据。

费尔斯通公司也聘请了一些"专家"来为这场拉锯战提供新的"科学"依据。他们坚定地把矛头指向福特公司。有趣的是，这些"专家"往往会先对费尔斯通公司的应对方式指责一番，接着魔术般地调换话题，找来一堆没听过名字的目击者保护组织的成员将矛头指向福特公司。

费尔斯通公司还制作过一份虚假的图表，准备在下一次众议院的听证会上使用。对此我们设法在会前搞到了一份复印件，其内容中对福特公司的指控不可谓不严重，只是涉及的相关数据实在过于离谱，足以引人发笑。于是我致电费尔斯通公司的 PR 主管，把他们准备告知国会和媒体的虚假内容一一指出。之后，就在听证会开始前的几分钟，这张原本杀气腾腾的图表变成了垃圾桶里的一团碎纸。

这些就是我们现在每天都需要面对的局面。

在小比尔·福特接受《新闻60分》采访的当天，一条假消息突破重围进入了媒体的报道，15 分钟后又被撤回，因为我们向参与报道的各家媒体展示了相关的数据并进行了辟谣。然而此时还未收到消息的莱斯利·斯特尔，却打算把这条假消息用在稍后的采访中，准备向小比尔·福特当面发问。

"暂停，"我喊道，"那是一条虚假的消息而且刚刚已经被报道的媒体撤回了，我们手里也有数据能够证明它是假的。你要是打算这么搞的话，那么这个采访就不要做了。"斯特尔和伯宁看过我们的数据后同意了。

在稍后的采访中，斯特尔关注的重点是，作为福特家族的继承人，考虑到福特和费尔斯通两大家族的渊源关系，这次危机对小比尔·福特个人有哪些影响。小比尔·福特表示自己不愿意看到今天这样的局面，但是眼下，福特公司必须竭尽所能地去保护自己的顾客的利益和安全，因为这无论对福特公司还是对他本人而言都是最重要的。

虽然他此刻的紧张已写在了脸上，但在我在福特公司短暂的任职期内，考虑到眼下事件的严重程度和热度，这应该是小比尔·福特接受采访最棒的一次了。

第20章
《新闻60分》节目播出日

我会记住2000年的10月8日，因为这一天我挨了不少骂。差不多一周前，底特律当地的报纸在头版头条中报道了《新闻60分》在这次危机期间进驻福特公司并进行了一个多月的拍摄的消息。

史蒂夫·哈里斯，我在克莱斯勒公司时的老板，如今的通用汽车公司的PR主管，打电话到我的办公室。

"你们疯了吗？"他说。

"我们需要这个机会，史蒂夫。"

"胆子真够大的。我很好奇你是怎么说服小比尔·福特接受采访的。你觉得效果会怎么样，杰森？"

"我不知道，史蒂夫，我真的不知道，我也不知道费尔斯通公司那边会说什么。"

"祝你好运吧！"

"感谢！"

我的家人们已经去了我妹夫克里斯·西奥多尔在密歇根州伯明翰白人富人区的家里，而我直到晚上6点半还在福特公司总部处理一些有关轮胎的事。忙完后，我赶紧取车奔向西奥多尔的家。可是由于高速公路上发生了事故，车速缓慢，我意识到自己可能没法在晚上7点《新闻60分》开播前赶到那里了，于是打开了车上的广播，准备收听节目的同步直播，但却迟迟没有等到《新闻60

第 20 章 《新闻 60 分》节目播出日

分》开播前那标志性的秒表"滴嗒"声。后来我才知,原来电视台那边因为正在直播美式橄榄球联盟旧金山 49 人队与奥克兰突袭者队的比赛而推迟了节目的播出。

当我赶到西奥多尔家的时候,那场打了两次加时赛的比赛还没结束。这给了我一点调整的时间,但我很快就发现自己根本放松不下来。我给自己倒了一杯酒,然后坐到房间中间的地板上,家人们围着我。比赛结束后,CBS 迅速将节目切换至《新闻 60 分》,对福特公司跟拍和采访的实况是首个播出的内容。

当屏幕上出现我星期天还在办公室里接电话,而一旁我的几位男同事正在我的办公桌上摆弄和研究车模时,我妻子有点面露不悦。

此时莱斯利·斯特尔的画外音响起:"这是负责福特公司全球传媒事务的杰森·瓦因斯,他已经连续 10 周没有休息过了。"

"可不是嘛!"我妻子说。

有关福特公司的报道持续了 14 分钟,我一直紧张地盯着电视屏幕,总担心会有什么不好的事情发生。好在直到报道结束,我的担心没有成为现实。当屏幕上再次出现秒表倒数的画面时,我终于松了一口气,一下子躺倒在了地板上。

"效果很好啊!"西奥多尔说。

"谢天谢地!我跟纳塞尔保证过,如果这事搞砸了,我就主动辞职。"

"你说什么?"我妻子惊问道。

那天晚上我想可能有上万甚至上百万的夫妇都甜蜜地相拥而眠,然而我们夫妇却并不是其中的一对。节目播出结束后一分钟我的手机响了,是约翰·尹特马基打来的他没有"你好啊""怎么样"之类的问候。

"片子拍得不错!"他说,"干得漂亮啊,朋友!你要给打纳塞尔打电话吗?"

"要打。"

第21章
来自戈尔和布什的礼物

时间已经到了11月份，但福特与费尔斯通两家公司之间的战争仍然是这个国家乃至世界上很多地方都最受关注的新闻事件之一，尽管不是唯一。

不过很快我们便得到了一份礼物。

我要感谢那些在佛罗里达州的无能的选民们，是你们成功地制造了那场选票的闹剧：乔治·W.布什和阿尔·戈尔之间那场灾难性的选举，瞬间吸引了全世界媒体的目光，让我们得以从轮胎危机中暂时解脱出来。

后来我在很多场合面对大学生、教员、企业家以及一些感兴趣的人士的演讲中，在描述这场危机时，总会提到在那场大选后的数周时间里，我每天早上都会感恩那些佛州的选民们，正是他们的愚蠢将我们从媒体的炮火中拯救了出来。我曾为此向上帝发誓，如果我和妻子还有幸再生一个儿子的话，那我们就给他起名叫"Chad"。*

在大选风波平息后，拜费尔斯通公司的虚假指控所赐，我们曾短暂地回归到媒体的关注下，不过很快焦点又从我们身上移开了。

因为奥本山上的玫瑰正在枯萎，而克莱斯勒公司如今也正濒临破产。在与

---

* 它源于"hanging chad"中的"chad"。"Chad"在英文中有"小孔"的意思，指在选票上打一个孔来代表投票。2001年大选期间，佛州作为决定大选胜负的州，由于部分选票上的小孔的纸没有完全脱落（hanging chad），导致计票器无法计票，进而致使大选演变成一场闹剧。

戴姆勒公司合并后，它们曾有过一段短暂的辉煌，但随着克莱斯勒公司自身问题的暴露，致使原本美好的局面化为泡影。它们的美国 CEO 被免职，替换成了一个和蔼的德国人前来接替该职务和收拾那个烂摊子。所有媒体人的眼睛如今都盯在这家公司身上，而探险者和那该死的轮胎已经退出了人们的视线。很多跟我相识的记者都纷纷打电话来跟我说他们如何开心，因为长时间对轮胎的报道，致使他们感到疲倦了。

进入 2001 年后，福特和费尔斯通两家公司之间的关系，就好像一对彼此憎恨却又不肯离婚的夫妻。福特公司此时关注的是那些未更换费尔斯通轮胎的探险者，即一些不在召回名单之列的我们称之为"好"的轮胎的车。不过或许仅仅是我们认为"好"而已。

NHTSA 对费尔斯通公司的持续调查已八月有余，而与此同时，费尔斯通公司不得不向福特公司提供更多的轮胎索赔数据，它的工作人员对此颇有怨言。不久后，我们又发现费尔斯通公司犯了一个错误，即在它与福特公司共享的那堆杂乱的数据中包含了除福特公司以外的汽车制造商购买的作为备用轮胎的索赔数据。想象一下，一位雪佛兰萨博班的车主来到费尔斯通汽车用品零售店，要求更换他后备厢里的备用胎是一种什么情况。

厄尼·格鲁什和他的团队成员们通过数据分析发现，这些配备非福特汽车上的轮胎用在实际行驶中的故障率甚至超过了福特探险者。再加上古德伊尔公司之前为我们提供的"撒手锏"，一并构成了一套组合拳，足以帮助我们洗清探险者身上的嫌疑了。

那批有问题的安装在探险者上的费尔斯通轮胎，居然也安装在了雪佛兰、吉普、五十铃等上，并且频出故障，我的上帝！

在通知了通用汽车和克莱斯勒等公司后，我们也把这一消息共享给了 NHTSA 和《今日美国》。我给我曾经的上司、时任通用汽车 PR 主管的史蒂夫·哈里斯打了电话，还跟他的副手、我亲爱的朋友托尼·塞尔沃纳（如今通用汽车公司的 PR 主管）说了我下一步的打算。我明确表示福特公司绝不会以任何方式贬损通用汽车公司的产品，反之会根据联邦政府统计的事故数据来称赞它的产品的安全性能。

他们两人的回复都很简单："你想做就做呗！"

此前我只见过克莱斯勒公司的 PR 主管肯·列维一次。颇具讽刺意味的是，他之所以能取代塞尔沃纳成为 PR 主管，是因为新总裁迪特尔·蔡澈上任时执意重新洗牌。后来蔡澈向我表示了他对解雇塞尔沃纳一事的懊悔，并且在我重返克莱斯勒之后，准许我聘用萨尔沃尼，只要他愿意。另外，很遗憾的是，我无法说动塞尔沃纳辞去在通用汽车公司的职位。

我给克莱斯勒的列维也打了电话，不过他出差了。他的助手告诉我可以给他的电话留言，我照做了，内容就像我跟通用汽车那边承诺的一样。第二天我又给他留言，还是没有任何回音，我只得动身了。《今日美国》那边因一直等我的回复而迟迟没有发稿，他们已经不能再等了。

《今日美国》的报道是最近一段时间以来，第一个与轮胎危机有关的新闻，而费尔斯通公司则完全否认了这个根据它的员工自身提供的数据得出的结论，并十分顽固地坚持探险者是问题的一部分。可是若按这个说法推论，那么吉普大切诺基、雪佛兰萨博班也同样都存在问题。在事实面前，费尔斯通公司的辩解显得苍白无力。

那天早上，我终于接到了克莱斯勒列维的回电，说他和他的老板迪特尔·蔡澈都对我的做法感到十分愤怒，并有可能要采取报复行动。

"肯，我三天前给你打过电话不通就给语音留言了。"我提醒他。

"我当时在出差。"

"什么？你难道不检查自己的语音留言吗？"一阵沉默后，他又回到了刚才的"可能会采取报复行动……"之类的话，还重复了好几遍。

"肯，我在告诉媒体报道的时候特别注明了安全性排名最高的前两款车是克莱斯勒的切诺基和大切诺基，我们的探险者只排在第三。这篇文章是关于轮胎的问题，而不是车的问题。"

"如果你继续的话，我们将会采取报复行动。"他又重复了一遍同样的话。

事情到了这个份上，争论已经没有任何意义了。我想到了那句老话："不要跟白痴争论，因为对方根本听不懂你在说什么。"于是我果断地结束了这次对话。

"肯，去死吧！"

尽管我最近在为福特公司和探险者的声誉之战中获得了胜利，但很快就有一只煮熟的鸭子要从我们眼皮底下飞走了。2001年3月中旬的一天，肯·奇诺冲进我的办公室，脸上一副很震惊的表情。他来我这里从不用敲门，一直以来，如果没有他的协助，我怕是早就给逼疯了。每当他看到我快崩溃时，都会设法安慰我。而且，他对汽车细节的了解是我无法想象的。这么说吧，我这种人如果有顺手的工具，就可以轻松地把车给拆了，但是却绝对装不回去，但他却可以。

"我们有麻烦了。"他说。他先是叹气接着又"咯咯"地笑起来，熟悉他的人都知道他在笑时会发出一种类似母鸡下蛋时的"咯咯"声。

麻烦？见鬼！自从我差不多一年前来到福特公司后，手头净是麻烦。

"有多糟？"我问他，似乎我们彼此间在做一个问答游戏。

"最坏的。"他回答。

"新款探险者？"我问。

我们在老款探险者的轮胎危机期间启动了新款探险者项目，它是一款更宽、性能更稳定、在各方面都比旧款更好的车型，它能促成福特公司守住这个世界上最畅销的SUV的宝座。

"对，新款探险者。"他回答道，又一次发出了"咯咯"的笑声。但这并不是纯粹的"咯咯"的笑声,而是那种"哈!你又猜对了"的笑声。

"多糟?"我问。

"最坏的。"他说。

"轮胎?"我怀疑地问,心想自己绝不可能猜对。

"对!"他喊道。

我们俩对视之后同时爆发出了一阵大笑。我知道这听起来有点怪怪的,但在那一刻如果不笑,我们就只能抱头痛哭了。

生产部的那些天才们不知怎么想的,竟然忘记把运送新车至流水线的货架根据新车尺寸调宽后再用,结果全部的52 000台新款探险者的轮胎全都被划伤了(很多已经运抵客户手中)。虽不至于立即造成危险,但也足以引发一次召回了。

NHTSA很快就获知了此事的信息,而福特新款探险者的车主们也被告了知此事。虽然没有人受到伤害,但这件事足以让很多人对福特公司目前的境况产生疑虑,怀疑公司内部是否已经失控。万幸的是,这件愚蠢的事情很快就处理妥了,我们还有更重要的事要解决,比如几百万只费尔斯通轮胎。

福特公司顶尖的设计师理查德·帕瑞-琼斯率领一支由专家和设计师组成的团队,对费尔斯通公司三个工厂生产出的轮胎进行了测试,想验证一下其余两个工厂的轮胎质量是否真的比迪卡特工厂的要高。这个测试持续了数月,但最终结果却令人沮丧。虽然其余两个工厂生产出来的轮胎确实要好过迪卡特那个工厂的,但这三个工厂的轮胎都远逊于古德伊尔的轮胎。而令人遗憾的是,福特公司选择的两个品牌费尔斯通和古德伊尔的轮胎质量又都不如米其林。

事实上,理查德·帕里-琼斯和他的团队成员认为一只全新的迪卡特工厂生产的费尔斯通轮胎,质量大致相当于使用过三年的古德伊尔轮胎,对高温十分敏感。而我们都知道,当轮胎的气压低于厂家的推荐值时就会产生额外的摩擦及热量。

其他工厂生产的费尔斯通轮胎会好一些，但也有限。福特公司的专家和设计师们估计那些没有被召回的轮胎，出厂时的质量相当于两年左右的古德伊尔轮胎，而已经过去一年了，新一年的夏天即将到来。他们的推算是，在2001年夏天，因为探险者上费尔斯通轮胎的胎面脱落，将导致至少8人丧生。

第22章
纳塞尔的最终决定

2001年5月21日的晚上,纳塞尔正在仔细地研究理查德·帕里-琼斯在他办公桌上留下的那份《死亡预计人数报告》。他开了一瓶价格可能比我一个月薪水还高的红酒和我一同分享。

"杰森,如果我们不把剩下的费尔斯通轮胎全部召回的话,那么今年夏天将至少会有8个人因此而送命。"他面无表情地说。

此时你又能说些什么呢?我抿了一口红酒,放下酒杯,然后抓起几颗葡萄,纳塞尔总会在办公室桌上备一盘葡萄。

"嗯,去年我们需要对一场危机作出回应,但今年我们可以阻止它的发生。"

纳塞尔举起酒杯致辞:"杰森,这将是我们做过的最艰难的但又最容易的决定。"

我们碰杯后一饮而尽。这时纳塞尔突然补充了一句:"你要知道我们两个可能都会因此而丢掉饭碗的。"

我愣了一下,想起我的妻子和三个孩子,还有过去一年我难以形容的煎熬和疲劳,"也许吧,不过我还是会这么选,纳塞尔"。

晚上9点左右,我离开了纳塞尔的办公室,知道要不了多久就会发生大事。

2000年的费尔斯通轮胎召回总计有650万只,而新一轮的针对市面上现存的15英寸轮胎的召回将多达1 300万只。如果说第一轮的召回已经让很多人倍感煎熬了,那么新一轮的轮胎召回难度之大将超出福特和费尔斯通公司的想象。

第 22 章 纳塞尔的最终决定

纳塞尔应该是那天晚上或第二天一早将他的决定告诉小比尔·福特的。

24 日傍晚，我在办公室接到了《纽约时报》驻底特律的主编基斯·布拉德舍的电话，说他听到了一些关于新一轮轮胎召回的传闻。

"该死！"我心想，"这地方怎么变得像个筛子似的。"

我叫来一位公司的顶尖安全专家，他是我的朋友。

"这是基斯·布拉德舍办公室、手机和家里的电话号码，你能帮我查到今天有谁从公司打过电话给他了吗？"

他离开我的办公室，一小时后返回："杰森，就像我在圣保罗告诉你的，你不想知道他是谁。"

我顿时感到一阵沮丧，没什么比自己人的伤害更令人难以接受了。

第二天一早，当《纽约时报》在早间特讯中刊登了这则消息后，费尔斯通公司的约翰·拉普抓狂了。拉普试图联系纳塞尔，但他当时正在飞机上。后来我接到了福特公司负责采购和供应的行政副总裁卡洛斯·马左林的电话。卡洛斯在采购时的精明是出了名的，而他糟糕的英语也让很多人印象深刻。就像很多福特公司的高管一样，他的办公室里也挂着一个 24 小时的时钟，他把大部分时间都花在了工作上。

"杰森，约翰·拉普给我打电话了，他非常生气，你来一趟我办公室。"卡洛斯在电话中说。

我一分钟后就出现在了他的办公室，卡洛斯让我坐下，然后拨通了拉普的电话。拉普很快接听了电话，卡洛斯很有礼貌地没有将他的电话按到免提上，但即便隔着一段距离我还是能听清拉普都说了些什么。他们同意下周一在费尔斯通公司位于纳什维尔的总部会面。

福特公司的团队成员经过一个周末的整理，已经准备好了充足的资料以发起新一轮的召回。

媒体震惊了。

福特公司的团队成员按约定好的时间到达了纳什维尔。苏·西施克，我和克里斯·西奥多尔在克莱斯勒的老同事，被我们聘请来代替海伦·帕图斯卡斯成为新的安全主管，并负责带队参加这次记者招待会的见面活动。福特公司团队的策略是，摆出有说服力的资料，科学地推演，让费尔斯通公司的人清楚只有通过新一轮的召回才能避免悲剧的发生。但是他们完全听不进去。

在接下来的资料展示环节中，费尔斯通公司的团队成员借故离开了会议室，几分钟后他们又回来了。这时约翰·拉普递给了西施克一封信，终止了费尔斯通公司和福特公司长达百年的合作关系，并且在原因中特别注明是出于对福特探险者安全性能的高度担忧。亨利·福特和哈维·费尔斯通要是看到这一幕，说不定能气得活过来。

"你们这是要拉我们下水。"拉普在私底下跟福特公司的人说。

费尔斯通公司，一家轮胎供应商，炒掉了它在过去一百年时间里最大的客户。第二天福特公司宣布，将独立执行1 300万只费尔斯通轮胎的召回令。

在发布会上，纳塞尔说："我只是对这些轮胎是否能在未来保证我们客户的安全缺乏足够的信心。"

啊，危机中的首要指导原则，我们以此为开始，如今也要以此作为结尾。我和纳塞尔在福特公司只剩下五个月的时间了。

福特与费尔斯通两家公司之间在接下来的五个月中的口水仗并不重要，重要的是在2001年的夏天，没有一个福特探险者的驾驶者因轮胎胎面脱落而丧生，尽管我们之前做过预测。福特公司采取了行动，并花费了巨资在没有费尔斯通公司参与的情况下独立完成了第二次召回。

纳塞尔的决定无疑加速了他离开福特公司的脚步，尽管事实上是他将几百万顾客的性命置于自己的前途之上。而福特公司的数千位杰出员工，在两年多的时间里勤勤恳恳地帮助他们的客户寻找解决问题之道，之后又花费数十亿美元保护他们的安全。我们在利益面前选择了坚守我们的职业道德，我为此感恩并自豪。

8月，小比尔·福特决定在总部建一个董事长办公室，以强化他本人对公司的掌控。上一位这么做的人是他的叔叔亨利·福特二世，那是为了赶走当时的CEO李·艾柯卡。当我在北密歇根州度假时获知此事后，我就知道一切都结束了。

第23章
我被解雇了

事情从几个月前开始就有点变味了。

之前，当福特公司准备召开轮胎危机后的首次年度股东大会时，所有人的目光都聚焦到了明尼苏达州的圣保罗。就在我们准备动身向西北出发的那天早上，我接到了约翰·尹特马基的电话，他让我去趟他的办公室。

一向淡定的尹特马基告诉我："纳塞尔胃痉挛，已经去了亨利·福特医院的急诊室，可能没法去圣保罗了。"

唉，我想想眼下这堆麻烦事，胃痉挛也不奇怪啊！一分钟后，小比尔·福特推门冲进了尹特马基的办公室。

"纳塞尔不去主持股东大会了？"他问。

他看起来就像一只被车灯晃到受惊的小鹿一样。

"还不能确定，比尔。"尹特马基说。

几小时后，纳塞尔离开急诊室和我一同登上了公司的飞机。在我们到达酒店后，《纽约时报》的基斯·布拉德舍（又是这家伙）通过手机联系到了我。

"我听说纳塞尔先生不打算参加股东大会了。"他的语气中透着一丝不满。

"喔，我想他应该会参加，你要不要跟他说两句？"我说完便把电话交给了纳塞尔。

"你好，我是贾奎斯·纳塞尔。"纳塞尔说。

布拉德舍收到了一个线人的假情报，现在应该觉着自己像个蠢货吧！

我找到了福特公司顶尖的安保专家，让他帮我找出是谁给布拉德舍通风报信的，说纳塞尔不去参加股东大会。两小时后，我在酒店大堂见到了他。

"杰森，这个答案你不会想知道的。"

"我想，"我说，我已经有点恼火了，"这种事情绝不能姑息。"

他沉默了几秒钟没有说话。过了一会儿，他说："他的名字就刻在公司大楼上。"

什么？

到了10月中旬，《汽车新闻》在头版刊登了一篇题为"贾奎斯·纳塞尔的十宗罪"的文章，作者是玛丽·康奈利，一个非常可爱的记者，嫁给了一位在《奥克兰快报》工作的同行。我不觉得玛丽骨子里有那种刻薄的基因，而且单就这篇文章而言，实在不像她本人的风格，我觉察到这其中似乎有些不寻常。这篇文章看起来实在太可疑了，更像栽赃，是来自福特公司内部的嫁祸。有了这篇文章的铺垫，各家媒体也开始公然揣测纳塞尔即将下台。

几位支持纳塞尔的高管找到我，问我该做些什么表示对纳塞尔的支持，我说那些支持纳塞尔的人，不要光说不练，大家出钱到《汽车新闻》上登一个广告，集体签名请愿，共同承担后果，公开对贾奎斯·纳塞尔的力挺。不过此言一出，我还是感觉有些不妥，算了，还是B计划吧，即我写一封致主编的信，作为对玛丽·康奈利文章的回应。杂志会喜欢这样的故事的。

为什么不呢？反正要杀要剐也是我一个人而已。

我联系了《汽车新闻》的主编皮特·布朗，跟他说了我的想法，他愉快地答应了。我回去后用了一个小时写了一封致主编的信，标题为"贾奎斯·纳塞尔的十大杰出成就"。当然，如果这封信最下方的署名是小比尔·福特就更好了，可惜我知道他是绝对不会这么做的。

就在一天前，我给比尔起草了一份声明，其中有一句话就是"近来关于纳塞尔即将离开福特公司的传闻均为不实"。晚些时候，当我跟公司的幕僚长约翰·博泽拉讨论这一声明的时候，他递给我一份修改后的版本，其中那句话中的"均为不实"被划掉并替换成了"实属不幸"。

"比尔觉得这份声明可以用。"博泽拉略显紧张地说。

我们那时候已经"算是"朋友了，然而近来比尔和纳塞尔之间紧张的关系，让他显得多少有些不自在。

"得了吧，约翰，你知道这两个词一变，整段话的意思都变了。"我说。

差不多在那一刻，我就已经知道结局了。

我没有给任何人看那封维护纳塞尔的致《汽车新闻》主编的信，除了福特公司的法务总顾问约翰·尹特马基，他是我的朋友。我走进他的办公室后正要开口，他突然把手指放在了他的嘴上，向我比画了一个"安静"的手势。接着他走到音响前，将音量调大，然后靠过来在我的耳边说"有人在监听"。

我对此早有察觉，但确认的那一刻还是觉得后脊背一凉。

我把信交给了他，然后也凑到他的耳边说"你看行吗？"。

尹特马基花了两分钟时间通读了一遍，然后用手拍拍我的后背，又用大拇指做了个手势，表示他支持。在接下来的那周的周一，《汽车新闻》刊登了它的第一封署名者级别最高的致主编的信。那天上午，我和博泽拉见了一面。

"比尔很生气，"他说"不过我会试着劝劝他。"

唉，劝得好才怪！

2001年10月5日，NHTSA在对费尔斯通轮胎危机进行了长达17个月的调查后，终于裁定费尔斯通轮胎是有缺陷的，费尔斯通公司必须承担责任。美国政府又一次用了17个月的时间做出了一个福特公司汽车设计师们只需17个小时就能得出的结论。后来我在接受采访时说："我们最终被证明是无辜的。"之后这句话被多家媒体所引用。苏·西施克第二天在走廊里拉住了我。

"NHTSA对你用'无辜'这个词很不高兴。"

"真的?"我说,"那你告诉它的人17个月后再来亲我的屁股吧!"

两周后,我参加完Think(一款很傻的电动高尔夫球车)的发布会后走进了办公室。

我的助理跟我说:"大老板叫你马上过去。"

我看着她,然后说:"我不会回来了。"

我从玻璃屋11层到12层之间的旋梯步行上去,一路经过亨利·福特、哈维·费尔斯通和托马斯·爱迪生相框悬挂的位置,直到看见HR主管大卫·墨菲正离开他的办公室。

"你去哪儿啊?"他问道。

"咱俩去的应该是一个地方。"我说。

我们一起到了纳塞尔的办公室,他招呼我们坐下,然后神情庄重地递给了我们两份宣布他辞去总裁一职的媒体公告。

"你怎么看?"纳塞尔问我。

"这是一次洗牌。"我说。

"你们两个也会跟我一起离开的。"纳塞尔说。

我在座位上愣了一秒钟,自从我15岁因为拒绝在艾奥瓦酷热的天气里掰玉米被赶回家后,我还从来没有被解雇过。

"我没什么可后悔的,纳塞尔。"我说。

墨菲仍一脸震惊地坐在椅子上。

一小时后,我来到了纳塞尔距离福特公司总部不到半英里的公寓中。他在这里召集了公司的行政助理们,很多人都掩面而泣,还有几位高管。颇具讽刺意味的是,我还看到了几位安保专家。之后有人拿来了葡萄酒,我对喝酒没什么兴趣，只是感觉有点累了。

我拿起了一个酒杯然后问旁边负责安保的哥们儿，"我只是感兴趣，我问问我的电话被监听多久了？"

"喔，几个月吧！"他的回答很直接。

"那我的车呢？"

"卖了吧！"他说，接着大笑。

……

我一一向大家道别，然后开车回家。当我到家门口后，看到了在房子后门的我的9岁的小公主莱恩，当时已经过了晚上9点，她要准备睡了。

"嗨，爸爸。"

"嗨，宝贝儿，老爸今天被炒了。"

"那就是说你明天早上能送我去学校了？"

"对啊，宝贝儿。"

虽然我正亲历着职业生涯中痛苦的时刻，但此时孩子的几句话已经治愈了我。

我爱我的家人并感恩他们对我的包容。

在过去的十几年时间里，我曾在乔治城大学、沃顿商学院、密歇根州立大学安娜堡分校（面对那群榆木疙瘩们。我本人来自密歇根州立大学斯巴达人队）以及各种会议场合，无数次讲起福特和费尔斯通两家公司的轮胎危机问题。在我看来，费尔斯通轮胎是有缺陷的，并且费尔斯通公司在危机发生后的反应极其糟糕，像鸵鸟把脑袋扎进沙子里那样，对客户的生死不闻不问。另外，还动用欺骗手段，试图将自己的过错转嫁给他人。当然，这并不代表福特公司自己就没有问题。

第 23 章　我被解雇了

20 世纪 90 年代初，以福特探险者和吉普大切诺基为代表的现代 SUV 给汽车市场带去了革命性的影响。同时汽车在营销领域的推广迅速，其速度之快，使当时的设计工艺有赶不上之感。福特探险者的前身是一辆小型皮卡车，没错，探险者是一辆卡车，在全面升级后，它披上了一层华丽的外衣。我在开会时无数次听人谈起，说这款车驾驶的感觉像运动车，转向快得令人难以置信，似乎一切都是为了说明它不是卡车。但是，设计师们为 SUV 上的费尔斯通轮胎和古德伊尔轮胎设定的胎压值下限，仅适用于一般卡车，侧重车有足够的抓地力。只不过那个时候的探险者车主们并不关心他们的车的轮胎，更不会一直盯着他们的车的胎压。

然而，实际上，福特探险者的设计师们为该款车设定的胎压的初衷并非是针对那些垃圾轮胎的，他们意识到过低的胎压会使车产生额外的热量，可能引发事故。而当可怕的轮胎胎面脱落时，那些没有受过训练的非测试驾驶员必然会受到惊吓，进而在超过每小时 70 英里的时速中行驶，出于本能的过激反应，加上该款车像运动车一样灵敏的方向盘，会很容易让他们失控并最终导致翻车。

这听起来可能像是在指责福特公司的那些设计师们，但其实并非如此，设计师们已经尽到了自己最大的努力，他们并不想杀死自己的顾客。而汽车制造商们，我已经说过很多次了，是一群贪心的资本家。他们希望看到你购买他们的汽车，希望你开心、满意，不仅是你自己，还希望日后你的孩子们和全家人都能选择他们的车。

在这场福特公司与费尔斯通公司的轮胎危机中，你有权辩论谁该承担更多的责任，不过有一个明确的事实是，在这场危机里，从始至终只有一家公司将客户的安全和利益置于首位，并一次又一次地保护自己的客户。为了避免第二次致命的危机发生，它付出了巨大的努力和极其高昂的代价，它就是那家解雇我的混蛋公司——福特汽车公司。

> **危机公关一课**：我的一位朋友曾对我说，美国的组织行为理论学学者伊恩·米特罗夫教授，曾在十几年前对危机发生时的管理和领导力明确加以过区分。他认为，危机发生时的管理本质上就是随机而动，对随时可能出现的状况加以应对；而危机发生时的领导力则需要执行者表现得更加主动，识别潜在的危险并将组织作为一个整体，充分防范可能出现更大的危机。在第一次危机中，福特公司的团队成员尽最大的努力进行了应对，而在第二次重大危机到来前，成功预判并将其化解，始终将客户的安全和利益置于首位，而非公司的财务或法律方面的利益。

美国通用汽车公司最后一任CEO乔·凯皮（Joe Cappy，左），这是他在通用被克莱斯勒并购前最后一次参加新闻发布会。凯皮一手把我带进了公关界，而我对他是怎一个"恨"字了得。当然，这是玩笑话。　　　　　　　　　　图片摄影　乔·威尔森（Joe Willssens）

>>> 第23章 我被解雇了 | 153

在李·艾柯卡（Lee Iacocca，右）看来，只有鲍勃·卢茨（Bob Lutz）（左）才是接替他的不二人选。

图为曾任日产执行总裁、江湖人称K先生的田中裕。他做过一个非常愚蠢的广告：一个亚洲人一边做生意一边牵着一条狗，广告词是"狗爱货车"。广告中的亚洲人就是K先生本人，正是他让日产汽车（当时的达特桑）进入美国市场。那时他只是个小配角，所做的工作仅仅让美国人接受日产的商标而已，但很快K先生就跻身汽车名人堂，找到了真正属于自己的位置。

图片摄影　乔·威尔森

请先忽略大图上这个人的头像。这是日产的"成本杀手"卡洛斯·戈森（Carlos Ghosn），他在日产危机时决定重回日本市场，从而挽日产于狂澜之中，使自己成了改写日产历史的大师。

图片摄影　乔·威尔森

>>> 第 23 章 我被解雇了 | 155

这是我在应对费尔斯通轮胎危机期间在我的椅子上发现的明信片,是我的助理琳恩·奎格利（Lynn Quigley）给我的,她在上面写道:"我就是忍不住。""忍不住"什么？是替我担心吗？

60 MINUTES
524 WEST 57th STREET, NEW YORK, NEW YORK 10019-2965 (212)975-2006

OCT 23, 00

Dear Jason,

Rich, Jim and I have been on a marathon since we finished our story on Ford, working non-stop on a report about The U.S. Terrorism Czar. (Did you even know we had one!)

I'm just coming up for air. Otherwise, I'd have written sooner to thank you for all your help. As I told Jac, this was an act of real courage. Neither you nor Jac knew what we would say, what portions of the interviews we would edit in and edit out. My hat's off to you.

I was thrilled at your feeling the piece was fair. Did it have an impact? I'd love to know.

Say hi to those two good-looking kids of yours. Thanx to them too!

Til the next time!

Lesley

这是哥伦比亚广播公司《新闻60分》的主持人莱斯莉·斯特尔（Lesley Stahl）写给我的感谢信，他感谢我为促成报道汽车业历史上最大的一次危机所做出的所有努力。

>>> 第 23 章 我被解雇了 | 157

CBS NEWS
2020 M. STREET, N.W.
WASHINGTON, D.C. 20036-3304
(202) 457-4321

1

Dear Jason,   October 25, 2000

   Just a quick note to say how much I enjoyed meeting and working with you. In assessing the experience, I came away particularly impressed by:

   1) Your power of persuasion. How you managed to get both Jacques Nasser *and* Bill Ford to sit down with "60 Minutes" was nothing short of inspired. A lot of people thought you were crazy. And they're right, of course, but for different reasons. You are The Master!

   2) Your skill and tenacity in ducking my phone calls, especially when you were in Paris and the south of France yucking it up while I was in Dearborn fighting off the proponents of diminished access. No one has ever stiffed me as often and with such blatant glee as you did. It was both galling and brilliant on your part. Congratulations!

   As for the "Wheel of Destiny," I thought you might find it as a useful guide in dealing with future crises. The next time one explodes on your watch, may I suggest choosing the category: "Go Back to Bed" or "Compromise Your Principles For Short-Term Gain."

Best regards,

Rich
Richard Bonin
"60 Minutes"

   这是由瑞奇·伯宁（Rich Bonin）策划并制作的、由莱斯莉·斯特尔（Lesley Stahl）主播的费尔斯通轮胎事件的新闻。在这次电视报道的两周之后，伯宁给我写了这封感谢信，我看了之后大笑不已。

克莱斯勒 CEO 迪特尔·蔡澈（Dieter Zesche）和首席运营官汤姆·莱索达（Tom LaSorda）助力底特律市市长夸梅·基尔帕特里克（Kwame Kilpatrick）拯救底特律，但没想到市长很快就成了阶下囚，不得已蔡澈只好使命抓住戴勒姆这根"救命稻草"，而莱索达则趁机大赚了一笔。市长最终被判在狱中度过 28 年。　　　　图片摄影　乔·威尔森

美国联邦应急管理局的相关人员没有在卡特里娜飓风到来之前赶到墨西哥湾，食物也没有送到，但克莱斯勒的车队到了。我的伙伴史蒂芬·戈登（Stephen Gordan）很快就组织了一支救援队，为路易斯安那、亚拉巴马和密西西比三个州的灾民提供卡车、食物和饮用水。

图片摄影 乔·威尔森

2005年夏天，史努比·狗狗（Snoop Doggy Dogg）正活跃在歌坛，李·艾柯卡（Lee Iacocca）和克莱斯勒的市场部主管薇琪·卡列尼（Vicki Carlini）一起跟史诺普拍摄电视广告片《雇员标价》，这次行动的代号是"高尔夫球友"。

图片摄影　乔·威尔森

在底特律车展发布道奇酷博的时候，我是大卫·斯佩德（David Spade）的绿叶，旁边还有克莱斯勒的市场主管乔·艾伯哈特（Joe Eberhardt）。就在车展前，斯佩德在公司名叫"消防站"的酒吧给我写了一张便条，他还在新闻发布会上叫我"劳瑞"，他可真是个开心果。

图片摄影　乔·威尔森

戴勒姆－克莱斯勒的尤尔根·施伦普（Juergen Schrempp）还有一个月就要卸任了，接任他的是克莱斯勒的CEO迪特尔·蔡澈。　　　　图片摄影　乔·威尔森

某天早上我在我的办公室椅子上发现了这个玩具，玩具下面还有一张纸条："好玩吗？"这个玩具叫"冥府看门狗（Cerberus）"，是一只长着三个头的恶犬，它守护着地狱之门。不过谁会蠢到管自己的公司叫这个名字呢？

As the Price of Gasoline Takes Off, Oil and Auto Firms Trade Barbs

By JEFFREY BALL

With consumers again facing rising gasoline prices, the two industries most often blamed for the energy crunch—oil and auto companies—are trading potshots over who is at fault.

In an unusually public exchange, a senior official at DaimlerChrysler AG's U.S. unit has publicly slapped Exxon Mobil Corp., the world's most profitable company. The sniping frames a question fraught with economic implications at a time when the nation's heavy fuel use has become a bigger political football: Should either oil companies rolling in profits or car makers selling gas guzzlers be blamed for America's oil dependence?

Earlier this week, Jason Vines, vice president of communications for Daimler-Chrysler's U.S. arm, suggested that oil companies are contributing to high prices in a particularly blunt posting on a blog published by the company for reporters and financial analysts.

Auto makers "have spent billions developing cleaner, more efficient technologies," Mr. Vines wrote. "Big Oil would rather fill the pockets of its executives and shareholders, rather than spend sufficient amounts to reduce the price of fuel, letting consumers, during tough economic times, pick up the tab."

The posting was in part a response to a recent Exxon Mobil ad in several newspapers that put the onus for today's energy crunch on auto makers. Under a cartoon of a monster sport-utility-vehicle filling up at the pump, the ad hinted that blame lies with an auto industry that knows how to build more-fuel-efficient vehicles but isn't rolling them onto the market.

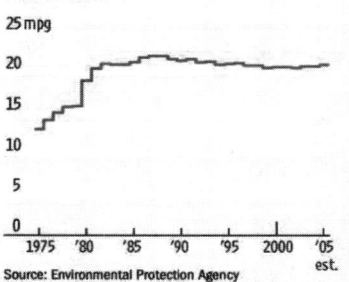

Noting that the average fuel economy of new U.S. autos hasn't improved in two decades, the ad argued that improvements in engine efficiency have been "largely offset" by the rising weight of vehicles, notably pickup trucks and sport-utility vehicles.

The squabbling comes as the Energy Department is predicting gasoline prices will be at least 25 cents higher per gallon than last summer. (See related article on page D1.)

It also marks only the latest outbreak of tension between the two industries, which have quarreled repeatedly in recent decades over how to address the nation's dependence on oil. The chicken-and-egg fights have common themes: The oil indus-

Please Turn to Page A9, Column 1

在石油大亨们和美国汽车业开始价格大战后的第二天,《华尔街日报》才开始报道。我的朋友鲍勃·李勃拉托（Bob Liberatore）认为我的博客无异于火上浇油，其实我并不想这么做，但就是忍不住。

图片由道·琼斯（Dow Jones）提供

第24章

耶稣开什么车？

2002年夏天，当福特与费尔斯通两家公司的轮胎危机终于硝烟散尽之时，一场新的号称"自发"的针对美国境内SUV的抵制运动正在一小撮人的鼓动下潜滋暗长。这些始作俑者绝大多数是一群疯子：几个伪君子、一位野心勃勃的《纽约时报》记者，以及一帮非常危险的环境恐怖分子。而极具讽刺意味的是，这些虚伪的环境保护主义者不久前才被保守派媒体《华盛顿邮报》揭露，他们在活动期间将他们的道具塞进了一辆巨大的SUV里。

但如今在这群反SUV人士的面前有一个小问题：美国人太爱SUV了，尤其是女性，她们是SUV需求增长最快的用户群体。那么，如何说服这些人放弃她们的爱车呢？最常用的办法就是编故事，然后说服几家容易上当又懒于查证的媒体，打破规则，甚至很可悲，以"耶稣"之名借题发挥。这场运动是由几个不怀好意的自发性组织发起的，并由一个左翼的PR公司所操控。而正是这家公司在20世纪80年代在美国苹果种植业内制造了"Alar"的恐慌。*

《底特律新闻报》写道："如今试图唤醒美国人放弃SUV的声音已经从传统的环境保护组织和国会山的那些立法者们逐渐扩大到民众。一位长期驻底特律的记者、全国教会团体、好莱坞的几位经纪人，以及一个名为'地球解放阵线'（Earth Liberation Front，简称ELF）的激进组织，都已经投身该运动中。而最近

---

* 20世纪80年代，美国苹果种植园主普遍使用Alar药物催使苹果脱落，后被指责该药物含有致癌成分。——译者注

的一次抨击来自保守派评论员阿里安娜·赫芬顿发起的'底特律计划',她在活动广告中将购买SUV等同于支持恐怖主义。"

卡萝尔·约翰逊,一位三个孩子的母亲,还养了两条狗,每当她开着自己的雪佛兰带着孩子们出门就等于支持奥萨马·本·拉登?开什么玩笑?赫芬顿也算保守派?得了吧,写这篇文章的人是刚会拿笔的菜鸟吗?

赫芬顿曾在2002年初秋时写过一篇专栏文章,专门指责购买SUV的人无异于支持恐怖分子,不过很快她就为此遭到了炮轰,因为正是她的这番言论怂恿了一群恐怖分子开始疯狂地发起抵制SUV的运动。而此时,另一个人写的一本《傲慢:世界上最危险的汽车是怎么炼成的》,成了她的救命稻草,作者是前《纽约时报》反SUV狂热分子基斯·布拉德舍。没错,我又遇到这家伙了,只不过这一次他的目标已不仅仅是福特探险者,而是全部的SUV。

当布拉德舍还担任《纽约时报》驻底特律的负责人时,不知从何处得到了一份通用汽车内部的用户性格描述报告。这是汽车制造商们做的市场调研报告,主要目的是想搞清楚购买某一款车型的目标人群,并针对他们的需求做出改进,以提升客户的满意度。当然,另一个重要目的就是方便他们更好地部署广告和营销计划。

在这份报告中,SUV的购买者主要是家庭用户,他们强调车的实用性,而相应地也更加注重自身的需求。布拉德舍的文章一向以篇幅长取胜,却不注重对事实的分析。不过借助这份报告作为其新书的主线,他指责那些购买SUV的人是一群自私的利己主义者,而那些制造商们就更是无耻了。

《底特律新闻报》称布拉德舍向人们提供了一份"长达一本书厚度的声明,指出了那些由SUV引发的环境问题和社会病症"。这本书虽然在自由派媒体中引发了强烈的反响,然而美国的汽车消费者们仍一如既往地对这套说辞不买账,于是很快这本书就因无人问津而被出版商们打上了降价的标签,之后又变为库存产品。这本标明"傲慢"的书实则猥琐。

到了 2002 年的 11 月，五大宗教团体的领袖们在牧师吉姆·鲍尔的率领下，举办了一场名为"耶稣开什么车"的活动。他们前往底特律试图说服福特、通用和丰田三大汽车业巨头承认自己的罪行，即承认自己制造了一艘庞大的 SUV 舰队，并且油耗均超过丰田普锐斯（普锐斯是丰田旗下一款小型混合动力汽车）。

几个月后，赫芬顿也携其"底特律计划"加入了这场运动，不过她出现的时机有些可疑，因为就在此前，福特、通用和丰田三家公司刚刚宣布计划为新款的 SUV 配置更加节能的汽油——电力混合动力系统。事实上，福特公司已经准备在其大受欢迎的翼虎中加售一款每加仑汽油 40 英里的混合动力车型。而就在之前的那个周末，环境保护主义团体"地球解放阵线"宣称它对发生在宾夕法尼亚州的代理福特、林肯、水星三个品牌的经销商门店的纵火案负责，原因就是这些店铺销售 SUV。有趣的是，一些纵火犯的受害者们告诉媒体，在事发后他们接到了来自全国各地的电话、邮件，对他们的抗议表示支持。没错，美国人热爱他们的 SUV 并痛恨那些恐怖分子和虚伪的人。

只不过发生在宾夕法尼亚州的袭击行动已经不是一次了，也不会是最后一次。"地球解放阵线"组织一开始成立时便在许多树上钉了钉子和倒刺，此举直接导致了很多伐木工人受伤截肢甚至丧命。如今这一组织又改头换面，干起了纵火的营生。第一次发生在 2001 年 3 月，他们在俄勒冈州烧毁了 30 多辆雪佛兰萨博班和塔霍，造成了商家 100 多万美元的损失。随后他们又于 7 月 4 日美国国庆日在密歇根州烧毁了 8 辆福特探险者。

在这一系列的袭击行径发生后，自然资源保护委员会（Natural Resources Defense Council，简称 NRDC）的资深律师小罗伯特·肯尼迪不但不加以谴责，反倒在 2001 年 11 月 24 日接受采访时公开谴责这些车型的汽车对环境造成的破坏。而正是这位小罗伯特·肯尼迪，不久之后又以破坏美感为由，抗议政府在他居住的科德角地区建造替代能源的风车,以替代此处的老式燃煤发电厂。讽刺吧,这样一场反 SUV 的运动竟然把全国的伪君子都给轰出来了。

看到这位来自美国最受民众爱戴的政治家族成员的表态,这群"地球解放阵线"的环境恐怖分子备受鼓励(也许你会认为我给他们打上"环境恐怖分子"的标签有些不妥,但事实是,该组织的行为已经造成了多名无辜民众的伤亡,他们纵火焚烧经销商的店铺和街边加满汽油的车,危害极大,甚至有可能让参与救火的消防员们身处险境)。2002 年 7 月,这帮环境恐怖分子继续实施他们的恐怖行为,而这一次更是将矛头直接对准了 SUV 的用户们,在弗吉尼亚州的里士满制造了一系列人祸。

在基斯·布拉德舍于 2002 年 9 月出版《傲慢:世界上最危险的汽车是怎么炼成的》一书一个月之后,赫芬顿也发表专栏文章,并拟制订"底特律计划",同时指责购买 SUV 的人无异于支持恐怖分子。此举更推助了环境恐怖分子们的嚣张气焰。终于在一个月之后,牧师吉姆·鲍尔率领一群追随他的环境主义布道者把神圣的耶稣也拉进了这场混战中。

对赫芬顿而言,一切才刚刚开始。她在 2002 年 11 月 25 日的专栏中写道:"那些购买 SUV 的人一定自我感觉良好吧?!要知道他们鲁莽的优越感会让那些产油国的反民主的独裁者们在夜里睡得更加踏实。"但在差不多一年后,她又在接受《纽约时报》的采访时说:"我从未针对过 SUV 的用户们。"在赫芬顿的言论的鼓动下,"SUV 焚烧年"的气氛被推向了高潮,之后"地球解放阵线"组织宣称对弗吉尼亚州里士满的 40 辆 SUV 纵火案负责。

2003 年 1 月 29 日,小罗伯特·肯尼迪在参加 NBC《每日秀》的节目活动时公开指责 SUV 及其背后的三大汽车制造商,而他的这番结结巴巴、语无伦次的讲话也引起了汽车制造商们的注意。SUV 让所有的汽车制造商们都赚得盆满钵盈,而同期小型汽车的销售业绩自然出现了相应的下滑。在之前的一年时间里，全美境内共售出了 300 万辆 SUV，这一数量几乎是 10 年前的 3 倍。早期由福特探险者和吉普大切诺基引领的 SUV 风暴曾一度席卷美国汽车市场，并创造了 110 万辆的销售业绩。如今几乎每一个汽车制造商都会拥有至少一款 SUV 车型，有的甚至多达六款，从小巧的经济实用型到类似福特远足这样的庞然巨兽。

汽车制造商们虽然对眼下的态势给予了关注但却并未采取行动，没有哪家制造商愿意做这个"出头鸟"，都唯恐成为这场反 SUV 运动的抵制对象。他们需要一只能代替他们出战的"垃圾狗"，以回击以赫芬顿为代表的一些人或团体的虚假指控和实施的恐怖行为，并阻止眼下的滋事演变成一场彻头彻尾的灾难，同时危及他们的利益，尤其是 SUV 消费者的安全。

于是"狗"来了，这是可以替他们一战的一群"垃圾狗"。

在我辞去福特公司 PR 主管的工作之后（当然，一起离开的还有我的老板、福特公司的 CEO 贾奎斯·纳塞尔），我加入了华盛顿的 Stratacomm 传媒公司。我先后在克莱斯勒、尼桑和福特三家公司工作时都和它有过合作。在 2003 年年初，一名来自威斯康星州的说客比尔·布劳斯联系了我们公司的合伙人之一、前 NHTSA 的负责人戴安·斯蒂德，并带来了一份提议。布劳斯对那些针对 SUV 及其用户的攻击厌烦已久，于是在四年前创建了美国 SUV 消费者联盟（SUV Owners of America，简称 SUVOA），试图凭一人之力与那些国会的傻瓜们和他们背后的金主们周旋，如赫芬顿、肯尼迪、芬顿传媒公司、"地球解放阵线"组织，以及举"耶稣"牌子的团体。

布劳斯最初吸引了几千名会员加入，并筹集了 25 000 美元作为 SUVOA 的启动资金，不过单凭他个人的努力还是难有作为的。考虑到 Stratacomm 公司往年在汽车行业的赫赫战功，他提议由这家公司来收购并接管 SUVOA。此前，Stratacomm 公司曾指挥过一系列"战役"，抵制过一系列不切实际的油耗标准，以及加州"不可能生产的"零排放汽车（ZEV）。而如今公司的几位创始人也在认真考虑布劳斯的提议，不过他们担心无法获得足够的经济支持以保障这一组织的运营，而且作为一家从事PR及广告业务的公司，凭空为自己"创造"一个客户看起来有些奇怪。好在无论如何，有一点他们是确定的，就是这场针对SUV的运动是由一群伪君子和恐怖分子在一个虚假的事实基础上发起的，而Stratacomm公司有能力在抵抗这场荒诞的运动中发挥影响力。

于是，就这样愉快地决定了，布劳斯得到了一张25 000美元的支票，而SUVOA的新东家也将着力保持这个组织的高透明度性，因为他们都清楚那些反SUV的势力正赶在来讨伐他们的路上。他们同时还申报了非营利性组织的认证资质并很快得到了批准。理事会的成员们主要由自然同盟组织派出的代表组成，这些人都是SUV强大功能的受益者，譬如游艇、房车和挂车制造业中的受益者。你见过尼桑的小型汽车拉着一架28英尺长的比奇飞机在街上跑吗？

应该没有吧！

SUVOA最基本的收入来源自然是广告。我们开始出租网站上的一些空白处并附带条款，规定广告商需按照我们的要求或声明来展示内容，不得违反这一规定。而SUVOA作为一家独立运营机构，也将像ABC、NBC或CNN等任何一家媒体一样和他们的广告赞助商打交道。当然，我们会在发布任何有争议的内容前预先告知他们，但总的原则是不许插手。福特公司对这项条款显得有些顾虑，他们一贯如此，但无论如何最终还是接受了。而通用和克莱斯勒两家公司则没有任何异议。

我们在2003年的5月宣布了SUVOA的重组。而恰好就在几天前，赫芬顿携其"底特律计划"和自然资源保护委员会共同发布了最新的电视广告。他们宣称底特律几大汽车巨头一直都知道解决燃油效率问题的关键，却一直秘而不宣。这则广告就像《今日美国》在报道中所说的，"乍一看就像一个传统的汽车广告，一辆新款的SUV停在沙漠中央，车身被一层薄纱所遮盖，远远望去只能看见一个大致的轮廓"。

"这是第一辆为我们这个时代制造的汽车，"电视中的画外音这样解说，"美国人可以在清晨驾驶着它出发，而不必于下午返程时穿过硝烟般的浓雾。"接着画外音又补充道："这款低油耗的车可以帮助美国从依赖国外石油进口的枷锁中摆脱出来。"随着薄纱揭下，那款"梦想之车"也随之消失了，而此画外音又随之响起，并伴随着合唱团嘹亮的歌声。"但唯一的问题是，底特律不会制造。"

啊，阴谋！那些罪恶的汽车城大鳄们。实际上，这个"阴谋论"早就被那些缺少资本和缺乏经济学常识的左派自由主义者们玩烂了，他们从不会考虑这样一个基本的现实，即像福特和通用汽车这样两家死对头，无论哪家研究出一款每加仑汽油50英里的车都会立刻摆进自家的橱窗内，巴不得用它挤死对方。当然了，在套用"阴谋论"的人眼里，敌人是不分彼此的，"底特律"才是他们唯一的目标。至于丰田、尼桑乃至梅赛德斯的SUV到底哪款更环保，排放是不是更高，这些都不重要，反正全世界的SUV都已经在汽车城里了。

这场反SUV的运动如今正以全速向前冲刺，是时候朝他们的刹车垫片上踩一脚了。罗恩·迪弗和我被指派来领导SUVOA，几周后，我被任命为最高负责人。恰巧，那群"耶稣开什么车"的傻瓜们正决定从5月28日起，在《圣经》地带（美国中西部正统教徒聚集地）展开一系列的巡回演讲，而最终于7月14日抵达华盛顿特区，而那一天也注定要被记录在对耶稣的羞辱日上。

罗恩·迪弗和我揭穿了不少反SUV狂热分子的谎言，并撕下了一些人的虚伪面孔。《纽约时报》的基斯·布拉德舍声称，SUV导致很多小型车的司机丧生，然而数字却对不上。让布拉德舍更打脸的是，根据联邦政府和一些世界著名保险机构的公路安全研究所的统计数据显示，SUV是全世界目前安全性最高的车型之一。另一边，小罗伯特·肯尼迪毫无头绪的言论，导致他根本就帮不上任何忙。于是就还剩下阿里安娜·赫芬顿，这位不久前被曝出比上帝还有钱的伪君子。在 CNN 财经频道的一场辩论中,她曾试图攻击我在汽车行业内工作过的身份,并借此得出"SUVOA 是汽车制造商们的雇佣军"之类的结论。而我则当场指出她出行乘坐的是私人飞机,居住的是豪华别墅,这种生活方式所消耗的能源是一个普通美国家庭的五倍以上,然而她竟坐在这里大言不惭地教育普通美国人应该或不该开什么样的车。我狠狠地教训了她。

但是要怎么对付那些"耶稣开什么车"的人呢?他们正在这个国家东奔西走,四处宣讲那些吉普、萨博班和探险者的车主们都是像娈童癖、强奸犯甚至希特勒一样的罪人。

幸好不久后我便找到了"耶稣"本人。

准确地说,是一位同事,凯西找到了他。我想出了一个对付这群白痴的主意,就像《读者文摘》上说的,"笑声是最好的良药"。我为何不干脆找一个名叫"耶稣"*同时又有一辆 SUV 的人呢?我的团队开始在迈阿密和休斯敦寻找名叫"耶稣"的人。在差不多联系了 20 位非英语母语的人后**,凯西天才地想到在底特律当地的电话本上试试运气,并且最终在那里找到了我们的救星。

耶稣·里韦拉,昵称"杰西",是一位通用汽车公司的退休人员。他是一位越战老兵,已经当上了祖父,家中有两辆 SUV。就像耶稣一样,他的一生也很完美,至少对我们而言。我驱车前往其家中仔细商谈,首先向他介绍了我们眼下的交战形势,同时告诉他对手是一些追着别人问"耶稣开什么车"的傻瓜们。我向他表示我们已经准备好揭穿这场滑稽的"圣战"了,但也提醒他参与这场辩论可能会带来一定的危险。

就在"耶稣开什么车"运动开始前,那些环境恐怖分子曾三次袭击经销商的门店和一些 SUV 私家车,不仅造成了一些车辆的损毁,而且还引发了致命的

---

* 英语中"耶稣"的拼写"Jesus"与男性常见名"杰西(Jesse)"大致相同。——译者注
** "耶稣"是西语系男性的常见名。——译者注

火灾。而在 2002 年 11 月 20 日运动开始后,"地球解放阵线"组织又表示对两起 SUV 纵火事件负责:一次是在弗吉尼亚的里士满,导致 40 辆 SUV 被烧毁;另一次则是在宾夕法尼亚,将经销商门店焚毁。对此,我一直坚持是阿里安娜·赫芬顿、小罗伯特·肯尼迪、基斯·布拉德舍等人在这场运动中的言论煽动所致,同时还置那些参与救火的消防员们于险境。

"我能做些什么?"杰西问。

"我们想在广告上登一张你和 SUV 的合影。"我说,"当然,照片我会事先跟你确认,待你满意后才会使用。同时,我们会付给你 500 美元作为报酬。"

之后我们握手确认合作开始。在接下来的闲谈中我了解到不少关于杰西家庭的情况,包括即将到来的 7 月 4 日是她女儿的生日。

"巧了,"我说,"我姐姐的生日也是 7 月 4 日。"

另外,直到现在我也不知为何就问到了杰西的生日。

"1 月 22 日。"他说,面带微笑。"你呢,杰森?"

我惊讶了,于是伸手从裤子后侧的口袋里取出钱包中的我的驾照交给了杰西。

"1 月 22 日?"他惊讶得下巴颏都快掉下来了,"真是巧合。"

"是啊!"我说,"都快赶上《圣经》里的故事了!"

几天后,我们整版的广告设计完成并发给了《今日美国》,准备在那群笨蛋骑驴赶到首都的当天,也就是 7 月 14 日刊登。

当华盛顿和洛杉矶的人们清早起床后翻开报纸,便会看到一行醒目的标题:"想知道耶稣到底开什么车吗?我们问过他了"。接下来的光荣属于我的朋友杰西(又称耶稣·里韦拉),他站在他的 SUV 旁,微笑着挥手。同时在照片空白处的文字中还介绍了他选择 SUV 的原因:安全性、功能性和多用性。我们还顺带介绍了一下杰西的生平:他曾为国效力参加过越南战争,如今很享受他的退休生活，以及为人祖父的天伦之乐。

这篇广告的刊登无异于在这场辩论中投下了一颗原子弹。这一则花费 25 000 美元的广告经由媒体的转载和报道，在世界范围内创造了超过百万美元的收益和影响力。《纽约时报》的法拉·沃纳于次日发表了一篇极其精彩的文章，题为"SUV 车主们的反击"。那些发起"耶稣开什么车"运动的人拒绝了沃纳要求其发表看法的请求。不过对于我们这群知道"耶稣开什么车"的人而言，这是欢庆胜利的时刻。我和罗恩·迪弗在一天内接受了一百多个采访。

《纽约时报》在一篇文章中是这样写的：

"'SUV 的车主们已经受够了被妖魔化的诬陷。'消费者同盟主席杰森·瓦因斯说。瓦因斯同时也在 Stratacomm 传媒公司兼任要职，而正是这家媒体咨询公司创新性地设计了这一支持 SUV 的广告。

"我们希望让 SUV 的车主们接触到相关的统计数据。如果再有人因为驾驶 SUV 而冲他们大喊大叫时，就可以自信地告诉那些人，他们的 SUV 的碳排放量实际上比那些小型车还要低。瓦因斯先生此前曾担任过福特汽车公司宣传部门的负责人。

"当谈到为何会借助一位名叫'耶稣'的人来表达讽刺的时候，瓦因斯先生这样说：'我们觉得针对 SUV 及其车主的讨伐是一场荒唐而又愚蠢的运动，所以决定用一种轻松愉快的方式来加以还击。'"

不过说起来，真正令人感到愉快的而且是最有效的还击，还是发生在广告刊登的当日，当时 MSNBC 旗下现场新闻辩论节目《硬球》的制作人打来电话。

"你能来参加今晚的节目并和'耶稣开什么车'的人现场辩论吗？"他问。

"好啊，我很乐意。"我说。

这并不是我第一次参加克里斯·马修节目的现场直播，早在费尔斯通轮胎危机期间我就曾参加过两次。而他在过去对待我的方式也一向公正，我猜这是因为我实在太棒了！

哈，开个玩笑！事实是，我在克莱斯勒的好兄弟罗伯·李勃拉托跟他是好朋友。

我在《硬球》电视新闻辩论中的对手是一个令人生畏的家伙，他是"耶稣开什么车"运动的发起人之一，名叫鲍勃·埃德加。埃德加是卫理公会的牧师，一度成为全国基督教协会的领袖，还曾担任过国会议员，后来也曾参选过美国参议员，但落败。

我待在底特律城郊的摄影棚中，接下来的就是灯光、摄像以及人身攻击了。埃德加并不打算聊太多的关于 SUV 的话题，而是把矛头直接指向了我和过去的经历。他说我曾经在汽车行业工作多年，所以这就证明我有罪。之后他又顺着这个话题说了很多，直到我开始反击。

我微笑着回击道："你知道吗？克里斯，我本人作为一名基督徒，你有一点让我感觉很不舒服。作为一名神职人员，你在参加这个节目的时候不就事论事，而是一来就开始对我进行人身攻击。我要告诉你的是，我对自己在汽车行业中的工作经历很自豪，它让我有机会学习到很多与汽车有关的知识，并能够更好地解答人们的困惑。所以我不会为自己过去的经历而向任何人道歉。"

我在辩论中借鉴了一条从我老爹那里学到的原则，那就是"不跟一个白痴抬杠"。之后埃德加牧师又这个那个地瞎掰了一通，直到克里斯·马修打断了他那愚蠢的言论，游戏才结束。

摄影棚外，我刚坐进车里就接到了一个电话，来自我的战友罗恩·迪弗。

"你把这家伙的屁股都踢爆了！"他在电话里尖叫道。

第二天晚上，我在阿兰·考姆斯的广播节目中又一次遇上了这位牧师。这一次他没有急于采取人身攻击的策略，而是从道德的角度开始批判我。考姆斯，一位知名的自由派人士，也站在了我这边，以至于我没费多少力气就赢了这场辩论。

"你认为这场辩论是关于道德问题的吗?"考姆斯几乎是以嘲弄的口吻向埃德加质问道。

埃德加再次输了。

接连两场辩论让"耶稣开什么车"的运动遭受重创。但不幸的是,"地球解放阵线"组织的那帮环保恐怖主义分子并未善罢甘休。8月1日,他们又在加利福尼亚州的圣迭哥焚毁了一栋在建中的公寓楼。三周后,又在同一州的柯维纳西边损毁了20辆SUV,并将一个经销商的门店烧毁。

是时候做出回应了。8月27日,我们向阿里安娜·赫芬顿、小罗伯特·肯尼迪、鲍勃·埃德加牧师以及芬顿传媒公司发出了一封"终止"请愿书,由超过6 000名的支持者共同签名。之所以要带上芬顿传媒,是因为这家公司在"耶稣开什么车"和"底特律计划"的两场运动中扮演了狗头军师的角色,尽管这两个组织起初都对此予以否认。真是虚伪到了极点,如果你还有印象的话,赫芬顿曾抨击SUVOA是汽车制造商们的"斗犬"。而面对这样的抵赖,各家媒体也毫不留情地予以了揭穿。

记者詹姆斯·希利和大卫·凯利在《今日美国》发表的文章中这样写道:

"两场规模不大但却极受关注的运动同时将矛头对准了运动型多功能汽车SUV的高油耗,而它们的背后也出现了同一家效力左翼团体的公关公司的身影,这家公司一向擅长以戏剧化的广告内容引发民众的恐慌,而它过往出色的战绩也令很多汽车制造商们对其闻之色变。

"这两场运动都是小成本广告布局,但却引发了全球的关注,原因在于广告内容极具争议性。

"它们(指两场运动)表示同时选择与芬顿合作纯属巧合。

"'我们彼此之间绝不存在任何关联。'牧师吉姆·鲍尔这样说道。"

"'我觉得这两场运动最有趣的地方就在于，我们都是出于自发性的。'赫芬顿说。"

简直谎话连篇。不过好消息是，他们从此便再无从遁形了，并丧失了不少信誉度。

我们在请愿中要求赫芬顿及其伙伴们"停止鼓动那些'地球解放阵线'的环保恐怖主义分子们对SUV的经销商及其车主们发动袭击"。

"在上周发生的事件（环保恐怖主义分子们的袭击）是极具危险性和讽刺意味的：赫芬顿将SUV用户与中东的恐怖分子联系到一起是一个极其不负责任的行为，她的言论为那些在柯维纳西边纵火的境内恐怖分子们提供了舆论上的支持和道德上的慰藉。"SUVOA媒体部的发言人罗恩·迪弗这样说，"赫芬顿女士和她的支持者们投入了数十万美元制作广告来指责SUV的车主们，但同时又为那些纵火的恐怖分子们提供道德掩护，并拒绝对此负责。"

在接下来的一周，破坏行动再次升级，休斯敦一家汽车经销店里的22辆SUV被人用钥匙恶意刮花，轮胎也被划伤。几天后，圣达菲的一家路虎经销商发现店里的SUV被人用喷漆画上了"地球解放阵线"的logo。而在收到我们的"终止"请愿书后，赫芬顿就开始将免战牌高挂。

8月29日，《广告时代》杂志上的一篇文章中，赫芬顿表达了对这些犯罪行为的谴责："那些人的所作所为并非行动主义，而是破坏主义，我强烈反对这样的行为。"这也是她在前一天发表的一份声明中提到的。"我无意针对那些无辜的SUV车主们，我针对只是底特律。"

是底特律，而不是梅赛德斯、奔驰、本特利、捷豹和路虎，仅仅是底特律。那么对此，底特律的汽车制造商们又有什么想说的呢？"虽然我没法将这些犯罪行为与他们的广告直接关联，"说话的人是通用汽车负责政府事务和技术通讯的幕僚长克里斯·普洛伊斯，他承认在这场运动发起前也出现过类似的破坏事件。"但是根据我们的民意调查,这些广告(指将购买 SUV 的行为与恐怖主义联系起来)绝对会让消费者感到被冒犯并受到伤害。"

普洛伊斯更是提到了在这些破坏事件中最为讽刺的一点莫过于这些激进环保组织所造成的污染了。"如今甚至连悍马都要达到加利福尼亚州的排放标准了。但毫无疑问的是,那些因焚毁 SUV 和经销商店铺所产生的碳排放量,已远远超出了这些车在其行驶年限中所能产生的排放总量了。"

自此赫芬顿的"底特律计划"土崩瓦解,而此时"耶稣开什么车"的人也奄奄一息。在 2003 年 9 月 15 日,作为密歇根跨信仰之气候与能源行动的成员之一,这群人又开始了自己的愚蠢表演,而这一次他们的口号变成了"州长开什么车"。他们此次针对的是当时的密歇根州民主党州长詹妮弗·格兰霍姆。然而,这场运动来也匆匆去也匆匆,只持续了几个小时而已。

万幸,这场名为"耶稣开什么车"并试图左右美国民众日常生活、工作和休闲用车的愚蠢运动,终于走向了终点。

> **危机公关一课:** 在你遭遇诽谤时,切记要抓住关键的事实。如果你面对的是一群伪君子或满嘴谎言的骗子,那么当面与他们对质并揭穿他们。

第25章
几度沉浮：戴姆勒－克莱斯勒

2003年12月10日我接到一个电话，"你好，杰森，我是南希·瑞伊"。瑞伊是克莱斯勒的HR主管。20世纪80年代初她还只是个秘书，但从那时起她通过打拼，如今已经成了这个被"汽车男"统领的行业中最有权力的女性之一。

"我们想知道你有没有兴趣回家呢。"

"咱们聊聊吧。"我说，并约定一小时后在克莱斯勒总部外面的希尔顿酒店见面。接着我给我妻子打了一个电话。

"亲爱的，你猜猜刚才谁打电话来了？"我问。

"戴姆勒－克莱斯勒的人？"她反问道。

"没错！"

"我猜也是。"她说。

"我重回那边你没意见吧？"我问。

"你已经准备好重新下油锅了吗？"她反问道。

"必须回答吗？"我问。

"不用，不过这次尽量签个长约吧，亲爱的。"

在过去的三年时间里克莱斯勒一直处在水深火热之中，危机在2000年12月初显，之后他们管理团队中的大部分人包括总裁都被炒掉了。

接任者是迪特尔·蔡澈。在戴姆勒－克莱斯勒众多掌权的德国人中，迪特尔是一位迅速崛起的明星，也是董事长尤尔根·施伦普的潜在继任者之一。我

第 25 章　几度沉浮：戴姆勒-克莱斯勒

们初次见面便一拍即合。在我应聘 PR 主管一职的面试中，迪特尔和克莱斯勒的首席运营官沃夫冈·伯恩哈德给我出了一道难题，他们直截了当地表示，我只是他们的第二人选，在此之前他们已经联系了史蒂夫·哈里斯，我的导师、克莱斯勒曾经的 PR 主管，如今在通用汽车担任相同的职位。

"史蒂夫·哈里斯向我们推荐了你。"迪特尔说，"他说 100 次里你有 99 次都会是这一行里最好的 PR，不过唯一的那次例外有可能导致你出局。"

好家伙，我还能再说什么呢？在思考了一秒钟之后我问："迪特尔，你知道约翰·坎迪是谁吗？"

"噢，是那个演电影的大胖子吧！"他说。

"没错，他在一部叫《火车、飞机和汽车》的电影里有一句台词是'我喜欢我自己，我老婆也喜欢我'，我觉得这刚好能反映我的态度。我不会改变自己，你看到的就是你即将得到的。"

"很公平！"迪特尔说。面试就此结束。

9 天后，我回到了克莱斯勒。

不出所料，一场"危机"事件的处理工作很快就交到了我手上，至少在市场部的人眼里是"危机"。差不多两周前，克莱斯勒因参与竞争"内衣碗"赛事的主办权而遭到了舆论的指责，这个比赛是周日超级碗的垫场赛，主打招牌是一群身着内衣的性感美女参加夺得橄榄球的比赛。

其实就我个人而言，我对这场比赛还是挺期待的，其他广告经理们更是像吃了伟哥或其他壮阳药一般兴奋不已。克莱斯勒的市场部高管之一朱莉·罗希姆，在晚些时候的一份声明中表示，垄断主办权的沃尔玛市场部主管应为此感到羞耻。

对于此事，克莱斯勒方面的辩护是，罗希姆的声明是从一个女人的立场出发的，她对女性同胞遭受"剥削"的情况表示不满。而就在公布我上任的当天，克莱斯勒方面宣布撤出了对"内衣碗"赛事的赞助。于是部分媒体很自然地认为，这两件事同时发生绝非巧合，尽管事实上就是如此。克莱斯勒为此得到了舆论的褒奖，而对我来说也是天上掉下了馅饼。

回归克莱斯勒后，我很快便意识到市场部与PR部门之间紧张的对立气氛。市场部会将公司所有的问题都推到PR部门身上，而他们的人也很少把PR团队的人当人看。如今我上任，我愿以我的实力、我们团队的实力，以及我们在这行里摸爬滚打所积攒下来的经验和技巧，获得他们的尊重和尊敬。不过随着另一场"危机"的到来，这让我开始怀疑市场部的这群人是不是真的见识过什么叫危机。

这场危机并不涉及汽车故障，更没有人员伤亡，而是关于克莱斯勒与女神席琳·迪翁之间的合作问题。尽管席琳在歌坛呼风唤雨，但是为克莱斯勒拍摄的广告却是一场惨败。克莱斯勒市场部的同僚们想换人，但却被席琳的团队警告说，但凡敢做出有损席琳名誉的事就要对簿公堂，于是这事就开始变得棘手了。经过一番努力，我们终于找到了突破口，我们发现席琳·迪翁不仅是历史上最伟大的歌手之一，而且更是一位新晋的妈妈。

我向杰夫·贝尔提出了一套"席琳问题解决方案"。杰夫是克莱斯勒杰出的销售人员之一，在他面前即便是像我这样精力旺盛的PR看起来也会像被注射了镇静剂一样。很多时候，他都可以被称为"房间里最聪明的人"，而他本人更是毫不谦虚，经常自诩"永远都是房间里最聪明的人"。正是这种自负的性格让公司的同僚们对他又敬又恨。

好了，言归正传。席琳的问题怎么解决呢？我提议，让她以主演的身份参与拍摄一系列广告理事会的公共服务宣传片，类似公益广告，谈谈适合"下一代"的出行方式。这是我早年从事媒体工作时做过的，后来在克莱斯勒和福特也都有参与，即教育成年人如何带着孩子安全出行。杰夫采纳了我的提议，幸运的是，席琳的团队也表示赞同。这样一来，她既能得到应有的报酬，又可以保存颜面，而对克莱斯勒的人，终于可以重新制作广告了，这一次可以把注意力集中在产品上，而不是明星身上。几周后，公共服务宣传片拍摄完成，并在随后华盛顿特区高速公路安全联合会主办的一次活动中进行了预演。

媒体对此绝大多数的评价都是正面的，只剩下几家广告发布商还在对克莱斯勒和席琳的合作失败一事刨根问底。第二天，我到办公室时看到椅子上放了一个文件夹，上面贴着一张便签，并用红色笔画了一个巨大的圆圈，上面写道：

"蜜月结束了！杰夫。"

我抓起文件夹迅速地调整了呼吸，然后从PR所在的六楼下到了市场部所在的五楼。我到杰夫办公室时他正好一个人在。

"嘿，哥们儿。"他一脸轻松地说道。

难以置信，这小子刚在我的办公桌上留了那句废话，现在就跟没事儿人似的，还"嘿，哥们儿"。我把文件夹狠狠地摔在了他的桌子上，连带他那张"示爱"的便条。

"对我来说，帮忙给人擦屁股可不是什么蜜月，你以后少跟我来这一套！"

说完我转身离开，不管你相不相信，后来杰夫和我竟然成了好朋友。

第26章

我心永"惊"

"内衣碗"和"席琳·迪翁"的危机已经成为过去时,是时候迎接真正的挑战了,"好戏"即将在几个月后上演。

我很快就和CEO迪特尔·蔡澈相处融洽。这位德国人在初到克莱斯勒时就展现出了冷酷无情的一面,他解雇了上千人,而留下来的人则对他十分拥戴。他聪明绝顶,敢于自我否定,并有着一颗狮子般强大的内心,还留着跟海象一样的小胡子。他将自己的全部身心都投入到了底特律,无论精神上还是文化上。每个人都知道他是来拯救克莱斯勒的。作为一名工程师,他有着"汽车男"的内核,同时还是一位不可多得的商业大师。我们在会面之初就达成了一项协议,作为他手下的首席媒体运营官,他必须对我毫无保留,我需要在重要的议事中占据一席之地。实际这对于任何一家公司的PR主管来说都是极其重要的。

我和我的团队不能只做跟在大象身后清理粪便的人。

然而之后,在2004年5月初的一个晚上,我接到了一个自称是记者保罗·莱纳特的电话。

"你们跟三菱之间到底怎么回事啊?"

"我都不知道你在说什么。"我说。

"戴姆勒公司宣布要从三菱撤出啊!"他说。

我听后脸色变得铁青。这件事我为什么不知道?在挂断了莱纳特的电话之后我立刻致电戴姆勒-克莱斯勒公司驻纽约的PR负责人韩建。

"到底什么情况啊?"我焦急地问。

"很抱歉!我之前没来得及告诉你。"他说。

我听了之后很生气,内心涌起了一种被老板背叛的感觉。迪特尔和我是有约在先的。愤怒从当天夜里一直持续到第二天早上,直到上班前洗澡时我还在不停地向我的妻子抱怨。之后,她手里拿着电话走进了浴室,是迪特尔打来的,于是我关掉淋浴接过电话。

"杰森,我需要你到我的住处来接我一下,"他的声音听起来有些痛苦,"你要多久才能到?"

"我正在洗澡,差不多三十分钟后能到你那儿。"

"好的,一会见!"

"什么事啊?"我妻子问道。

"不知道,我得去迪特尔的住处一趟。"

我半小时后赶到了迪特尔的住处。他正站在屋外,看上去十分痛苦,看来是颈椎的老毛病又犯了。他的保镖兼司机杰克此时正站在迪特尔的座驾前。

"杰克,你开杰森的车去办公室吧,他会送我的。"他礼貌地说。

于是我坐在了方向盘前,而迪特尔则小心翼翼地坐进了后排座。

"我的脖子又不行了,我们得赶去我的医生那里,路上我详细跟你说说发生了什么。"

接下来,在我们赶往迪特尔脊椎医生办公室的半个小时车程中,他忍着疼痛向我描述了他刚刚经历的一场"政变"。

作为尤尔根·施伦普统领全球汽车工业宏伟计划的一部分,戴姆勒-克莱斯勒买下了三菱汽车公司34%的股权,此举显然是为打通亚洲门户所做的努力。合并前的戴姆勒公司和克莱斯勒公司也曾分别尝试过这一做法,然而均告失败。这最终也将成为施伦普未竟的事业,只不过那时他新收购的克莱斯勒公司还未显崩塌之相，而他本人也正意气风发。

然而到了2004年5月，克莱斯勒公司才开始显现出复苏的迹象，而此时的三菱公司则深陷债务危机并接连爆出了可怕的公司丑闻。戴姆勒－克莱斯勒公司的监事会和股东们已经受够了，而施伦普也被迫要宣布戴姆勒－克莱斯勒公司会撤出在三菱公司的股权。但是，这一切都要等到施伦普试图挽救三菱公司的秘密被公开后才能进行。

接下来的局面让人感觉有些不安。戴姆勒－克莱斯勒公司的管理层董事会，包括各部门的实权人士，决定开会决议有关三菱股权的处理办法。迪特尔·蔡澈此前曾接受指派调查三菱公司的现状，以决定继续坚守还是自此与日本人一刀两断。当然，这份苦差事是在他挽救克莱斯勒公司的同时额外加派的。正所谓能力越大责任越大，这个工作量可不是一般人能够承受的。

迪特尔将自己的发现向管理层的同僚们展示，并根据实际情况建议与三菱公司进行切割，而不要追加投资。戴姆勒－克莱斯勒公司需要快刀斩乱麻，之后方能继续前行。

董事长施伦普表示反对，态度坚决。而他的盟友埃克哈德·科德斯——戴姆勒公司的商业部部长、施伦普潜在的继任者之一——此时为表忠心也支持董事长的选择，站到了迪特尔的对面，以表示对这位主要竞争对手的反对。

"沃夫冈这时候气疯了。"在我们快要到达医生办公室时，迪特尔对我说。

沃夫冈就是沃夫冈·伯恩哈德，是位来自德国的克莱斯勒前首席运营官，就在一个月前他被指定即将成为新一任梅赛德斯的领导——一份在汽车界极有分量的工作职务。沃夫冈即将成为新的"梅赛德斯先生"，至少在德国人看来，这已经是站在了世界顶端。

他有着乔治·克鲁尼一般的俊朗面孔，凌厉如鞭，且善于沟通，只不过有些容易冲动。

"沃夫冈气疯了。"迪特尔继续说,"我尝试过保护他,但是没用,恐怕要不了多久他就要离开了。"

德国公司的管理层董事会一般由一些掌握实权的高管组成,他们即便在决议中发生分歧,最终也往往会达成一致。之后,他们再把一致做出的决定交由监事会的外部董事和工会负责人审议并获得批准。

这是通常情况下的流程。

然而,这一次的管理层董事会会议注定是极不寻常的,高管们最终也没能在三菱一事上达成一致意见。

迪特尔告诉我:"最后,施伦普站起来指着会议室的两个门说:如果支持他,就跟着他从这个门走;如果支持迪特尔,就从另一个门出去。"

科德斯是迪特尔在继任施伦普职位上的劲敌,在我和他短暂的接触中,总体感觉他是一个自命不凡的家伙,因此这次他便很自然地追随了董事长。而沃夫冈以及绝大部分董事会的同僚们都选择追随迪特尔。于是较量开始了。

"我的上帝!"这是我此刻唯一的反应。

现在我能理解迪特尔为什么会旧病又复发。沃夫冈恐怕必须下台了,而我的新朋友、老板迪特尔此时的处境也岌岌可危。

"所以呢,后来怎么样?"我问,同时尽可能地握紧方向盘,以80英里的时速沿着M59号公路一路向东飞奔。

"我们去见监事会的时候已经彻底分裂成两派了,"迪特尔说,"当时的情况很糟糕。大家争论了很久,最后监事会决定支持我的决定。可这并不是我想要看到的局面,我一直试图保持客观,同时我也很担心沃夫冈的前途,至于我自己,倒也无所谓。"

我把车停在了迪特尔的医生的办公室楼前。

他下车时对我说:"检查应该用不了多久,感谢了!"

在他离开后，我给我妻子打了一个电话。"麻烦又来了，亲爱的，"我说，"而且还不小。"

"不会吧？！"她回答道。"你就不能歇歇吗？"

显然不能啊！

第27章

鸿运当头

迪特尔关于戴姆勒－克莱斯勒应该和三菱一刀两断的提议，最终证明是正确的。这也就最终决定了施伦普和沃夫冈的去留。沃夫冈不久后就宣布"辞职"，而施伦普的职业生涯也遭受重创，剩余的任期只是等待到站而已。而接下来，关于他的继任者之争将在迪特尔和科德斯之间展开，在接下来的12个月时间里，他们都将为争夺"王之座"而竭尽全力，这也将成为我职业生涯中最美好的12个月。

说出来你可能不信，在那整整一年的时间里几乎没有出现过任何危机，我的生活非常充实，我的家庭其乐融融，而我的个人收入更是令人难以置信的高，那时的克莱斯勒是全世界最棒的公司之一。我们的PR团队无与伦比，根据2005年末的一项调查显示，美国以及国外的汽车记者们认为我们的团队是汽车行业中最棒的。克莱斯勒的试驾活动和新车发布会在业界备受赞誉，尤其是后者，我们动用剧场来发布新车的方式无人可及，尽管有人试图模仿，但皆以失败而告终。

我的2004年夏天就像海滩男孩们（流行乐队）在《永不结束的夏天》中唱的那样，"要是我们就在此刻老去，那该有多好"。我有一支非常棒的团队，成员们都热爱生活、很有天赋且彼此真诚，并能在工作中全力以赴。我有一个全世界最棒的助手，他就是桑迪，后来成了我最好的朋友。我还有一位全世界最伟大、最和蔼的德国CEO，他甚至不需要我们对他进行培训就能出色地应对媒体。我们还拥有世界上最热销的车型——克莱斯勒 300C，它出自克莱斯勒的天才设计师拉夫·吉勒斯之手，这位有一半黑人血统的哥们儿让全世界的 PR 人士膜拜。对了，还有另一位黑人"老炮"也爱我们，他就是凯文·布罗德斯。

喔，抱歉！我忘了这位凯文已经改名字了，现在他叫史努比·狗狗（美国著名说唱歌手）。"Fo-Shizzle my Bizzle"，哈，我喜欢这调调！

史努比·狗狗，这位狗先生一天之内抽掉的大麻可能比我这辈子抽掉的还要多。我曾经在高中和大学时，听着平克·弗洛伊德的《墙》可是没少抽这东西。有一天，在克莱斯勒西海岸的销售中心电话中，他给 CEO 迪特尔·蔡澈发了一条语音留言，而那边的销售人员第二天就把这条留言发到了我的语音邮箱里。

狗先生在给我德国老板的信息中问道："我要怎么做才能从你们那里搞到新款的 300C 呢？"

我几乎能从这条语音信息里闻到那浓重的大麻味，同时狗先生还贴心地指导迪特尔接下来该怎么做。

"我已经把所有事情都交给我的外甥去办了，他会努力配合得就像带哨的裁判。"

发个信息还要押韵啊！我太爱自己的这份工作了。

我把我的团队成员都叫到办公室里来一起见证这份"礼物"。

不过我们并没有急于把这份"礼物"变现。三天后，我陪同迪特尔前往芝加哥，他受芝加哥经济学会的邀请前去演讲。那是一场规模盛大的活动，现场聚集了一千多人，而迪特尔是当天的主讲嘉宾。在演讲最后的现场提问环节中，那份来自"大麻之友"的"礼物"也会现场展示。当一位现场观众提到新款克莱斯勒 300C 的销售成绩令人难以置信时，迪特尔毫不迟疑地说道："这款车实在太受欢迎了，以至于就在前几天我还接到了史努比·狗狗的电话，说他也想要一辆呢。"

不是史先生，也不是狗先生，迪特尔竟然亲口说出了这位说唱歌手的名字史努比·狗狗，现场的人都笑翻了。迪特尔的这一举动大受欢迎，虽然意外，却很惊喜。之后采访他的媒体记者都表示十分惊讶。

"这是真的吗？"其中一位记者问道。

"没错，我可以晚点把他的语音信息发给你，就在我的电脑里。"我说。

几小时后，这个故事变成了街头巷尾人们热议的话题，这令狗先生的经纪人十分不满，他威胁要告我们，不过他的指控实在愚蠢以至于我懒得花时间去记住。而与此同时，我们也给"史努比"送去了几辆新款的300C，他随后将这些车拍进了自己的说唱视频里并向全世界播放。

我们，克莱斯勒，是最棒的！

一个月后，迪特尔和他的太太吉塞拉与狗先生在一场音乐会的后台见了一面，那是在底特律城郊举办的户外音乐节活动中，迪特尔正好路过那里，他稍晚要乘坐公司的飞机前往德国。

"那个房间里大麻味挺重的，"他后来跟我说，"我后来都记不太清楚自己是怎么上飞机的，我只记得当时感觉很饿。"（吸食大麻后会产生明显的饥饿感。）

除了被动吸食史努比·狗狗的二手大麻以及尽最大努力提升克莱斯勒员工和经销商的福祉外，迪特尔·蔡澈还很努力地帮助底特律市的市长，以拯救这座城市。

尽管最终这座城市后来于2013年宣告破产，成为美国历史上最大的一次市政崩溃，但是十年前，迪特尔一直在全力帮助这座城市走出困境。他甚至派出了克莱斯勒的金融专家去帮助解决困扰市政已久的预算问题。年轻的市长夸梅·基尔帕特里克并不愚蠢，但是他太缺乏经验了。他虽有律师文凭但却几乎没有从业经验。他是一位外表看起来更像摇滚明星的政治家，他给这座城市带来了"希望"，却无从实现。迪特尔像很多人一样，也注意到了这一点。

"帮我个忙吧，去跟基尔帕特里克市长见一面，给他一些公关方面的建议。"迪特尔跟我说。

基尔帕特里克确实需要帮助，他的市政府甚至连一些微小的工作都难以做好。既然迪特尔发话了，我就只好从命，第二天我见到了这位市长先生。我给他带了一份公关策略的清单，上面列举了我们在克莱斯勒经常采用的公关策略。这份清单是根据底特律的实际情况重新修改过的一个新版本，主要告诉他哪些事可以做、哪些事不能做，还有哪些事是万万不能做的。我一边讲解，基尔帕特里克市长一边奋笔疾书做着笔记。

"市长先生，"我对他说，"你不用做笔记，我已经帮你整理了一份文件。我相信你现在正在做的事。你可以随时给我打电话，无论白天还是晚上。我的孩子们和我的妻子的未来都取决于你现在的付出和日后的成就。"

我们接着把清单上剩下的内容都过了一遍。在差不多两小时的交谈中，我们已经成了"朋友"。在我完成讲解后，他问我"还有什么别的话要说吗？"这一问倒让我想起自己，一个出生在艾奥瓦州农场、从小帮人骗猪的男孩，在过去这二十年里已经成了一个真正的底特律人。而我的妻子及家庭成员们、朋友们也都是底特律人。所以，我当然在乎这座城市，在乎它的一切。

我的看着夸梅·基尔帕特里克的眼睛说道："市长先生，让你的团队成员不要再撒谎了，现实有多糟糕每个人都看得到。另外，请永远记住，不要打'种族牌'。这个地区在过去二十年里已经有太多不应该有的冲突了。不择手段不适合你，你可以做得更好。"

我们没有握手，市长直接走过来给了我一个拥抱。他是那个嘻哈市长，而我是那个嘻哈公关。

后来，夸梅确实没有打过"种族牌"，然而，他把我告诉他的所有不要做的事都干了个遍，因而最终也将在监狱里度过28年。

第28章

接招：来自通用的挑战

在迪特尔的带领下，克莱斯勒强势挺进2005年。克莱斯勒300C横扫汽车市场，几乎拿下了所有重量级的最佳奖项，我们就这样一直干劲冲天地忙到了这年春天。只可惜，随着美国经济的逐渐下滑，汽车销量也开始锐减。而不知为何，此时一个"巨人"——通用汽车公司——制造了一个汽车零售行业历史上最"精彩"的一次营销骗局。2005年夏天，通用汽车市场部的某位高人，或者是它的合作公司想出了一个十分精妙的点子：让普通民众在购买汽车时享受和通用汽车公司员工一样的优惠。还有比这更好的事吗？

于是美国的购车族们疯狂了，争先恐后地购买，尽管事实上原本一些汽车公司的某些车型，比如轿车或皮卡，其折扣要远远大于通用所谓的"员工福利"。福特和克莱斯勒面对这样的突然袭击有些措手不及，通用的表现实在太"精彩"了，方式简单，直接而有效，为此我们必须作出回应，但又要避免一味地模仿。

克莱斯勒的市场营销部与其合作机构BBDO共同策划了一套方案，打算推出CEO迪特尔·蔡澈作为公司产品的形象代言人。然而我对此并不苟同，因为尽管底特律人和汽车行业的各路媒体都很喜欢迪特尔，但是对于不了解这个行业的普通大众而言，他们不知道迪特尔是谁。

"我们为什么要把这么一位杰出的工程师给美国大众介绍成一个车贩子呢？"我问市场营销部的主管乔·埃伯哈特，他是我见过的最不德国的德国人。

尽管克莱斯勒的 PR 部门和市场部曾结过梁子，但这并不妨碍我和乔成为朋友。乔甚至从市场部的预算中拨出过 1 500 万美元给我们，以作为 PR 部门发布新车的活动经费。

"我们一天花的钱比你们 6 个月的花费都多。"他告诉我。

此后乔变成了与我并肩作战的兄弟，同时也是我秘密的烟友，我们经常一起躲在行政车库中吞云吐雾。我对他后来被解雇负有一定的责任，尽管我的初衷是想救他。我知道这听起来有点混乱，但在生意场上有时候就是这样。

我们在迪特尔的会议室里碰面，会议室的对面就是秘书辛迪的前台办公桌。BBDO 的男孩和女孩们正在向迪特尔、乔和我描述他们构思的故事，就是迪特尔·蔡澈准备拍摄的克莱斯勒、道奇、吉普卡车和 SUV 的销售广告。

突然，迪特尔叫停了会议。"乔，杰森，你们两个跟我出来一下。"

我们起身跟随迪特尔进了他的办公室。无论是我还是乔，都不清楚接下来会发生什么。

"我来拍这些广告没问题，"迪特尔说，"但你们觉得如果我在 25 天后就要被任命为戴姆勒－克莱斯勒的新董事长的话，这样做还合适吗？"

我的上帝啊，迪特尔终于还是赢了！

亨利·多尔曼，《领袖》杂志的发行人，为了他那可怜的出版物一连追了我几个月，希望能做一篇有关迪特尔·蔡澈的专访。而就在差不多一个月前，他告诉我他从戴姆勒－克莱斯勒公司的高层那里得知，尤尔根·施伦普的继任者"绝不可能是迪特尔"。乔和我先是面面相觑，接着相视而笑。我们的老板，我们的朋友，赢了！怎么样？好人终究还是有好报吧！

迪特尔告诫我们："这个消息目前在这边只有你们两个知道，在斯图加特那边也只有少数几个人知道，千万不要泄露出去，就连对你们的妻子也不要讲。"

"那你绝对不能拍这个广告了。"我从刚才的消息中清醒过来说道。

第28章　接招：来自通用的挑战

"对，剩下的事我们来搞定。"乔说。

于是迪特尔留在办公室，我们俩转身返回会议室。

"大家休息几分钟，我们过一会儿回来再说。"乔说。

埃伯哈特和我需要抽根烟来消化刚才得知的消息。不得不说烟草是有疗效的，真的，正当我们站在行政车库中吞云吐雾时，乔突然问我："那我们的广告应该找谁拍呢？"

就在思考的一瞬间，我突然有了答案："一个顶级的汽车销售员。"

"谁？"乔接着问。

"李·艾柯卡，把他请来，我们一分钱都不用花，媒体就会来抢着报道。"

"喔，听起来很有意思，"乔说，"不过怎么请呢？"

"我知道该怎么办，乔。"

四根万宝路抽过后，埃伯哈特和我一起返回了BBDO的人等待的会议室。

"我们需要做一个B计划，迪特尔的拍摄取消了，"乔说，"我们明天下午再在这里碰个头，杰森和我现在有些工作要做。"

BBDO的团队成员们离开后，我告诉辛我们有事要跟迪特尔商量，之后就去了迪特尔的办公室。

"考虑到你刚才告诉我们的好消息，我俩想到了一个主意。"乔帮我向迪特尔做了个开场白。

"李·艾柯卡，"我说，"我们把他请回来，再给他的慈善组织捐一大笔钱。"

迪特尔看起来吃惊不小，瞪大眼睛问道："你们知道艾柯卡曾经对戴姆勒和克莱斯勒的并购说过什么吗？你们想让我说服施伦普接受这个想法吗？"

我们两个沉默了几秒钟，我强忍着没抖机灵，说了一些类似"不然你凭什么赚这么多钱"之类的话。

终于迪特尔打破了沉默，"我来协调一下吧，毕竟这就是我的工作"。

一小时后，乔和我又返回了迪特尔的办公室。尤尔根·施伦普对请回这位曾经的克莱斯勒标志性人物多少有些抵触，尤其考虑到艾柯卡此前对并购一事的诸多刻薄言论。不过，他最终还是选择了让步，他职业生涯即将结束，而此时最不希望看到的就是自己留下的伟大遗产有任何闪失，尤其考虑到美国市场竞争的激烈程度。于是他把是否请回艾柯卡的决定留给了迪特尔。而如何请回艾柯卡，就是我的工作了。这会是一个痛苦的过程。

第29章
最棒的意大利人

我抄近道来到了市场部薇琪·卡里尼的办公室。她已故的父亲汉克曾经是艾柯卡在福特公司任职期间的部下,而薇琪与我也已经是相识二十年的老朋友了。

"我需要跟李谈一谈,"我认真地说,"我们想找他来做广告的代言人,我需要你的帮助。"

她坐在那里半天说不出话来。"你在跟我开玩笑吗?"她终于开口说道。

多亏薇琪的帮助,一小时后我拨通了艾柯卡的电话。

"上次找我,你让我帮忙卖那些日本车,这回又想让我干什么啊,杰森?"从洛杉矶传来的声音说。

"我想请你回来卖克莱斯勒的车,道奇的皮卡,还有吉普。"我说,"我们会先给你的糖尿病慈善基金捐100万美元,之后在广告播出期间,每卖出一辆车就会捐1美元。"

"尤尔根·施伦普觉得这主意怎么样?"他问道。

"这件事现在归我负责,艾柯卡先生。"我硬着头皮回复他。

"我的第一反应是可以的,不过你知道,杰森,我还得跟我的女儿们商量一下。"

随后,艾柯卡挂断了电话。

我回头看向薇琪,她正在流泪。李·艾柯卡,克莱斯勒20世纪80年代的救星，却因 90 年代中期亿万富翁柯克·克科里安收购克莱斯勒失败而遭受牵连。如今这位传奇人物要"回家"了，如果薇琪的父亲在天有灵，想必也会感到欣慰的。

然而，好事多磨啊！想要办成这件事自然不会轻松。谈判很快就陷入了僵局，而此时我们最要紧的恰恰就是时间。通用汽车"民众享受员工福利"的活动已经给了我们不小压力，而与此同时我们的经销商们也紧随其后，要求我们尽快作出回应。两天后，当迪特尔·蔡澈拨通我的电话时，我正在和艾柯卡通话，于是我不得不把电话切换到和老板通话的线路上。

"这事还没敲定吗？"迪特尔问道，很明显，他已经有些焦虑了。

迪特尔并不是一个混蛋老板，但他也绝对有冷酷无情的一面。在之前的一次高管会议中，他曾要求我的一位同僚完成一项具体工作，我的这位同僚答应"我会试试"，迪特尔当场便纠正了他，"我不需要你试试，我需要你完成"。

"迪特尔，我正在跟艾柯卡通话，请给我一点时间。"我请求道。

"给你五分钟。"他说。

此时的迪特尔栽不起跟头，毕竟他距离那个梦想的职位已经那么近了。

我又重新拿起另一部电话继续做艾柯卡的工作。他一直用早年间发生的一些事情来敲打我，表示自己无法确信我们会不会突然反悔。因为当年在他试图联手克科里安收购克莱斯勒时，我和克莱斯勒的每一个人几乎抓起任何一件可以反击的武器，联手将他们挡在了门外。也因此在戴姆勒和克莱斯勒"平等的合并"进行后，艾柯卡曾不止一次言辞激烈地抨击这笔交易和 1998 年戴姆勒奔驰与克莱斯勒达成的合并协议并无两样（但实际情况是前者兼并了后者。为此，一部分股东认为，戴姆勒奔驰是想借助所谓的"平等的合并"的名义避免向克莱斯勒股东支付兼并补偿金）。我知道自己接下所做的可能是在玩火，但我已经受不了艾柯卡喋喋不休的抱怨了。

"听着,李,我们开门见山好了。我在这儿有一份很不错的工作,我是不会为了整你而把整个事情搞砸的。请在24小时之内告诉我你的决定吧!我已经说得够多的了,先生。"

我给迪特尔回了电话:"我给他24小时的时间考虑。"

20小时后,我们达成了框架性协议,然后准备召开记者发布会将这一消息发布出去。底特律的记者们已经在底特律运动俱乐部的会议大厅里集中了,他们在等待下午4点钟召开的发布会。然而,协议最终还是没有达成。我在那天上午一直和达纳·鲍尔在一起,他是艾柯卡慈善项目的负责人,他们唯一想要的就是在我们这个时代里找到治愈糖尿病的方法,因为正是这一疾病在20年前夺去了李的妻子玛丽的生命。她没有机会看到她的丈夫——福特野马和克莱斯勒小型货车的缔造者——成为汽车业历史上最著名的CEO。

达纳很希望协议能达成,因为这对他的非营利性组织而言,意味着百万美元的进账。然而,艾柯卡和他的家人们对此仍感到紧张。当时间接近下午4点时,我给达纳打了电话。

"现在到底是什么情况啊?"我问。

"李对这件事感到有点紧张。"他说。

"你有没有意识到这是一笔多大的款啊?"我说,"假如协议达不成,哭声最大的一定是你们。"

"我知道,"他说,"我对这件事双手赞成。"但语气听起来十分沮丧。"我再做做李的工作吧!"

我只能空着双手来到发布会现场。《汽车新闻》杂志的戴夫·塞吉维克,在几小时之前就已经有人向他透露了我们的意向,而我好说歹说请他务必等到协议达成后再发稿,并承诺会让他第一个发布这条新闻。当我走进底特律运动俱乐部的入口处时,他一把拦住了我。

"见鬼,到底是怎么回事啊?"他叫道,"我已经把这篇稿子留了两个小时了!"

"那就继续留着吧!"我说。

接下来的发布会就很尴尬了,我唯一能做的就是告诉大家我们正在跟李商谈一系列的广告拍摄。然而就在发布会结束后的一分钟,我接到了迪特尔的电话,他刚刚看了这场奇怪的发布会。

"你为什么要这么做呢?"他问。

他生气了,此前他还从未向我发过火。

"我没有别的选择,《汽车新闻》杂志已经不知道从哪里知道了我们合作的事情。"我回复他说,"不过我向你保证今晚就搞定这件事。"

协议最终还是达成了。我仰首望天,口中小声念道:"谢谢你!"我们要准备对通用汽车作出回应了,我们得赶超那些在迪尔伯恩的小朋友们。此时此刻,我知道上帝也跟我一样恨福特公司。

我们最初播放的广告,可以说绝大部分的内容都挺一般的,不算太好也不算太差,毕竟 BBDO 的休·布罗德及其团队是在 7 月 4 日国庆日的周末赶出来的,供他们完善的时间实在有限。不过最终,我们的广告效应还是超越了通用汽车的"员工优惠活动"广告,达到了我们的目的。

我是怎么知道的呢?在广告播出后的一个月,我去了卵石滩的球场,准备在那里牺牲几百个高尔夫球送它们去见大西洋。达奇·曼德尔,《汽车周刊》杂志的发行商,也是我的一位挚友,与我共乘一辆高尔夫球车。我们两个都很喜欢打高尔夫球,尽管都打得很烂,但并不妨碍我们喜欢。一位在卵石滩附近居住的老板向达奇打招呼并聊了起来。

"达奇,你应该是位专家了,"他说,"你怎么看艾柯卡给克莱斯勒拍的广告?"

"别问我啊，"达奇说，"那边的那位才是专家，那广告就是他的主意。"他一边说一边用手指了指我。

"容我先说一句，"我说，"对我来说，只要你们讨论这件事，说明我们的目的就已经达到了。"

有几位广告批评家把我们的广告批得一塌糊涂，于是BBOD的制作团队很快把一些反馈资料搜集起来又重新制作了一番。第一部广告片由演员杰森·亚历山大领衔，并借用了他在《宋飞传》中饰演的乔治·克斯坦萨这一角色（他在剧中饰演纽约扬基队的一名工作人员），李·艾柯卡则扮演纽约扬基队的老板乔治·斯泰因布伦纳。这是一个挺聪明的创意。在第二部广告片中，李又扮演起了一位祖父，与他的孙女一起讨论员工的福利问题。在广告拍摄期间，李在户外的片场给我打来了电话，并瞬间又启动了"喋喋不休"的模式。

"我都八十岁了，竟然还让我在这么冷的户外站着。"他在楠塔基特岛的片场冲我吼道。

"辛苦，太感谢您了！"这是我唯一能想到的词，然后赶紧挂掉电话。

最后一部广告片，怎么说呢，就有点超现实了。它由史努比·狗狗扮演李的高尔夫球伙伴。他们这对奇特组合的"历险记"在《底特律新闻》记者比尔·弗拉希奇的笔下获得了精彩的重现，弗拉希奇在拍摄期间要求成为"一只墙上的苍蝇"[*]在一旁默默观察。

"早上9点钟，乡村俱乐部的一片空地已经被布置成了好莱坞式的片场，随着摄像师、灯光师、化妆师们的就位，一切准备就绪。而在不远处并排而立的两辆豪华房车内，克莱斯勒汽车广告片《球友》的两位主角正在安静地等待。

"随着摄像机开始运转，灯光转向了汽车行业的传奇人物李·艾柯卡，以及坐在他身边的白金销量说唱歌手史努比·狗狗，他们是一对堪称汽车行业广告

---

[*] 美国俚语，指安静的观察者。——译者注

史上最奇特的代言组合。"

"……如今年过八旬的李·艾柯卡,向我们展示了生意这门艺术从来都不会因时间而褪色的大家风范,而与他搭档的是身形慵懒、一身钻石点缀的'黑道说唱'歌手史努比·狗狗。'我其实听不懂史努比到底在说些什么,'艾柯卡面带微笑地说,'不过他管我叫外甥,我猜他应该是把我当成自己人了吧!'

"……尽管已经从克莱斯勒退休数十年,但片场的艾柯卡依然能熟练地指挥聚光灯,其强大的气场是任何知名的 CEO 都无法企及的。'我们邀请李复出的目的,就是为了能从众多的广告片中脱颖而出。'说这话的是杰森·瓦因斯,克莱斯勒的媒体运营主管。'而且根据我们的调查显示,这一轮宣传已经取得了不错的效果。'

"目前看来,艾柯卡的广告达到了预期目的,克莱斯勒在 7 月份的销量跳升了 27%,而该公司最近也刚刚宣布要延长所有购买者所享受的员工折扣。

"'……我的兄弟说这可能是我这辈子做过的最牛的事了,'史努比说,'和全世界汽车行业最大的老板李·艾柯卡坐在一起。'

"'……重新聘请李·艾柯卡作为克莱斯勒的发言人是有风险的,比如,他的年龄、他与克莱斯勒过往的恩怨,以及他能否和嘻哈文化产生共鸣等。'

"'不错,这确实很冒险。'克莱斯勒的广告合作公司 BBDO 的休·布罗德说,'但我们选的这个人可是李·艾柯卡啊!'

"即便是对好莱坞而言,这也是非常特别的一刻:两位教父级人物的搭档,一位是底特律汽车工业历史上最伟大的 CEO,另一位是在嘻哈界自称'狗教父'的说唱巨星。

"'这是一家大公司和一位大说唱歌手一起做的一桩大买卖,'史努比说,'我们把汽车业的几代人都聚合到了一起,这才是真正的美好。'

"就在去年,史努比还因为致电克莱斯勒总裁迪特尔·蔡澈希望能得到最新款的克莱斯勒 300C 而登上过各大媒体头条。"

"'史努比已经用过我们最新款的汽车了,'瓦因斯说,'这次他和李的搭档可以说是一次奇妙的尝试。'

"……当史努比用'我们已经勾搭上了,外甥'来表示他和克莱斯勒之间的良好合作时,艾柯卡已经被他奇特的表达方式给弄晕了。'我不太确定你刚才说的是什么,不过我觉得这次合作应该是让每个人都能满意的。'艾柯卡说。一旁的史努比用他特有的语言表示认同,'Fo-shizzle,'他说,'Ica-zizzle。'

"……拍摄结束后,艾柯卡缓慢地走过人群,与导演、助理导演、灯光师、摄像师,以及周围的工作人员一一握手道别。而在他缓步离开片场前往停车场时,又一次转过头向大家回望。

"'我没落下什么人吧?'他问道,'你知道,我不想没说再见就离开。'"

BBDO 的布罗德后来向我说道:"在整个拍摄过程中最有趣的部分,就是听艾柯卡和史努比在镜头外的对话。艾柯卡说:'我知道你的原名叫凯文,所以我就叫你凯文好了。'史努比礼貌地回复道:'好的,艾柯卡先生。'接着艾柯卡又说:'你知道吗?我的孙女们听说我要跟你拍广告都开心极了。'而史努比的回答是:'可不是吗?我的奶奶听说我跟你一起拍广告后高兴坏了。'"

要是这都不算特别的话,那就没什么是了。

第30章

好人的胜利

2005年7月27日清晨，迪特尔·蔡澈乘坐的商务飞机缓缓地降落在了斯图加特机场的跑道上。乘坐同一架飞机的还有克莱斯勒首席运营官汤姆·拉索达、副总裁埃里克·里德诺尔、市场部主管乔·埃伯哈特和我。随着迪特尔接任日期的临近，我们几乎都变成了一群有家回不得的人。

那一晚，我和戴姆勒的PR主管哈特穆特·希克一起，试图将手头的媒体事务一一捋顺。我们是唯一知道即将发生什么的公关人，也因此我们两位PR的最高负责人只能自己亲自完成所有的工作。我们一直忙到晚上10点才结束。几分钟后，我接到了迪特尔的电话，"我简直不敢相信，这件事竟然没有走漏任何风声。你说呢？"

"确实不可思议，不过坦白地说，我喜欢这样的惊喜。"我说。

"听我说，"迪特尔接着说，"赶在明天乱起来之前，我想感谢你，感谢你对工作的付出，更要感谢你对我和我家人的帮助。"这番话顿时让我热泪盈眶，不过转瞬间又忍住了，感觉有点不好意思。我为我的老板、同事感到骄傲，并且，说实话，更为自己感到自豪。

"感谢你给了我这个机会，"我说，"我得去对付那些反对者了。哦，对了，等这件事正式宣布后，我还有些事要跟你说一下。晚安，董事长先生！期待明天！"

第二天一早，迪特尔任职公告的发布引发了全行业的轰动。迪特尔凭借他在拯救克莱斯勒过程中所创造的奇迹,终于佩上了那枚属于他的黄铜圈*,并最终力退劲敌埃克哈德·科德斯,接替了一年前在并购三菱中遭受重创的施伦普,成了戴姆勒－克莱斯勒公司的新掌门人。

科德斯终于出局了。几小时后,我们的飞机从斯图加特起飞前往密歇根。此刻的我们正身处云端,无论是精神还是肉体。一个"克莱斯勒人"即将掌控戴姆勒－克莱斯勒帝国。香槟从美丽的瓶身中流淌出来,大家竞相举杯欢庆。迪特尔也加入到了我们中间,不过只是片刻而已,很快他又恢复了认真的神情。"咱们到后面去继续昨晚的对话吧!"他指向飞机后侧的一张桌子说。

"你昨晚说有些事要告诉我。"

"外面有一些针对你的活跃势力,我觉得我们有必要商量来解决一下。"我说。在这场权力斗争中,一家由前戴姆勒公司 PR 负责人领导的外部机构,一边向戴姆勒－克莱斯勒公司收取每年 100 多万欧元的报酬,一边又协助科德斯在外面四处诋毁迪特尔。这一情况是一位现任的梅赛德斯 PR 中层向主管哈特穆特·希克汇报的。"他们必须出局,"我说,"这群满嘴胡言的混蛋们!"

"我来处理。"迪特尔说,并敲了敲手中的香槟杯。不久后他就妥善处理了此事。

2005 年余下的日子几乎一直风平浪静,唯有一件事例外,那就是卡特里娜飓风肆虐。克莱斯勒是对此最早作出反应的公司之一,并于灾难发生后的第一时间施以援手。我们向紧急救援组织捐赠了超过 100 辆卡车,还有不计其数的食物和饮用水,以及一笔捐款。我们的团队比 FEMA(联邦灾难管理局)提前几个月到达灾区现场,而我也扮演起了"类似"指挥官的角色发号施令。之所以说"类似",是因为真正的现场总指挥是我们的签约职员史蒂夫·古登。史蒂夫一直协助我们制定媒体信息计划,并且当卡特里娜飓风到来之时,是他率领

---

* 美国俚语,指对卓越功勋人士的褒奖。——译者注

克莱斯勒人全力援救灾民，一连几天都不曾合眼。当他在飓风到来后的第三天给我打电话时，几乎精疲力竭和几近崩溃，甚至产生了幻觉。

"会有人知道我们在这里做了什么吗？"他的情绪十分低落。

"当然，我就知道。"我尽量安抚他的情绪，"你在帮上帝完成工作，史蒂夫。"这些话在我说来是很容易的，毕竟我没有像他那样一连几夜都在货车上度过。"你已经在天堂锁定了一个位置，兄弟。"我说，"你应该为自己在这场灾难中的勇敢表现而感到自豪。我永远都不会忘记的，朋友！"

随着卡特里娜飓风的逐渐退去，一场截然不同的风暴也即将降临克莱斯勒的内部。而就在这场风暴到来之前，我已亲手为自己"制造"了一场危机，尽管这场危机或许并非真的出自我手，但我的某些做法无疑加快了世界上两个最有权力的产业之间——汽车业和石油业——出现裂痕，而我的人格和意志也将在这场危机中经受考验。这场风暴将证明，即便是全世界最骄傲、最自信、身价最高的公关人士，也可能会犯下严重的错误，因而这场危机带给我的教训，帮助我在未来的风暴中求得生存。

第31章
石油大亨与我

2005年11月30日,罗布·李勃拉托向我和克莱斯勒集团执行委员会递交了一份备忘录。李勃拉托这份备忘录的主要目的是推广"公司平均燃油经济性标准",然而制定燃油经济性标准的国家高速公路管理局正打算提高私家车与大型卡车油耗的标准。我与李勃拉托私交甚好,他曾是克莱斯勒华盛顿特区响当当的"老大",而在戴姆勒和克莱斯勒两家公司平等合并后,他主要负责公司的全球政府公关。李勃拉托至今仍然稳坐华盛顿这是非之地的汽车业头把交椅,业内人士都对他敬佩有加。20世纪90年代初,他被调到克莱斯勒公关部"学习",结果不出一周,他便通晓一切,其智商之高可见一斑。

2005年感恩节刚过,国家高速公路管理局借助各方力量——从环保恐怖分子到普通消费群体——向汽车制造商们施压,迫使他们提高燃油经济性标准。这可被视为卡特里娜飓风带来的"杰作":卡特里娜飓风促成燃油价格飙升,而石油大亨们则借机大赚了一把,然而这在公众眼中却是他们发了一大笔国难财。

公众都觉得此时的汽车和石油大亨们就像是谈了一场疯狂的恋爱,然而实际情况并非如此。

我本不愿意在此提及李勃拉托在其备忘录中对燃油经济性标准的提倡,因为这一定会让大家感到厌倦的。然而为了搞清事情原委,我不得不细细讲来。正可谓是"黄风怪兴起的一场龙卷风,令我深陷其中"。

李勃拉托在备忘录中写道:"埃克森美孚最近发布的一则广告上说,目前尖端的技术可以让汽车内燃机效率再提高50%，但对车型却没有丝毫的要求。而克莱斯勒方面则宣称，汽车制造商们只要将所有车型的燃油量增加5英里/加仑，那么我国每年因此而节约的燃油量将高达220亿加仑。"

显然，埃克森美孚做广告的目的是将大众的视线从石油公司的巨大利润转移到汽车公司的利润上，并认为汽车制造商们甚至不惜冒险推行公司平均燃油经济性标准并生产"高科技环保"产品。然而实际上，尽管今年公司平均燃油经济性标准获得了国会的许可证，但每加仑超过3美元的燃油价格以及今秋面临的燃油短缺风险，仍引致了业界从未有过的恐慌，迫使大家不得不采取行动面对美国不再依赖石油进口以及提高汽车燃油效率这些老生常谈的问题。而埃克森美孚石油公司在此时"火上浇油"，其行为着实令人恼怒。

备忘录还写道："今天，通用、福特、丰田和戴姆勒-克莱斯特的高层与埃克森美孚石油、雪佛龙和菲利普以及汽车贸易协会的高层会面，同意各方的技术人员定期针对大家共同关心的话题和不同意见交换看法（他们一致反对"乙醇政策"和其他享有政府补贴的替代性能源）。戴姆勒-克莱斯勒华盛顿办公室的管理人员每六周召开一次会议，以确保与各方商谈如期进行（其中包括戴姆勒-克莱斯特的约翰·伯泽拉）。

"我们的会议能够落实上述广告的精神。如果其他各方继续努力，那么我们也会进一步加强自身在其中发挥的作用。我们也会做广告支持征收暴利税，削减石油大亨们最近获取的巨额利润。我们希望各方最终能够实现合作对话，因为汽车业与石油业的大战只会让我们的竞争对手实现他们最美的白日梦。"

这就是备忘录的大意。但紧接着问题来了。克莱斯特的首席运营官埃里克·任德容在这份备忘录上涂鸦道："这是要让我们怎么办！！！"当然了，我们首先要忽略任德容的语法错误：疑问句后面不应该是三个惊叹号。不过由这三个惊叹号，我们能看到问题的严重性。

这就如同两大恶人间的激战一触即发，媒体坐等渔翁之利。

李勃拉托的备忘录没有错，石油大亨们确实希望以此转移公众对自己获取巨大利润的视线。但如果我们仔细思考就会发现，其实这么做一点意义也没有。提高美国私家车和卡车的燃油效率就意味着燃油购买力的下降，但如此一来，以埃克森美孚和雪佛龙-德士古为代表的石油公司，就像一起凶杀案的共犯共同告发其他嫌疑人一样，供出证据，以此转移对自己的起诉，免受电椅之刑——"是他开枪打死了那个人，而我当时在开车"。

埃克森美孚的广告尤为过分，虽然没有明目张胆地撒谎，但却设了一个骗局。"自20世纪70年代能源危机以来，美国产能已经有了很大的提升。今天的美国能源效率较30年前，已经提高了近50%。飞机、火车和汽车制造业都从新型燃油和引擎系统中获得了巨大收益。然而为什么近20年以来，美国汽车的平均燃油效率仍毫无改善？"

事实是，在过去的20年间，汽车以及皮卡车的燃油效率的确有了大幅提高。汽车业从燃油效率和碳排放（污染控制）中已经尝到了甜头。但埃克森美孚和其他石油巨头就像几个头戴白帽的牛仔，朝着汽车业这匹壮硕的马的双腿开枪。

埃克森美孚把汽车业扔下半山腰时说："是否值得为燃油效率提高50%而投资呢？我们的答案是肯定的。我们通过与丰田和卡特皮勒这些汽车制造商的合作，努力提高燃油和引擎系统，这样能大幅提高燃油效率、减少碳排放量，而且无须限制美国民众开车的自由。"

这都是些混账话。

两周后，李勃拉托给任德容发了份传真，传真内容是："任德容，我觉得我们实在受不了这些（石油公司的）广告。约瑟芬因为丰田也被扯进广告里，差点没撕了埃克森美孚。"

约瑟芬指的是丰田华盛顿办公室的负责人约瑟芬·库珀。埃克森美孚自作聪明，认为只要联合日本汽车制造商，一同提高燃油效率，便能让公众以为丰田支持提高燃油效率的政策。

为了平息约瑟芬的怒火，埃克森美孚华盛顿首席执行官给他发了一封满纸胡言的信函让他放心，而戴姆勒－克莱斯勒的李勃拉托和里德诺天真地以为那封信是张伯伦"赢得一代人和平"宣言的现代版，战争会由此结束。

然而，事情绝非如此简单。

当李勃拉托之前问我和里德诺"这是要让我们怎么办"的时候，我立马犯起了多动症，当即给Stratacomm公司的杰夫·康利和罗恩·笛福打了电话，告诉他们"去彻查这笔石油利润到底去哪里了。近几十年，我没有看到一家新建的炼油厂，这些石油巨头名义上宣称一有机会就会争取提高燃油效率和开发可替代的能源，而实际上，美国民众每次加油都像被抢劫一样，而那些石油大亨们却活得像国王"。

"你什么时候要这些数据？"康利问。

我回答说："越快越好，但别想找捷径，我只要真实的数据。"笛福说："那你的预算是多少？""只要能拿到真实数据，花多少钱都在所不惜。这次的赌注要多大有多大。"

22天之后，也就是2005年12月21日，将会提交一份调查报告，题为《燃油调查报告》。Stratacomm公司倾尽人力进行这次调查。到了约定的日子，报告如期出现在我的桌上，圣诞节算是提前过了。但是，如果处理不当，这份报告的内容将会是燎原之火。

Stratacomm公司这份报告的封面文字引用的是《华盛顿邮报》2005年10月28日的一篇社论。

"埃克森美孚仅用了3个月的时间便获取了99.2亿美元的利润，实在令人难以想象。这相当于全美 3 个月的社保金额、6 万名学生在常青藤联盟的学费，这一数字也超过 160 架波音 737 飞机的平均价格，可以支持我们的军队在伊拉克和阿富汗 2 个月的开支。然而就在昨天，埃克森美孚又将飓风席卷墨西哥湾、油价上涨到每加仑 3 美元这个时间段所获得的利润一股脑儿全部吞下。"

现在大家能明白为什么石油巨头们要转移大家的注意力，把汽车制造商们扔在半山腰了吗？

这份《燃油调查报告》最终得出了一个令人讶异的结论："只要你仔细阅读这份报告，就会发现埃克森美孚和雪佛龙-德士古会继续为清洁能源一事展开无休止的争论，而且不会投资在至关重要的技术开发和实地调研上，尽管它们是世界上最有钱的公司。当其他各产业的制造商们都着眼于提高美国能源安全、环境保护等而做长期投资时，而埃克森美孚和雪佛龙-德士古却肆意挥霍着它们的巨额利润。"石油巨头们的贪婪和不作为给美国的国家安全造成了威胁，使我们的国家更加依赖石油进口。因此，就是这些公司通过哄抬物价、欺瞒议会、破坏环境等，获取了巨额的不法利润。

上帝啊！这份详细的备案数据让人讶异之极。

我在圣诞节前后花了 2 周的时间仔细研读了这份报告，并且与我们的研究员一起反复研究其中的内容。这份报告与我之前提出的要求一样，并非模棱两可、敷衍了事，而是证据确凿、无懈可击。但要发布这份报告却要再等一段时间。现在正是车展时节：先是底特律车展，然后是芝加哥车展，再然后是日内瓦车展，最后是纽约车展。而且在这期间，石油大亨们正扮演着"白脸"，因此目前并非发布报告的最佳时机。

到了 2006 年 3 月 16 日，双方停战。但埃克森美孚在华盛顿的一则广告直击国会和联邦政府，同时又像泼妇般地打汽车制造商们的脸，指责他们不作为，而自己却又扮演起了善良的天使的角色。Stratacomm 公司的笛福给我打电话说：

"他们开始了。"

挂断笛福的电话后，我立即让秘书桑迪把艾德·加斯顿叫来。转眼工夫，艾德便站到了我的工位旁，他的办公室离我的只有不到5米。1月份的时候，在确认了这份调查报告的可信度后，我就把调查报告交给了艾德。那时我们的问题是拿这份报告怎么办，以及如何处理。克莱斯勒公关部有个博客，名叫"Firehouse（消防站）"。对于媒体而言，这个名字起得非常好，当然这要归功于我们的创意代理商和现已歇业的ClearBlue酒吧。几年前，克莱斯勒公关部接收了底特律一个废弃的消防站，就在底特律车展街对面，然后把它改造成了一个时尚休闲酒吧。媒体人员可以在那里免费吃喝直到酩酊大醉地回到酒店。这可是个炙手可热的地方，我们竞争对手的CEO们经常会恳求我们放他们进去，当然获得同意了。这可是要让所有参展商和相关媒体人士都看到的地方，他们可以随便喝免费的吉尼斯黑啤，甚至醉倒在里面。而我们公关部设立博客的初衷，便是让大家毫无顾忌地畅所欲言，所以起名为"Firehouse（消防站）"是再合适不过了。

好了，言归正传。我们没有把这51页的报告放在博客上，原因是当时我们的博客还处于初建阶段，文章都简短。艾德之前曾是CNN的通讯记者，也是我共事的人中最聪明的一个。他一手创建并维护着"Firehouse"博客。我把与石油大亨们持续战斗、对他们所作所为夹枪带棒的嘲讽以及假设的停战都告诉了艾德。因此，关于燃油调查的报告有个副标题，即"埃克森美孚、雪佛龙-德士古以及石油产业的'低潮'"。

"我算是个好写手了，但你比我还棒。喏，把这份报告拿去，精简一下，一旦遇上合适的时机就把它放在博客上。这事儿不急，我们不用急于把它登出来，但先预备着吧！"我对艾德说。

不幸的是，几个月之后，合适的时机出现了。艾德搬了把椅子坐下问我：

"怎么了？"我说："那篇关于石油业的博文呢？"艾德不解地看着我说："你是在跟我开玩笑吗？几个月前我就放在你的椅子上了。"他说话时还能听出他的纽约口音。再看看我的工位，就像被基地组织袭击过一样凌乱。尽管我娶了个有洁癖的妻子，但我办公室还是又乱又脏。艾德看了一圈，拿起一份文件说："不就在这儿吗？"我说："我今天要再看一遍，然后把修改意见告诉你。我们得开始行动了！"

顺便再说一句，可能有些人会问：堂堂一家公司的副总怎么还会跟其他人一样用小隔间工位？我要告诉大家的是，这是真的。当初我到克莱斯勒的时候，我发现它的公关团队成员士气低落。一个月之后，我放弃了配给我的单独的玻璃房工作室，而与其他同事一样坐在小隔间工位里，两边敞开没有门。我想借此告诉我的团队成员们，我并不比他们优越。我所有直接下属都有自己独立的办公室。但在我看来，如果我要士兵去打仗，那我就得跟他们一起上前线。请不要误会，我的工位很大，而且相应的补偿也很高。

言归正传，我再来说说那篇博文。我花了一下午的时间，最后只做了些许编辑。知我写作风格者艾德也。我在读他文章的时候，感觉就像在读自己的文章甚至更好。读完后，我把艾德叫到我的办公桌前。"我要把这篇文章发给华盛顿总部，让他们看看。相信我，这是个点火器。虽然这都是些冷冰冰的数据，但却能使时局变得白热化。华盛顿就像是爆米花机。我会告诉伯泽拉（克莱斯勒驻华盛顿特区的总裁）跟你商量这篇文章的事情。"

约一个月之后，也就是4月10号那天，艾德把头探到我的工位前说："你想什么时候把那篇文章放到博客上？"

我疑惑地说："我以为你几周前就已经发了呢！"我还以为华盛顿办公室会完全同意发艾德的文章，我淡淡地说："现在发吧！"这时差不多已是下午3点了。

下午 4 点的时候,《底特律新闻报》的马克·特鲁比打来电话,他说:"这都是真的吗,老兄?"马克是我的好友,听上去他异常兴奋。

我一头雾水地说:"什么是真的?"

他说:"你们关于石油产业的那篇博文啊!"

我用实事求是的语气说:"是真的!"

特鲁比大喊道:"我嘞个去。"之后又补充说,"你同意这么写的?"

我就像同朋友闲聊般地说:"当然了。"

"兄弟,我得挂了,这也太劲爆了。我一会儿再打给你。"说完特鲁比就挂了电话。

我的上帝,我做了什么?我立马就明白了。作为克莱斯勒公关部的负责人,刚刚在前一年被评为汽车业最专业的公关能手(这是我第二次获此殊荣,而且是唯一一个二次折此桂冠的人),现在竟然造了这么大的孽。我这回是以自己的名义发了一份公报,而却没有一字一句地审读过。我急忙打开"Firehouse"博客,去看据称已经得到华盛顿办公室同意的那篇文章。

"上帝啊!"

这是我看完博客后唯一能说的。华盛顿办公室不仅没有对原来的文章采取中立的态度,甚至还火上浇油。

我大叫一声"艾德",艾德迅速地出现在了我的工位前。我说:"华盛顿那帮人没做任何处理吗?"

艾德笑着说:"他们不但没修改你的观点,而且还添了点佐料。"

我的电话一直在响。先是《金融时报》的伯纳德·西蒙,他问:"杰森,你支持这个?"他不愧是英国人,英国人很会问问题的。我回答得一点儿也没犹豫,这主要是因为我确实支持,尽管我还在懊恼自己忽略了最重要的审核。我这样不仅是粗心,简直就是对工作掉以轻心了。

"是的，伯纳德，上面的每个字我都支持。"

在17年的公关生涯中，我还是第一次完全不知道自己是安全过关了还是把事情彻底搞砸了。我向来快人快语、直言不讳，这就是我。但这次我却陷入了极大的不确定中。我给《底特律新闻报》的马克·特鲁比打电话。

在简单寒暄了几句之后，马克说："这可太牛了！"

"嗯，这事情的结局会怎样？"我问。

"你这不是在跟我开玩笑吧？头版头条标题在那儿呢。"特鲁比带着胜利者的口吻回答道。

我收拾起自己的东西，拿着去纽约的机票，准备回家了。家中有我漂亮的妻子、三个懂事的孩子、一所大房子、一只狗，我们在密歇根州北部还有一栋度假别墅。今天我的这一举动，把家里这一切的美好都置于了非常危险的境地；同时也因为这一举动，我违反了自己在尼桑、福特和克莱斯勒三家公司不断被教导和传授的沟通策略。

我在这个世界上最强大、利润最高的行业中发起冲锋号令的时候，犯了大忌。现在我正如电影《闪亮的马鞍》中斯利姆·佩金斯所说的，"我抑郁了"。但我对我的妻子什么也没说。

我的妻子已经入睡了。我比她晚几分钟进了卧室，因为我需要给正在斯图加特开会的我的另一位老板汤姆·莱索达打电话，告诉他今天上午的血雨腥风。电话被接到语音留言中，我说："汤姆，这件破事儿已经酿成一场大祸了，赶紧给我回电话。"当我爬进被窝时，面对身边已经熟睡的妻子，而我却久久难以入睡，眼睛盯着天花板思绪不断。我将闹铃设定在凌晨3点半，这样就能在6点准时到达底特律机场，然后飞往拉瓜迪亚。但根本无需闹钟，3点25分的时候，我的妻子醒了，她发现我坐在床上，便睡眼蒙眬地问我："亲爱的，出了什么事？"我痛苦地跟她说："我做了一件可能最愚蠢但也可能是最成功的事，这有可能让我丢掉饭碗。"

我妻子把头重新放回枕头上，然后安慰我说："不会的，迪特尔喜欢你。"

我起来洗漱过后就去机场了。在去往机场的路上，我给我们创意代理商的主要负责人之一同时也是我的好友麦克·罗瑟诺打了个电话，他专门负责我们的车展。他也正赶往机场，他会比我早到15分钟。我跟他说："兄弟，拜托你先停车，去附近买份《底特律新闻报》，然后告诉我你的想法。"

小罗（我们都这么叫他）完全不知道我在说什么。但是10分钟过后，他在路过的7-11便利店给我打了个电话："我的上帝呀……"

我带着一夜未睡的疲惫对他说："你能否把所有的报纸都买下来？这样我们一起至少能买下所有报刊亭1%的报纸。"即使在如此紧张的时刻，我的幽默感仍丝毫未减。我跟小罗说："飞机上见！"

登机之后，我发现大家看我的眼神都十分怪异，因为这趟班机上的很多乘客都是我的同行。有些人眼睛盯着看我，还同邻座窃窃私语并对我指指点点，就仿佛我是飞机上的辛普森，手包里还露出一把小刀。我立时变成汽车业最出名或者是最臭名昭著的人。2006年4月的这一天对于整个汽车行业（或所有产业来说）无疑是最暗无天日的一天。幸运的是，我的里程积分让我升舱到了头等舱，这样一来就无须走过经济舱"漫长"的过道了。小罗就坐在那里，不过他很快也升舱到了头等舱。当他走到我的座位旁时朝我投来最令人痛恨的一笑，同时将当天早上的《底特律新闻报》递给了我。报纸头版头条巨大的标题令我窒息："克莱斯勒猛击石油大亨"。

我读这篇报道的时候发现小罗在我的文章下面加了一句评论："这些石油衰人们要把我扔到哈德逊河里了。"我看了他一眼，他只能对我投以一笑。"加油，凯勒！"（如果你不明白这句话的深意，那么让我解释给你听：我们两个都是电影《南方公园》的忠实粉丝，我很像里面的便便朋友汉克，将要被冲到下水道中）。

飞机在纽约着陆。我下飞机打开手机时，发现有29个未接电话，手机被打爆了。我查看了未接来电的清单，有两个是从德国打来的。我的上帝，这两个电话不是莱索达就是迪特尔，我感觉他们要炒我的鱿鱼了。还有两个电话是底特律最具人气的电台主播保罗·史密斯和他的制片人安·托马斯打来的。这两位的电话重拨了足足有十几遍。保罗·史密斯每天都要与众多的底特律人通话，而他很明显地是在隔空让我回他电话。于是我在去往车展路上的出租车上接受了他十分钟的电话采访。采访快结束的时候保罗说："你这次要么成为举世瞩目的大英雄，要么是大狗熊。目前从我们听众来电的情况看，杰森·瓦因斯是个大英雄。"

听到此话我感到浑身神奇般地充满了力量。我几乎一夜没睡，这完全是肾上腺素的作用。而对于有注意力障碍的我来说，这是件好事儿。内肽啡（endorphins）在我的血液里不停地窜动，我冲动地想接下来给我的身在德国的大老板迪特尔回电话。当然，我没那么做，我还是要先给我的另一位老板、加拿大人汤姆·莱索达回电话。

"嗨，现在还好吧？"他的口气好像我打电话是在向我的弟弟询问母亲的状况。

"嗯"，我一时不知道该说什么，"你看见今天报纸的头版头条内容了吗？"我问。

"我看到了，我想告诉你，底特律跟我百分之百地支持你。"

我的心激动得都快要跳出来了。

几分钟之后，李勃拉托给我打了电话，那会儿我还没进曼哈顿呢。

"这些石油大亨们会疯掉的，你得赶紧撤回这篇文章！"（各位，我们两个在当时和现在都是好朋友。1993年的时候，我还曾因为他拒绝了卡尔森在明尼阿波利斯的职位，而选择在克莱斯勒工作，加入了三大石油公司在华盛顿的贸易协会）他说："你为什么不在发布之前给我看看？"

他真的生气了。

"可恶，我给你看过了。伯泽拉看了之后改得更偏激了些。事实上，文章中的所有数据都是真实的。这些石油大亨们都在骗你，他们骗了整个汽车行业。我不会撤掉这篇文章的。"

李勃拉托听罢恼羞成怒，但他是我见过最聪明、最老练、最得体的人，而且我们是朋友。

他说："我已经给几位石油大佬们打了电话，希望能够灭火，我会告诉你事情的进展情况。"

最后我说："对不起，让你为难了，我保证不再火上浇油了。"

几分钟后，李勃拉托被彻底击败了。汤姆·莱索达告诉我，当李勃拉托让克莱斯勒总裁迪特尔·蔡澈勒令我对此事做出回应的时候，迪特尔说："你们在华盛顿的几个人不做该做的事情，那么杰森就不得不这么做了。"

这回李勃拉托悲剧了。

他很快便与美国石油组织主席里德·卡瓦尼和埃克森美孚负责政府和产业关系的副总丹·尼尔森通了电话。他不断地重复克莱斯勒（应该说是整个汽车行业）对埃克森美孚3月16日广告的抵制，还解释这么做完全是公司自行的决定，而并非整个汽车行业的行为。李勃拉托还告诉卡瓦尼："这些完全都是杰森自己的评论。"意思是我彻头彻尾就是个枪手。

全都是扯淡！

中午的时候，李勃拉托把自己与石油大佬们及其说客的对话汇报给了公司的最高层。"他们想要用这个事件对付我们。我想迪特尔或汤姆应该同埃克森美孚的总经理雷克斯·蒂勒森对话。卡瓦尼和尼尔森同意这个建议，他们觉得这是唯一一个能够防止事件演变成整个石油业与汽车业彻底开战的方案，因为一旦双方开战，唯一获利的就只有那些希望我们双方都出局的极端主义者。"

对埃克森美孚来说，如果想要解除这次危机，恐怕要付出一国的财富才行，但这对它来说也只不过是九牛之一毛而已。不过即使赔上埃克森美孚整个公司的财富，也都抵不过我这篇博文所带来的狂风骤雨。三天后，这家公开上市的公司就不得不宣布其前任总裁李·雷蒙德退休时领取的补贴金额高达 356 万美金。《纽约日报》4 月 15 日的头版头条是："石油难！"对于公众来说，时间是首要准则，时间就是一切。

因为这篇博文掀起的巨浪，致使在纽约车展期间一群媒体记者追着我提问。我在福特和通用汽车的公关朋友告诉我，一些记者问通用 CEO 里克·瓦格纳和福特老总的第一个问题就是他们对我博客文章的反应。第二天，《华尔街日报》的头版报道了这场恶战。"这周的前几天，戴姆勒－克莱斯勒公司负责公关的副总杰森·瓦因斯在其一篇面向新闻记者和金融分析师的博文中非常直白地评论道，是石油公司直接导致了油价的飙升，'汽车制造商们花费了超过 10 亿美金的研发经费研发清洁、高效的能源技术，而石油巨头们却在全国经济不景气的情况下将钱放到了自己及相关利益者的口袋里，而不是设法控制油价、让利消费者、帮助缓解整个国家的经济困难'。"

李勃拉托从斯图加特回到华盛顿办公室，脸色铁青地拿着电话对我大声喊道："我以为你会息事宁人！"

"我已经这样做了。这篇报道只比博客文章晚了一天。你没看见我在博文下面写的新留言吗？你肯定没有。我没办法控制事态的发展了。阿拉丁已经将神灯里的灯神放了出来，再说吧！"说到这里我挂了电话，不想跟我的这位朋友继续吵下去。

李勃拉托看了下自己的手机，发现总裁迪尔特给他发了一条消息，于是他立即给埃克森美孚在华盛顿的总裁尼尔森写了条短信："我今天刚从德国出差回来，正要给迪尔特回短信时结果却先收到了他的短信，他说他已经和格里·克伦伯格（埃克森美孚的总裁之一）通完话。你们公司同意叫停并撤回那则广告，之后我们继续恢复合作。"

终于结束了！

第二天早晨，我从纽约飞往拉斯维加斯，跟家人一起休假。自从博客事件之后，我再也没跟迪尔特通过话。然而就在我站在拉斯维加斯机场外正等出租车的时候，我接到了一个来自他办公室的电话。

"蔡澈博士希望跟你通话。"他的助手梅尔克说。

等了几分钟后，电话接通了。

"杰森，你好！"他说，但这声音听上去凶多吉少。

即将发生什么呢？

"我几分钟前接到埃克森美孚总裁的电话。"对我来说，他的语气听上去非常缓慢。

"他为广告的事情道歉，并且承诺撤掉。"

"太好了！"除此以外，我还能说什么呢？

迪特尔用他一贯的口吻说："换作我，可能不会用你这样的处理方式，但我喜欢这个结果。干得好！再见！"

噢，我赢了？并不是！这倒更像是一场历险记，我逃过了险些葬送自己职业生涯的一段愚蠢之旅。

第32章
坠落之始

2006年秋天,克莱斯勒资金链出现了问题。在这之前,卡特里娜飓风刚刚过去汽油价格就开始飙升,一直持续到这年的夏天,这给了克莱斯勒沉重的一击,销售量直线下降。一直赔钱的克莱斯勒成了戴姆勒-克莱斯勒沉重的包袱,拉了整个集团的后腿。汽车业新闻媒体人基思·克莱恩讥讽说,干脆将戴姆勒-克莱斯勒缩写"DCX"中代表克莱斯勒的"C"省去吧,反正它不发音。德国那边的股东们开始抗议,希望甩掉美国人。刚刚担任集团主席10个月的迪特尔如坐针毡。

克莱斯勒的销量迅速下滑。年初,迪特尔还夸赞克莱斯勒是整个DCX帝国的中流砥柱,连续击败大众和福特。正如《今日美国》所报道的,大众和福特"在同亚洲竞争对手愈演愈烈的角逐中跟跄前行,医疗费用和人工成本不断上升"。

迪特尔说:"克莱斯勒是汽车三巨头中唯一免遭惨败的一个。由于克莱斯勒提高了效率,而且最重要的是成功实行了新的经营模式,因此市场份额提高了13%,而且利润也实现了同比增长。"

然而到了10月,"油价导弹"击中了克莱斯勒。戴勒姆-克莱斯勒的首席财务执行官博多·乌伯决定在克莱斯勒密歇根总部奥本山召开一次分析师大会,会议在一个巨大的会议室中举行,他的财务工作人员都穿着笔挺的西装侍立左右。这时问题来了,德国分析师提出戴姆勒是否要卖掉克莱斯勒。

博多·乌伯被问得丈二和尚摸不着头脑。他说公司高层尚未做出此决定，"现在的一切选择都只是在商议阶段"。之后他又重复了一遍，"所有议案都在商议中"。这时我真希望这位首席财务执行官能从他的软椅上爬到会议桌上去，然后用德语大声喊："是啊！"并且用皮鞋"哒哒"地跺一跺地板。

就在他重复这句话的时候，电话那端的美国分析师们呼吸显然变得急促了，博多·乌伯偷偷地瞥了一眼他的下属们，发现他们正开心地向他竖起大拇指。我们在座的美国人，包括汤姆·拉索达在内，都感觉自己像空气一样被无视。我看着拉索达，觉得他的眼里正在冒火。

我站起来绕过桌子，在拉索达耳边低语道："我要走了，暴风雨来了。"我迅速回到了自己的办公室。

就在我进到自己工位的时候，我的助理桑迪说："我试着打你的手机，你的手机一直占线，应该被打爆了。"这时我才发现自己收到了20条短信。

"让哈特穆特来找我！"我怒吼道。桑迪是我和我太太多年的好友，所以她一点也不介意我的暴脾气发作。

"波波，波波刚宣布要把克莱斯勒给卖掉，这是真的吗？"我知道他叫博多·乌伯，但我真的是气急了。

我不知道那时德国最流行跳什么舞，但哈特穆特开始跳舞了。我没有得到任何直接的答案。事情已经糟得不行了。我把哈特穆特当作朋友。几周前，就在宣布迪特尔接任施伦普的时候，我还在他家吃晚饭。

他说："我觉得迪特尔会很快让你负责公关部，我会成为你的属下。其实我特别盼望这一天，我们是朋友。"

而事实也正是这样。之前我问迪特尔是否应该学德语的时候，他用浓重的德国口音回复我说："这还是应该考虑的。"

我不能接受哈特穆特的舞步。

第 32 章 坠落之始

我命令他："如果我们有可能被卖掉，那就直接告诉我；如果不卖，也请直接说'克莱斯勒不会被卖'"。

四个小时之后，哈特穆特明确地答复说："克莱斯勒不会被卖掉。"

又过了四个小时，整整该死的四个小时，"波波"沿着黄砖路回到庞蒂亚克机场登上飞机，准备飞向他的祖国。伤害已经造成了，这就像是睡美人被一枚小针刺痛了一样。

所有的议案都尚无定论。当博多·乌伯说这话的时候，唯一的议案就是拍卖克莱斯勒，就是这样。在接下来的几个月时间里我们举步维艰，死神在 I—75 公路口朝着克莱斯勒总部的员工们招手。如果死神能举牌的话，那么那牌子上一定写着："只要不是德国人，我愿意为其他任何人干活。"

4月4日，戴姆勒－克莱斯勒在奥本山召开了第一次股东大会。就在克莱斯勒成为整个集团焦点的一年前，集团就开始策划这次大会了，而不是等到克莱斯勒开始沉船的时候。我在顶层的办公室见到了迪特尔。他把他的演讲稿放在了我的桌子上，我看见上面写着："目前对克莱斯勒的选择还没有定论。"我说："你一旦这么说，那就没有什么可选择了，你是知道这点的。"我非常生气，但也理解迪特尔的处境。我说："我很高兴能跟你成为同事，但这一路走来不啻是一场地狱之旅。"

他问："你'儿子'怎么样？"

"不怎么样，还在继续写呢。"（他指的是我的另一本书《破坏者，请留意》。）

我问他："吉塞拉怎么样？"（吉塞拉是他的夫人，也是我的朋友，当时得了乳腺癌，结果可能不好。）

"不好。"他说。

我说："不管公司这堆破事儿会有什么结果，请随时告诉我她的情况，我有朋友可以帮她，好吗？"我认识康博科技的创始人之一彼得·卡尔玛诺斯，他在他的第一任妻子芭芭拉去世之后,建立了世界上最好的癌症控制中心。

"好的,我会的。"迪特尔说。

迪特尔有在汽车行业里最令人羡慕的职位,他接替并负责处理施伦普放弃收购克莱斯勒的相关后续事宜(他和李·艾柯卡拯救了克莱斯勒)。而他的妻子——三个非常优秀的孩子的母亲——现在却病入膏肓,对此我非常难过,我和迪特尔就像是亲兄弟一样。

在接下来的几周中,克莱斯勒就像是一只待宰的羔羊,准备捕食的雄鹰们正在底特律的上空盘旋着。德国汽车零部件供应商巨头麦格纳国际有意收购克莱斯勒。曾是汽车分析师、后来成为中桥投资合伙人的史蒂芬·葛思吉也对克莱斯勒有所心动,听说克莱斯勒要出售,他几乎每天都给我打电话。有意收购克莱斯勒的第三家公司是博龙资产管理,博龙就像是地狱门口长着三个头的恶犬一样。

第33章
重组与救赎

瑟伯罗斯公司的创始人斯蒂芬·费因伯格可能比上帝还有钱，他的公司从一开始就明显处于业界领跑地位。此时的我们正慌忙地为克莱斯勒有意向的收购者做一个演示文稿。一周过去了，所有对克莱斯勒感兴趣的收购者都争相来看我们长达一天的演示，我们也将自己最好的一面展现出来。其实，这就是一个公司清仓大甩卖，再没别的了。

几周后便会揭晓最终鹿死谁手。

就在公布最后达成意向的收购者的前一天晚上，《底特律自由新闻报》(the Detroit Free Press，非正式场合简称为Freep)的年轻记者汤姆·希金斯给我打了电话，他说他有个独家新闻，即最终麦格纳国际赢了。他现在就在麦格纳多伦多总部驻扎，但我受法律限制，不能分享我所知道的信息。但是，我试图想让希金斯看上去不那么蠢。《底特律自由新闻报》的记者并不喜欢我，他们集体对我不感冒。该报的竞争对手是比它规模相对更小但胃口更大的《底特律新闻》(Detroit News)。多亏了比尔·弗拉西奇和马克·特鲁比的才干，使《底特律自由新闻报》对汽车业的报道只能永远屈居第二——报道永远晚一天，内容永远差那么一点点。

"汤姆，你们的编辑不喜欢我，这个我知道。但我还是给你一些货真价实的建议吧！"我的上帝，我能再把我的想法表达得更充分点吗？"你再听我说说。"然而汤姆并没有把我的话听进去。

第二天早上,他和《底特律自由新闻报》的记者惹得自己一身骚。两家报纸都在头版头条上公布了克莱斯勒已经被麦格纳国际收购的消息,这样一来,两位记者完全被自己搞得一败涂地。

我立马给汤姆打了电话,"我告诉过你还有很多不确定的因素"。一个小时后,我们宣布与斯蒂芬·费因伯格的瑟伯罗斯公司"联姻"。这是克莱斯勒噩梦的开始,直到破产被意大利一家公司收购才恢复正轨。

几天后,费因伯格和其属下到我们这里同我们疲惫不堪的管理成员会面。我们管理层中许多人都经历了各种"枪林弹雨",从20世纪80年代的资产救助、90年代早期的濒临破产,到后来被戴勒姆"平等的合并",他们背上被轮胎辗压过的痕迹比街上被汽车压死的负鼠还多。

这次会面出场的可谓是汽车业的全明星阵容:戴勒姆的迪特尔·蔡澈、瑟伯罗斯新上任的沃尔夫冈·伯恩哈德,还有费因伯格。费因伯格口若悬河地描述了自己如何希望拯救这个"美国偶像"。这个小伙子长得虽然有点古怪,但确实是个了不起的人物,我相信他已经赢了在场的每一个人。

接下来的几周,瑟伯罗斯开始执行调查计划,该计划将于2006年8月6日结束。调查工作完全由瑟伯罗斯公司所掌控。直到8月4日前,一切都相安无事。8月4日是个周六,这天汤姆·莱索达给我打了电话,他说:"兄弟,周一新闻发布会上我希望屏幕上写上'新团队'。"

我问他:"什么叫'新团队'?"他说:"我不能告诉你。"我气愤地说:"这不是瞎扯吗?这不是我们一起共事的方式。"

"相信我,这是件好事,就按我说的做吧,好吗?"

第二天下午2点,我正参加朋友孩子的毕业典礼时电话响了,是拉索达打来的,他说:"快,到我办公室来。"

我放下手中的红酒杯开车到了总部。人力资源部经理南希·瑞伊已经在拉索达的办公室了。四年前，正是南希把我招聘到克莱斯勒的。我坐下问："发生什么事情了？"

拉索达说："我不再是CEO了。埃里克·里德诺离开公司了。我是首席运营官，我们得再找一个CEO。"他露齿一笑（如果我能像拉索达那样保证工资收入不变，那即使降职我也会一样露齿一笑）。

我站起来绕着他办公室走了几秒钟说："这全是瞎扯！"

拉索达让我平静下来并安慰我说："兄弟，没事儿，我们的新CEO非常优秀。"

"谁呀？"

"鲍勃·纳德利。"

我想了一会儿对他说："鲍勃·纳德利这个名字怎么这么熟呀，他不会是家得宝公司的那个鲍勃·纳德利吧？"

"是的，我一个月前见过他（这可是扯了一个大谎），他非常棒！"拉索达说。他因为说谎，鼻子估计得长到6英尺长。"他5分钟之后就到。"他说。

几分钟之后纳德利来了，我们迅速切入正题。第二天开始，瑟伯罗斯第一次掌管克莱斯勒，我们计划开个大型新闻发布会，以庆祝全新的克莱斯勒公司：这是第一天。纳德利看上去还不错，我们聊了20分钟，最后我得回办公室为他写演讲稿。在离开这位新CEO办公室的时候，我告诉他两小时后我会把演讲稿的草稿交给他，他说："谢谢你，杰斯！"

这无异于向吸血鬼身上扔十字架。所有叫"杰森"的人都知道，只有家人和最亲近的朋友才会用"杰斯"这个昵称。这里面肯定有问题，我能感觉得到。

回到办公室我用搜索引擎查了一下鲍勃·纳德利，结果就如同噩梦一般。媒体对他离开家得宝公司的报道令人咋舌，我敢肯定媒体对希特勒自杀时候的报道都比这个强。我没有时间去做真实的对比，我也知道搜索引擎并非完全可靠。我还得写演讲稿呢，但这个搜索结果还是令我非常惊讶。

两个小时后我去鲍勃的办公室把演讲稿草稿交给他。他看过我的稿件后说："不错！我把它拿回酒店，晚上演练一下，这样明天就不会出错了。"作为一个总裁，真能这样用心去演练他的演讲吗？或许他并非如媒体报道的那样不堪？

第二天早上，鲍勃·纳德利站在庆祝克莱斯勒和瑟伯罗斯重组的演台上。实事求是地说，他做得非常好。他对讲稿了如指掌，尽管我们为他预备了一个屏幕提示，但他完全不需要。直到这时，一切都很好。庆祝宴会结束后，我回到办公室，我的秘书桑迪在我办公室里等我。

"这个人就是个白痴！"她说。

桑迪不像是我的秘书，倒更像是我的妹妹。

她说："纳德利有个价值2亿美金的金色降落伞。我的上帝！"

桑迪是位单亲妈妈，差一点点就能拿到大学学位。她的儿子艾利克斯是我的干儿子，他管我叫"大杰"，我管他叫"小艾"。

"还好啦桑迪，他对我还可以。"

这点很快就被颠覆了。不到半个月后，我在底特律运动俱乐部组织了一场午宴，邀请了汽车媒体协会（APA）的人，同时也邀请了纳德利。纳德利任职第一天在欢庆新重组的克莱斯勒公司的大会上表现得非常好，但这次他决定用在老东家通用电气时的口吻。当年纳德利是替代传奇人物杰克·韦尔奇的三名候选人之一，但他竞选时败北，于是便跳槽到了家得宝（他从家得宝"辞职后"，留下其有案可查的"领导力风格"。他一手毁坏了家得宝公司本来优秀的文化，或许他搬用了某本书中令家得宝水土不服的文化。）

纳德利在汽车新闻发布会上发表的即兴演讲主题包括："像激光一样准确定位"，以及"我喜欢你迅速地告诉我是或不是，不喜欢犹犹豫豫和模棱两可"。之后，他毫无征兆地发明了一个新词："汽车的可选择性"。

午餐后,《汽车周刊》的编辑德驰·曼德尔叫住了我,他问我"到底'汽车的可选择性'是什么玩意儿?"我说"我完全不知道,老兄,救救我吧!"

之后,不出一个月,克莱斯勒从雷克萨斯挖来了德波拉·梅耶尔。她很快跟纳德利打得火热,我后来给纳德利起了个外号叫"蠢勃"。我先跟桑迪说这个外号,后来我所有手下背地里都这么叫他(是的,我知道这样称呼他非常不合适)。现在在他俩和我之间,已经开始了一场公开的战争,一切都未可知。

有一天早上,人力资源部的南希告诉我8点与纳德利通话。我是不是要拿一大笔遣散费走人?上帝,你难道真的听到我的祈祷了?感谢你!

但事情并不是这样,他是要跟我讨论把吉姆·普莱斯从丰田挖过来一事。我的上帝,他可是个在丰田历史上职位最高的美国人,他会想要跳槽到我们公司吗?之后,有传闻普莱斯要把自己知道的那点东西卖给通用或福特,但却没人要。事实上,那年夏天纳德利借与普莱斯共进午餐的机会,假装向普莱斯请教业内知识,实则收买他。这是传言还是事实,不重要,重要的是吉姆·普莱斯是否真的要来克莱斯勒,这可是个天大的事情。然而几周之后,这事便石沉大海了。

我的想法是纳德利并不真的想要吉姆·普莱斯,可以说普莱斯仅代表"未来的基督"。我跟纳德利说过这事,但他不想要任何人阻拦他使这个地狱般的公司复活。

纳德利想要报复杰克·韦尔奇,因为后者越过他直接去找杰夫·伊梅尔特以及家得宝的那帮"蠢货",而那帮"蠢货"又不理解他的至理名言:"像激光一样准确定位",以及"我喜欢你迅速地告诉我是或不是,不喜欢犹犹豫豫和模棱两可"。或许他们觉得纳德利的"汽车的可选择性"简直弱爆了。不过最终在这场管理层的豪赌中,纳德利还是输了,而克莱斯勒也不会走运。

然而,不管我怎么想,吉姆·普莱斯到底还是来了,就像纳德利的"是或不是"一样迅速而直接。于是我跟普莱斯通了电话。

我完全以一种拍马屁的口吻对他说:"我觉得我多半个职业生涯都在思考怎么对付你,然而现在我竟然跟你一起共事,这是多大的荣幸啊!"

不过我确实是这么想的。

"杰森,你是我最喜欢的公关人,一直都是。我们一起工作会很开心的!"

在双方互相尊重的口气中通话结束了。这是很大的一件事啊!"吉姆·普莱斯"就意味着高关注率。

第二天我到纳德利的办公室,他问:"你准备什么时候召开新闻发布会公布吉姆的事情?"

"我不准备举办发布会,因为这样我们只会输。这件事好得出乎预料。我们要做的就是写一篇新闻稿,最后附上你、普莱斯和拉索达的评论。我们要媒体自己去思考,而我们自己除此之外什么都不需要做。"

纳德利看着我,就像我反应迟钝一样,问道:"你确定?"

"确定!"

他说:"好吧,这方面你是专家!"

他为什么永远这么衰?

第34章

第"二"波

第二天我们开了新闻发布会，宣布吉姆·普莱斯走马上任。吉姆·普莱斯，我们的明星，他的确非常了不起。我按照之前鲍勃·纳德利所说的安排了一切，不过他还是非常不满意。

周六早上，他在办公室安排了一个一对一的会议。因为嫌我做得不够好，于是纳德利周六又跟他的专属公关人员拟了一个参会人员名单，他们包括迪尔特·蔡澈、汤姆·拉索达、雅克·纳塞尔和卡洛斯·戈森。不过这可是周六，要是能把会议安排在他自己家里而不是办公室就更好了。落座之后，大家开始讨论坐落在克莱斯勒总部边上的克莱斯勒汽车博物馆。这是我想拯救克莱斯勒的一个财务方案。我们的博物馆仓库里堆放了成千辆废弃的旧车，然而却没有人真的参观过这个博物馆。当克莱斯勒还富得流油、引领时尚潮流的时候，处理这个问题并不是个好主意，然而现在我想把这些垃圾卖掉，至少能让公司轻装前行。

我说："博物馆的问题跟汽车名人堂（我曾当了两年汽车名人堂的主席）的问题是一样的，这都是些名车的'遗嘱'，然而看上去却并不怎么吸引人。你来过一次之后就不想再来第二次了，我们得换个方式。"

我自知上述言论过于生硬，直到纳德利用他智慧的话语夸赞我："这是这座城市的问题（我觉得他的意思是指底特律城区），这个城市得了汽车癌。"

我听了之后愣了几秒钟。

"什么是汽车癌？"我问，"你知道有篮球、曲棍球明星名人堂吧？那是教育孩子认识和了解这些球星为我们国家做出贡献的地方。而我们的汽车行业一手造就了我们国家的中产阶级。底特律在二战时将自己变成了'民主的阿森纳队'并拯救了整个世界。底特律这座城市值得纪念，而且值得拥有一个克莱斯勒汽车博物馆。"

不过这段话对于纳德利而言也就是个耳旁风，他是自己宇宙的主宰，其他人都是围着他转的臣民。

一个月后，纳德利在同员工共进午宴后把我叫过去说："今天早上瑟伯罗斯公司的人给我打了一个电话，想让你在吉姆·普莱斯的访谈上别那么上心。"诚实地说，那时我已经对他十分不满了。

我问："瑟伯罗斯公司的人这么说？"其实我想让他知道，我觉得他是纯属在瞎扯。

"是的，确实是这么说的。"

"那么瑟伯罗斯公司的人知不知道，我们每给普莱斯做一次访谈，媒体就会出一篇对克莱斯勒大加赞赏的报道，那些售出的报纸和杂志就相当于给我们公司筹钱。"

纳德利说："是的，但我跟公司都认为普莱斯应该继续工作。"

"好吧，纳德利，我会告诉麦克的。"

麦克是我最得力的助手之一，他专门负责吉姆·普莱斯接受媒体访谈的工作。我径直走到麦克的办公室把门关上，把纳德利刚才跟我说的话全都告诉了他。我们都笑了，非常明白是纳德利认为吉姆·普莱斯阻碍了他的自救计划，所以他义愤填膺。我们每周都要应对50～100家的媒体访谈。我边笑边说："慢点来！"然后走出了他的办公室。

一小时后，麦克给我、普莱斯和纳德利都写了封邮件，拟了接下来媒体即将对普莱斯进行访谈的大纲。

纳德利马上给我写了一封饱含怒气的邮件:"我想麦克没明白你告诉他的意思吧?"我思忖了半天,然后回复他说:"你让我放慢媒体对普莱斯访谈的节奏。我们每周都会收到50～100家媒体访谈的约请,而麦克现在已遵照你的意思每周只接受一家。你的意思是让我们完全停止吗?"

于是这位欺负人的纳德利再没有回信。

接下来11月的情形丝毫没有好转。感恩节晚餐后,我坐在家里的厨房里思考媒体报道的事情,我显然已经压力山大了。

我妻子问:"你怎么了?亲爱的。"

我说:"你看这个。"

我把媒体披露鲍勃·纳德利在其被家得宝炒鱿鱼之后地位一落千丈,而现在却跻身汽车行业高管前列的分析文章给她看。

"杰斯,你干得很漂亮!"我妻子说,她喜欢叫我"杰斯"。

"但是我觉得自己这么做就像是给希特勒洗白了一样,我不能再这样了!"我灰心丧气地说。

"那就别干了!我要睡觉了。"

两周后,克莱斯勒的公关部开始启动"自由呼唤"项目。这一项目在鲍勃·纳德利来公司前就开始筹备了。这个项目的思路很简单:用我们的通信设备将克莱斯勒的国内客户与他们在伊拉克服役的孩子们连线。我们可以用卫星定位系统为在前线服役的士兵们提供与其家人视频的机会。

项目于2007年12月正式启动。恰好,鲍勃·纳德利在担任家得宝高管的时候,曾宣称自己一直支持军队,而事实上他一天兵役都没服过。在此,我不加评论,因为不管自己是否亲身参与,支持我们的军队都是高尚的行为。

然而,纳德利试图控制并削减我们运转良好、备受尊敬的通讯系统的费用,于是我彻底被激怒了。

纳德利在同员工午餐过后，曾是雷克萨斯执行官、现任克莱斯勒市场部负责人的黛博拉·梅耶想跟我谈话，于是我去了她的办公室。她说纳德利"委托"她"评估"我所在的部门的"公关运营"情况，她不想这么做，但纳德利逼她这样做（我觉得这极其愚蠢。我曾见过无数家企业让市场营销部门掌控公关部，结果都以失败告终。事实上，当我在2003年加入克莱斯勒的时候就已经出现了这种情况）。

梅耶刚开始说的时候我还很平静。她说："你在底特律汽车展上花的钱，比丰田高出两倍。"

我说："你也在那儿。丰田在车展期间办了两场新闻发布会，而我们至少办了四场，这还不算建'消防站'花了我们100万美金。"

梅耶继续列举我的其他罪状，我则继续反驳。实际上说反驳并不准确，我只是在指出她的错误。我问她是否同我团队中的其他成员探讨过这些"事实"。她说并没有，然而事实上她已经私下里询问过我的一个部下对于过去几个月中有关克莱斯勒负面新闻报道的看法。注意，并非所有新闻报道，只是那些负面新闻。最终，她汇集了她所发现的所有问题，并将这些问题编辑成备忘录发给了鲍勃·纳德利。

我不由得倒吸了一口寒气，于是想起感恩节那天我妻子跟我的对话，我觉得她确实比我聪明。

我说："其实你不用改任何一个字就可以把这篇扯淡的报告直接发给纳德利。梅耶，我四年前到公司的时候，市场部就一团乱麻，现在还是。我当时带领着士气低下的公关团队，一手把它打造成了业界最好的公关公司。你就直接把这份报告递上去吧！你和纳德利的无能会亲手毁了这个辉煌的公司。我不干了，不跟你们玩了！"

下午4点，我在克莱斯勒总部顶层的总裁会议室里，身边站着一位克莱斯勒的客户，他的儿子正在伊拉克服役。和这位客户一起来的还有他儿子的妻子、姐妹、母亲和祖父母。当这位服役的士兵和他的伙伴们出现在视频中的时候，一切都如奇迹一般。我试着介绍整个项目，但整个场面难以置信地超出了我的掌控范围。这个来自底特律郊区的士兵的妻子第一次看到自己身在异国的丈夫，而他随时都有被炸弹炸飞的危险。他的父母看到自己的儿子在保卫伊拉克，而不是美国。他的祖父和祖母看到自己的孙子在屏幕前。立时大家眼泪都流了下来。我挣扎着试图控制场面，然而完全无能为力。

我边说边离开："我马上回来，我要让我的老板看看这个场面。"

我几步便走到了纳德利的办公室。我说："他们已经在里面等你了。这是个奇迹。那个士兵已经在屏幕前了。"然后我告诉纳德利该说些什么："介绍我们要做的事情，以及为什么要这么做。花几分钟就行，然后我们就离开屋子，让那个士兵跟他的家人一起度过这短暂的时光。"

纳德利和我进到会议室。结果这个以自我为中心的人说了十多分钟的话。

令人难以置信的是，他问那位士兵和他的家人是否有什么问题要问他。纳德利完全毁掉了本属于这个家庭的神圣时光。

我看了一眼我第二个得力助手戴夫·巴尔纳。我曾想如果有一天我让车给撞了，就让他接替我的职位。今天，我真的是被车"撞"了，撞我的是"纳德利快车"。我看着巴尔纳，眼睛都快喷出血了，纳德利正在占用士兵的宝贵时间让他们做问答题。士兵们在伊拉克打仗，而他却住在底特律最奢华的酒店里，还有司机和公司的私人飞机供他和他的家人使用。

不出所料，总裁纳德利不断在走下坡路。在视频的最后，肤浅的纳德利说："作为一名爱国者，我诚挚地向你们这群同为爱国者的士兵们表示感谢！"我差点气得晕过去。他管自己称为"爱国者"。我看了眼巴尔纳，他好像哭过似的。

我们走出房间，看到人力资源部的负责人南希，我跟她说："我10分钟之后就到你办公室递交辞职报告。"

"不要这样！"她说。

我写好辞职报告，打印出来后交给了桑迪。之后，我来到纳德利的办公室。

几分钟后，我在汽车业的生涯就结束了。

就在我离开克莱斯勒大楼的时候，曾任《底特律自由新闻报》记者的马克·特鲁比给我打电话，他现在正剑指福特的公关部。

马克说："你辞职了？"

"你怎么知道的？"我说。

他说："我听说纳德利给福特总裁艾伦·穆拉力打电话说你刚签了一份禁止同业竞争的合约。"

纳德利真是难搞的人，我为他祈祷，希望他除尽情享用自己的金钱外，能明白我拥有的东西才是真正无价的：友情。

危机公关一课： 如果你的公关部对内始终沟通不畅，被操控、不被重视或是完全被用来处理一堆烂事，那么你的公关部最终就会被其他部门所吞并。

第35章

性、谎言和一个冥顽不化的希腊亿万富翁

从我走出鲍勃·纳德利的办公室、与我在克莱斯勒的朋友们告别至今已快两个星期了。这期间我专门到密歇根州特洛伊市跟我的老朋友汤姆·麦克唐纳共进午餐。麦克唐纳十几年前就从事公关工作，是当时奥迪5000诈骗丑闻的受害者。在我去见他的路上电话响了，打来电话的是康普科纬迅公司的创始人之一、总裁彼得·卡尔玛诺斯。

卡尔玛诺斯和我几年前就相识，我们是朋友。当我从事的一个慈善项目缺少资金的时候，他慷慨解囊、倾力相助。几年前，他在底特律建立了芭芭拉·卡尔玛诺斯癌症研究中心，以纪念他的前妻芭芭拉（芭芭拉被这可怕的疾病折磨了许多年，直到最后不幸病逝），他不希望别人重复这个悲剧。

他白手起家建立了他的商业帝国。这是个成功的美国梦：他是第二代希腊移民，爱社交、爱笑，是个急脾气，也倔强得像头牛，是靠自己白手起家的亿万富翁。我的妻子也是希腊人，我去的教会是希腊人教会。我了解他们，希腊人的父母都爱惯孩子。

他说："杰森，抱歉我没早点给你打电话。本来在你刚离开克莱斯勒的时候我就应该联系你，但当时我正出差呢。是这样，我觉得你是个天赋异禀的人，我想跟你合作。"

我听后非常高兴地说："谢谢你，彼得！"

他说："我跟我妻子丹妮埃拉（他的第二任妻子）明天晚上要举办一个圣

派对，你跟你妻子过来吧！"

我说："好呀！不过我们不能待得时间太长，因为后天我们将要赶早班飞机去卡波。"

"没问题，新年后我们可以一起好好商量一下，我们可以一起做很多非常棒的事情。"

卡波之行非常开心。我钓到了一条120磅重的吞拿鱼，同时还躺在海边思考卡尔玛诺斯发出邀请的事情。康普科纬迅是家提供电脑和软件应用及服务的公司，如今卡尔玛诺斯把它变成了身家上亿的公司，分公司遍布全球。当然，对我来说，我只会对着电脑开机和关机，或是对着它挥动拳头说怎么不快点，毕竟"网为什么这么慢？"是个非常复杂的程序指令。

当我从度假天堂回来之后，我跟卡尔玛诺斯在底特律市中心的卡克斯俱乐部一起吃了顿饭。他想让我帮他做三件事：一对他创立了30年的康普科纬迅公司重新做品牌包装；二给下属公司科维斯特筹备首次公开募股；三重新设计底特律的城市形象。卡尔玛诺斯非常骄傲地把底特律作为自己的家乡，此前他把自己公司的总部重新搬回底特律，认为这是对维护城市形象的一个善举。

卡尔玛诺斯说："我知道你有多在乎这座城市。"

我确实很在乎底特律，但我说："你为什么不把'促进中东和平'列入你的方案中呢？"

我们都笑了。卡尔玛诺斯的笑脸让整个屋子都明亮了起来。他付了账，然后我们到了他的办公室。他把我介绍给我接下来的新老板、公司首席运营官鲍勃·保罗。鲍勃是英国人，但却没有口音（绝大部分时间都这样）。我们三个人讨论了接下来需要做的事情。卡尔玛诺斯说："你想要什么职位呢？"我困惑地说："我不知道。"卡尔玛诺斯说："要不你当执行副总裁好吗？"我问："公司有几位执行副总裁呢？"他说："哈哈，这可有不少。"

第35章 性、谎言和一个冥顽不化的希腊亿万富翁

我说:"还是资深副总裁吧,你说呢?我想我野心别太大、步子别太快。"

于是我的头衔变成了"资深副总裁,康普科纬迅2.0"。至于这是什么意思,管它呢!

2008年1月11日,康普科纬迅公司发布了如下公告——

"我们非常高兴地通知大家,杰森将把他多年积攒下来的口碑、热情、创意和沟通技巧带到康普科纬迅。这对于康普科纬迅公司(无论是底特律总部还是其下属的子公司)来说,是个关键的时刻。我们希望未来杰森能够成为我们公司重要的一员。"

我说:"这份工作是我梦寐以求的,因为我能把我过去二十多年在商业领域、汽车行业和政府公关方面的经验用来帮助这个值得骄傲的公司,以使它更加兴旺并带来整座伟大城市的复兴。"

不过,这能实现吗?

那个"你知道的"又要半路杀出来了。

是的,它又来了!

唉!这会让很多底特律的官员锒铛入狱,并且恐怕会终身监禁。不公平的是,这会给卡尔玛诺斯传奇的一生带来污点,因为他无条件地支持底特律市市长夸梅·基尔帕特里克,而这位市长却背叛了他和整座汽车城。

我所谓的"你知道的"是指,当我被正式任命的时候,底特律正在举办车展。当我在车展的展厅里走的时候,一个记者朋友拉住了我并要祝贺我。

他说:"我正想从康普科纬迅公司给我的孩子买台电脑呢。"

我说:"你指的应该是电脑美国(CompUSA)。"

他继而问道:"那康普科纬迅是做什么的?"

我停了一下说:"我其实也不太清楚,等21号我正式上班的时候就知道了。"

2008年1月21日和22日是两个很有意思的日子,先是第一天我走马上

任，第二天就是我的生日。然而接下来的一切都急转直下了。

1月23日，《底特律自由新闻报》披露了"短信丑闻"事件，其中便涉及市长及其女助理克里斯汀·贝蒂。市长基尔帕特里克恐怕很快就得脱下他的西装，换上橘色的监狱服。当时他正准备带着我的新东家卡尔玛诺斯走"钢丝"呢，结果东窗事发激起了民愤。

你们想不想在这个桃色的新闻和谎言上再加点佐料？

据传，2002年9月的第一个周末，即美国劳动节的那个周末，市长在他的官邸马努吉安举办了一场派对，参加派对的人中有一位叫"草莓"的脱衣舞女。在派对进行过程中，市长妻子卡里塔突然到来，当时的情景让她非常愤怒地打了"草莓"一巴掌。而在七个月之后，"草莓"在一辆车中被枪杀了，身上多处中弹。

两名底特律警察盖里·布朗和哈罗德·奈尔斯洛普负责对市长的一些行为展开调查，其中就包括那次派对，以及市长和其女助理贝蒂的婚外情。贝蒂之前本就臭名远扬，因为她在一起交通事故后对着警察大喊："你知道我是谁吗？"不过这一次，布朗和奈尔斯洛普因调查市长的案子而被解雇了。

几天后，不服输的布朗对他调查的结果写了份备忘录，但市长否认对他的所有指控，于是两名警察状告市长。

就在两名警察被解雇后的一年零一个月，密歇根州司法部部长麦克·考克思责令州警察局发布一份公告，公告称未能找到所谓的"派对"的证据。而坊间有传闻说考克思本人就在派对上，同时我的新老板卡尔玛诺斯也参加了派对。

2007年8月底，两名警察告发的桃色案件开始审理。在庭审中，市长和他的助理贝蒂对着法庭宣誓没有任何男女关系，同时也没有介入两名警察被解雇的事情。然而，法庭不但对这对"恋人"并不买账，反而还嘉奖了两名警察650万美金。

第 35 章　性、谎言和一个冥顽不化的希腊亿万富翁

一向目中无人的市长基尔帕特里克顿时陷入了人生的谷底。2007 年 9 月 11 日，是市长自己的"9·11"。为什么这么说呢？因为他办公室的律师迈克尔·斯特法尼还不想就此罢休，他调出市长和贝蒂的手机短信（手机属于城市的财产，而非个人的财产）。看了之后，他又要到了 190 万美金。之后，《底特律自由新闻报》持续跟进报道了此事。这一系列报道甚至可以获普利策奖了。

记者吉姆·谢弗和 M.L. 艾姆里克展开了"短信门"事件的调查。他们发现，基尔帕特里克和贝蒂之间一共发了 14 000 多条短信，里面大多是色情内容。2008 年 1 月 23 日，也就是我加入康普科纬迅公司并希望能够为提升城市发展信心尽力的第二天，一切就都毁了。韦恩县律师金·沃西开始启动他的调查，不仅仅是调查市长出轨或所谓的派对，他涉及的范围更广——市长和贝蒂在开庭前 5 个月曾做过伪证。

彼得·卡尔玛诺斯挥舞着拳头大喊："他没做任何违法的事情！"

我说："他出轨了！"

卡尔玛诺斯越说越生气："这又不违法，可能从道德层面来说他做错了。虽然这件事他做得很傻，但不违法啊！"卡尔玛诺斯在为市长辩解，他不得不这么做，否则他也得被起诉。

我走到莉莎·埃尔金的办公室，她是我的直接下属，负责整个沟通部门。她深刻、风趣，是卡尔玛诺斯非常信任的顾问。她告诉我，虽然她亲眼看见过卡尔玛诺斯大发雷霆，但很少直接针对她。

几乎每位康普科纬迅公司的员工都喜欢莉莎，她就像是为公司和卡尔玛诺斯战斗的士兵。我告诉莉莎几分钟前跟卡尔玛诺斯的谈话内容，她说："我给你看样东西。"她径直从办公桌抽屉里拿出一份文件夹，文件夹里有 1998 年 7 月 4 日的《商业周刊》，头版头条新闻内容就是"康普科纬迅：无法从性骚扰的泥潭中自拔"。

我问："这是什么？"

"接着往下看。"她说。

"1998年春天，彼得·卡尔马诺斯站上了世界的顶端。他的眼睛能洞察一切，他精力过人不知疲倦，这位55岁的康普科纬迅的创始人之一、主席、首席执行官，把公司打造成了一家拥有资产11亿美金的电脑软件应用和服务商，销售量突飞猛进，利润快速增长，是华尔街的宠儿。

"而且，底特律人爱戴这个在这片土地上成长起来的男孩，因为他投身到社区建设和慈善事业中。他将康普科纬迅价值656万美金、占公司12%的股份捐献给了癌症研究中心。他还实现了自己毕生的梦想，拥有一支自己的全国曲棍球队——卡罗来纳飓风队。

"但局势很快急转直下。就在5月20日康普科纬迅季度大会上，一向乐观开朗的卡尔马诺斯气色非常不好。他非常难过地告诉其他董事会成员，公司里的一名高级执行官控告自己对她进行性骚扰。这位高级执行官是公司主管人力资源的副总裁谢拉·麦金龙，她告诉其他执行官说，卡尔马诺斯曾两次表示要跟她发生婚外情，有一次是在一次社交活动中，另一次是在飞机上摸她的腿。当她拒绝了卡尔马诺斯的行为后，卡尔马洛斯便对她充满敌意。"

真恶心，现在一切都明白了！就在大家都关注基尔帕特里克事件的时候，这位固执、自私的希腊亿万富翁卡尔马诺斯也深陷泥潭。他公开支持基尔帕特里克，尽管所有人都强烈要求基尔帕特里克下台，为了这座城市也得下台。卡尔马诺斯自己不是也深爱着这座城市吗？不过对于此事，公司内部的员工看法不尽相同。一周过去了，卡尔马诺斯仍说市长并没有违反任何法律。

他在办公室里恼怒地对我说："市长应该告诉那两位警察，他们没有做好自己的本职工作，这就是他们被炒鱿鱼的原因。"之后，气极了的卡尔马诺斯说了那句"著名"的话："在这25年里，他是我见过的最好的市长。"

第 35 章　性、谎言和一个冥顽不化的希腊亿万富翁

卡尔马诺斯可谓坚定不移地支持市长。就当基尔帕特里克团队受到狂轰滥炸的时候，卡尔马诺斯在一次电视演讲中直言不讳地说出了自己的观点，基尔帕特里克也厚颜无耻地甚至颇为自负地宣讲了自己如何为这座城市做出了贡献。但随后他抑制不住的愤怒激起了支持他的民众的愤怒。他用脏话指责并威胁他的反对者，说他们是"滥用私行的暴民、神经病"。

卡尔马诺斯不光是在玩种族牌，而且他还想在各个道德层面上都占上风。社区里的白人群体说："不是吧？！"十几年前，基尔帕特里克前任的前任科尔曼·扬也曾打过种族牌，但却导致了这座城市居民的分裂。现在基尔帕特里克也做着同样的事，却设法掩盖自己的恶行。

康普科纬迅公司还对市长在经济上做出过支持。一天，莉莎·埃尔金到我的办公室非常焦虑地对我说："劳拉非常难过！"劳拉·福尼尔是公司的首席财务官。她说："卡尔马诺斯想要给市长开一张支票，但劳拉不同意。"

我说："走，我们看看她去。"

不一会儿，我们走进劳拉的办公室，她看上去显然很生气。卡尔马诺斯让她立刻开一张 75 万美金的支票给市长的一个"基金"。

劳拉说："我不想这么做！"

我问："你需要我跟他谈吗？"

她说："不用，那样的话，你的下场会和我一样。"

几分钟后，支票还是到了市长那里。

卡尔马诺斯更出名的一个举动是让底特律另外三大商业巨头彭斯克、丹·博尔特和吉姆·尼克尔森各投 6 万美金，外加他自己，凑齐 24 万美金，作为基尔帕特里克的保释金。底特律的几大支柱产业都由这三位商业巨头掌控，所以当这笔交易内幕公之于众的时候，他们三位也被祸及和连累，因为基尔帕特里克确实是在说谎，并且还侵吞了大笔基金。

基尔帕特里克的事情因为卡尔马诺斯的支持而激怒了公众，在上千条的谩骂和质疑中，有公众这样问："到底基尔帕特里克为卡尔马诺斯做了些什么？"

而这个问题的答案是：什么都没做。有人指控基尔帕特里克同意卡尔马诺斯将公司总部从郊区搬到底特律的市中心，事实是，基尔帕特里克的前任丹尼斯·阿彻市长同意康普科纬迅公司落户于此。

9月4日，就在我入职康普科纬迅第10个月的时候，市长基尔帕特里克承认自己有违司法公正，对解雇两名警察一事不做无罪辩护。最终，他被罚100万美金的城市赔偿款，然而这对于这座城市为维持警察队伍所付出的840万美金来说，简直是杯水车薪。同时他还被判120天的监禁。

事虽至此，但彼得·卡尔马诺斯并没有消停下来。就在9月底10月初的时候，我们又风闻卡尔马诺斯要雇用基尔帕特里克，我的电话为此响个不停。

不到半小时之内，我连续接到了7家媒体记者的电话，问我传闻是否属实。一般在这种情况下，公关应不予回应，然而此时，我们不能按常理出牌，于是首席运营官鲍勃·保罗飞奔到我的办公室。

他说："我们的销售员说客户正在问市长是不是将要来我们的公司。这可不好，你得跟卡尔马诺斯说说，我也会跟你一起去找他谈。"

我们径直到了卡尔马诺斯宫殿般的办公室，我们一直都这样。我可以说卡尔马诺斯是最平易近人的首席执行官了。尽管他富可敌国，却不忘做人该有的谦卑，或许这就是他能成为底特律历史上最慷慨的慈善家的原因了。

我说："卡尔马诺斯，我已经接到7家媒体的记者问我是否公司将要雇用基尔帕特里克的电话了。"

他气得脸色通红，指着我大吼："你告诉他们去死吧！"

我反击道："不会的，我不会让媒体去死的！"

他几乎在尖叫："你说什么？"

我平静地说："如果这是真的，那么公众会非常愤怒，但他们不会直接发泄

第 35 章　性、谎言和一个冥顽不化的希腊亿万富翁

到你的身上，而是在丹妮埃拉下个月的选举上。"

这下卡尔马诺斯不说话了。丹妮埃拉是他的妻子，一名共和党成员，正在竞选韦恩州立大学董事会成员。作为底特律的一名共和党成员，前面的路就像是在爬山，非常艰难，如果在关键时刻，她的亿万富翁的丈夫却将要雇用一名万人唾弃的罪人，那将会是什么后果？算了吧，卡尔马诺斯不会那样做的。

"好吧，告诉媒体我不会雇用基尔帕特里克。"

我和鲍勃轻松地回到了他的办公室，他给了我一个熊抱。他说："干得漂亮！把基尔帕特里克招过来会给公司带来巨大的损失。这次你终于出气了。"

不过，在加入康普科纬迅的 11 个月后，即 12 月 7 日，我还是离职了，因为我跟卡尔马诺斯的关系破裂了，起因在于基尔帕特里克事件。2009 年 2 月 3 日，基尔帕特里克出狱，第二天便收到了一笔叫作"滚出城市"的贷款，共 15 万美金，让他滚蛋走人。一周后，康普科纬迅辞掉 250 名员工，因为生意做不下去了。然而，令人难以置信的是，就在三天之后，彼得·卡尔马诺斯还是雇用了前市长基尔帕特里克，让他到子公司柯维森特任职。对此，公司员工和底特律民众的愤慨可想而知。基尔帕特里克收拾行装，带着贷款住进了达拉斯郊区气派的豪宅中。这是对底特律民众最大的侮辱。但基尔帕特里克离开底特律的时间不长，就因为美联储不断获得证据证明他的父亲是个商业恶棍，过着花天酒地的日子，建立起了一个"基尔帕特里克帝国"，于是这位前市长的好日子也到头了。

2013 年 10 月 10 日，这位明星市长被判 28 年监禁。或许彼得·卡尔马诺斯一开始的说法并没错：出轨不犯法。但敲诈勒索可是违法的，而且基尔帕特里克还被指控犯了其他多项罪行。

再也不用提心吊胆了，明星市长先生。

> **危机公关一课：** 如果你最终发现自己错了，那就坦白，不要拒不让步。再有，还是那句老话：如果你已深陷泥潭，那就不要给自己再挖坑了。

第36章

为上帝工作：新版《圣经》

当我正在密歇根马基纳克岛上参加年度政治和经济领导人峰会的时候，手机响了，区号616显示这是从密歇根西部打来的。

"你好，杰森，好久没联系了，我是史蒂夫·萨蒙斯。"

萨蒙斯是我在尼桑工作时的同事，他在市场部工作，而且也参与了搞砸英菲尼迪这件事儿。不过他是个聪明人。

我问他："你现在在哪里？大急流城附近吗？"

"对，我现在是宗德凡（Zonderuan）出版社的首席营销官。"

我感到茫然，困惑地说："你说的是出版《圣经》的那家出版社吗？"

我和史蒂夫在尼桑共事的日子里非常开心，而且让我记忆犹新的是，我俩都喜欢刻薄的语言。然而，现在他成了世界上最大的《圣经》出版公司的首席营销官，这让我感到很困惑：到底发生了什么？

后来我了解到，在史蒂夫的记忆中，认为我尽管不完美而且离完美相差甚远，但至少我是个虔诚的基督徒。因为很多年前，我们曾谈论过当一名无神论者会是件多么寂寞的事情。多年之后，在《底特律自由新闻报》的专栏中，我曾对美国无神论机构的广告宣传大加苛责，广告语是这样的："无神论者？不仅仅只有你一个人！"然而，如果你是个无神论者，那么在你去世之后，你确实只有你自己一个人，陪伴你的只有棺材中的虫子。

史蒂夫连珠炮般似地跟我说，之所以给我打电话，是因为几年前宗德凡出版社也开始大张旗鼓地进行营销了,而且还对世界上最畅销的《圣经》版本——新国际版《圣经》——进行了修订。他们把新版称为今日新国际版(Today's New International Version,简称 TNIV)。其实都是《蝙蝠侠》,只是稍加改编而已(如果看这本书的你还是个大学生,那么我在这里指的是原版的《蝙蝠侠》,而不是克里斯汀·贝尔那版,更不是迈克尔·基顿那版。再说一遍,不是坎耶·韦斯特,我说的是亚当·韦斯特)。然而,颇具讽刺意味的是,随着新译本的发行,整个基督教界感觉天要塌下来似的。

这里我们不再陷入对《圣经》翻译版本琐事的纠缠中。我首先给大家上一节《圣经》普及课,这样你至少手里有一个指南针。如果你不相信耶稣,或是大家经常提到的超自然上帝,那么你可以对本章一笑置之,或干脆略过。

故事先从我的朋友霍华德·朗开始。他是西雅图通用电气的工程师,是一名非常虔诚的基督徒。他非常喜欢给朋友或所有感兴趣的人讲述耶稣的故事,讲《圣经》中挪亚方舟的故事。20 世纪 50 年代追猫王、听摇滚的一代人,不会用"汝"这样文绉绉的字眼来解说,所以霍华德希望有一个《圣经》译本能够用直白的现代英文真实地表达原文的意思。毕竟如果你看不懂这本书,那么上帝的旨意对你又有什么意义呢?

霍华德是基督教改革宗教会的一名会众(你是否还记得之前我提到过我家乡教会学校里的职工?他就是其中的一名)。更重要的是,他的信仰非常坚定。他的想法不仅得到了教会领袖的支持,而且还说服了美国福音派联合会加入《圣经》新译本的事工中。在接下来的十多年时间里,霍华德继续着他的使命,他相信这是上帝给他的使命。就在芝加哥不远处的一个不大的教会学校(基督教三一学院)中,一批来自世界各国的学者开始了这份辛苦的工作,翻译了著名的新国际版《圣经》。

说这是个辛苦的工作一点都不为过。这些学者们不仅仅用现代英语重新修订了此前的国王钦定版,而且还让语言更符合现代人的习惯,更重要的是还要考证《圣经》原文亚兰语、希伯来文和古希腊文。这些工作都要从《圣经·创世记》开始全部重来。这就像重新装修自己的家一样,从抛光木地板到刷墙,整个屋子都要翻新,只是整座屋子的框架不变、地基也没变而已。但你由此可以看到整个世界,甚至坐在一艘小船上可以看到上帝最美丽的海湾。这是令世界所有基督徒都欢欣的事情。

一部《圣经》?不,从此以后我们会说就是那本《圣经》。

就在决定推进这件事情一年后,一群福音派教会领袖和一帮学者们建立了一个《圣经》翻译委员会,由《圣经》学者们负责将上帝的旨意翻译成20世纪直白、通俗易懂的现代语言。这可是项大工程,一共持续了十多年,到1978年才仅完成了《圣经·新约》的部分。两年后,《圣经·旧约》的翻译工作才算完成。全球各个基督教教派都将新国际版的《圣经》作为标准译本,销量超过百万册。是的,就算是《哈利·波特》,其销量也不能与之相比。

"上帝看这是好的!"

9·11之后,密歇根大急流城的宗德凡出版社,决定率先修订这个新国际版《圣经》。自1978年以来,英语发生过这么大的改变了吗?当然,在过去的25年中,有许多新的词汇、短语加入词典中,例如"互联网不是一张网"等。与大多数营利性机构一样,隶属哈珀-柯林斯(默多克FOX旗下的一个出版分支)的宗德凡出版社得保证有钱运转。

我们在今日新国际版《圣经》修订委员会名单中看到许多当年参与新国际版翻译的学者,这些学者希望能够在新国际版的基础上将现代英语词汇和表达法引入上帝的旨意中。与新国际版《圣经》一样,今日新国际版《圣经》的出版初衷是,希望在只有为数不多的人才能读懂的直译版《圣经》和20世纪60年代以后更像小说的"新世纪"人才能读懂的《圣经》之间找到平衡点,即使你冷漠迟钝，也能读懂。"我的上帝，这可不是件容易的事儿！"

这一版的唯一问题，在我看来是美国福音派教会领袖越来越变得强调"政治正确"。然而，宗德凡出版社的《圣经》翻译委员会成员们却对此毫不在意，为此，这一版对《圣经》文本的诠释将更具说服力。例如，这一版将"马利亚便同孩子在一起"改为"马利亚怀孕了"，而在2002年时没有人会这么说。什么叫"同孩子在一起"？在哪儿？在商场还是在家里？这一版修改了成百上千处类似的表达。

然而，未料到的是，《圣经》翻译委员会成员们的翻译错误最终还是出在了"咸鱼"一词上，应该是"罗非鱼"。耶稣在加利利海上用渔网捞上来的是罗非鱼，这个还是我去以色列旅游的时候知道的。这帮最优秀的《圣经》译者陷入了鱼的性别中立问题之中，或者说不仅仅是性别中立，甚至是无性别。

另外，原钦定本和1978年新国际版中使用的"他、他的、他们"，在这一版中被换成了"那群人、我们"。而最让人咋舌的是将带有男性属性的"人们（mankind）"修改成了完全中性的"人类（human kind）"。请试想，如果阿姆斯特朗在1969年6月走出阿波罗11号登月的时候，说的是"This is one giant step for us, one giant leap for human kind（对我们来说，一个人的一大步，却是人类的一大步）"*，会怎么样？或许登月的第二人巴兹·奥尔德林在没登上月球之前就会拿着雷明登1100一枪结果了他。

我丝毫不怀疑翻译委员会的动机，但我相信上帝对他们每个人的旨意也就是对我的旨意。但《圣经》翻译委员会的成员们确实发明了例如完全中性的"全人类"这样的表达法，致使今日新国际版《圣经》虽花了13年的时间才修

---

* 1969年7月20日，美国宇航员尼尔·阿姆斯特朗登上月球说的第一句话是"That's one small for a man, one giant leap for mankind（这是一个人的一小步，却是人类的一大步）"。——编注

订完，但刚一发行就遇到了非常大的抵触。尽管我对翻译委员会成员们的动机深信不疑，但他们选择使用如此包容性的语言，却招致了许多教会领袖的反对。

尽管除了基督教改革宗教会外，福音派圣约教会和北美自由卫理公会都支持委员会，但这版《圣经》确实刚一出生就夭折了。2002 年 6 月，美国最知名的福音派领袖与其他教会领袖联合签署了一份声明抵制这版《圣经》，而美国长老会和美南浸信会则给今日新国际版《圣经》判了"死刑"，至此，今日新国际版《圣经》的重译梦算是告灭了。不过，科泉市"关注家庭"的詹姆士·杜布森、杰瑞·法维尔、罗伯逊·帕特，以及美南浸信会神学院（美南浸信会的黄埔军校，也是世界上最大的神学院）的主席阿尔伯特·莫勒博士，他们就像迈阿密热浪队和高中篮球队打比赛一样，共同反对基督教最大的书店之一"Lifeway"禁售今日新国际版《圣经》，就像反对福特的零售店禁售探险者 SUV 一样。

宗德凡出版社现在要开始拯救这些"基督徒士兵们"。2006 年，这家出版社录制了一些炙手可热的非裔好莱坞明星如安吉拉·贝萨特、古巴·戈丁和丹泽尔·华盛顿等的音频。起初，这些音频尚有销售，但却不足以弥补之前的损失。事实是，各教会和一些基督徒对今日新国际版《圣经》的抵制，使宗德凡出版社有如出版了一本被子弹穿透的《圣经》，马太、马可、路加、约翰和耶稣等都躺枪了。

并且雪上加霜的是，现在世界各地的人似乎都在与基督教为敌，而教会内部也在激烈开战。此时耶稣会怎么做呢？他肯定会躲在车库里大哭。这或许就是得梅因（我弟弟的家也在那里）经常发洪水的原因吧！耶稣的眼泪淌过了美国的中心。

上述就是在深入我和史蒂夫的话题之前要给大家介绍的。

现在言归正传。史蒂夫在电话中说，尽管在出版今日新国际版《圣经》翻了船，但宗德凡出版社还是走过了 29 年的不凡岁月。不过确实，如果这次不能转危为安，那么宗德凡就死定了，因为《圣经》的销售利润占这家出版公司总利润的 65%。

史蒂芬说："我要化解这次危机，我需要有人能帮我在这次血雨腥风中掌舵。"

我颇具讽刺意味地说："为什么这件事这么重要？我几周前看《新闻周刊》，还以为基督教已经死了呢。你不觉得吗？"说完我笑了。

他也一起笑道："是啊，所以我们更要这么做！"

我说："我能帮你做些什么呢？"

他回答说："我就是希望你这么说，这就是我给你打电话的原因。"

我说："我先到麦基纳克岛上去，然后给你回电话。给我几个小时的考虑时间，到岛上的渡轮也得开一阵呢！"

那时，离渡轮出发还不到 30 分钟，渡轮会把我带到克里斯多夫·李夫著名的电影作品《时光倒流 70 年》中的岛屿上，我会穿过世界上最美的公路，而且还可以思考如何为耶稣工作，这可真是太棒了！

我入住岛上一家最古老的酒店。之后我与康普科纬迅的前同事简单地吃了顿午饭，然后便回到屋里给史蒂夫打电话。

我问："到底是怎么回事？"

史蒂夫说："我们大急流城的团队成员没有料到我刚才会跟你说起这件破事儿。"

"你是怎么到这家出版公司的？"我需要知道这些。

"癌症，我战胜了癌症！这是上帝又给我了一次新生！"他坦率地说。

我的上帝！

"你可不可以下周到大急流城跟我们的总裁见一面？找你是我一个人的想法，但我希望你和她都认可这件事。这不是卖车，这比我们之前做的任何一件事意义都大。"

几天之后，我来到大急流城。入住酒店后，我跟史蒂夫共进了晚餐，同时我还叫上了我的嫂子贝基。

贝基和她的丈夫（也就是我哥哥）托姆都是虔诚的基督徒。我哥哥信基督的时间较晚。他不是无神论者，但在他初为人父的时候是个不可知论者。唯一的问题是，他的一对孪生女儿中的姐姐凯尔西是个很激进的基督徒。她曾在家里的墙上挂着"我是基督徒中的基督徒"，她还把这句话写在了她的袖子上。之后，上帝把她接走了。这是为什么？我不知道。高中最后一年，她跟她的双胞胎妹妹一起从卢布科市高中回家的路上，她被一辆失控的卡车给撞死了，开车的是一位70岁的老人。作为一名汽车从业者，这是最大的噩梦成真：我的亲人被车撞死了。

之前我不断地抱怨、哀叹自己职业生涯中所面临的种种"危机"，但同时却拿着巨额薪酬。然而这才是我人生真正的危机：我亲哥哥的女儿在她还不到18岁时便离世了。凯尔西的去世和葬礼让我悲痛不已，更是让我哥哥悲痛欲绝。不过还好有人能救他，那不是他的妻子贝基，也不是他另一个女儿凯尔西，以及他的儿子杰罗米，而是耶稣。

之前，托姆本来有望接受耶稣做他的救主，但他女儿的离世又让他远离了一阵。他是认真的。不过这次他选择要拥抱这位弥赛亚，因为他知道凯尔西去了另一个更美之地。凯尔西葬礼上的悼词出自她自己的日记，表达了她对耶稣无条件的爱和委身。我哥哥在他写的《悲剧与信仰》一书中详细讲述了这个故事，大家可以看看，这本书赢得过很多大奖。

在我跟贝基打电话的时候，距她的女儿离世已经一年了。我告诉她大急流城的事，她说："上帝的工作奇妙难测！"然后便把电话给了托姆，于是我又把事情讲给了我的哥哥听，他说："说起来太巧了，就在你打电话前，我还在看宗德凡出版的《圣经》呢。"又说了几句之后我便挂了电话。

我在想："这到底发生了什么？"

第37章
"化敌为友"这句老话没错

第二天早晨,我到了宗德凡出版社距大急流城机场有两英里远的总部。大急流城机场虽小,但设施齐全方便。出版社总部的四分之一是办公区间,另四分之一是餐厅,剩下空间是库房。从外面看,大楼不像出版社,倒像是一间厂房。

出版社的负责人对我的面试也不是传统意义上的面试。很明显,只要我愿意,职位就是我的。这相当于我在挑出版社,而不是出版社在挑我。

那天晚上我回到了自己的家。这份工作对我来说是一个新的挑战,好在它在我力所能及的范围之内。两天后,聘书来了,当然薪金和职位也不能跟之前相比。当我给我的妻子看聘书的时候,她说:"不能光看钱。"一周后,我住进了密歇根安利总部旁边的公寓,周末才能见到我的嫂子贝基。

上班第一天,史蒂夫·萨蒙斯就把我介绍给了尼尔·马丁。尼尔是典型的英国人,身形介于埃尔维斯·科斯特洛和胡萝卜头卡洛特·特普之间。他一头红色头发,语速飞快,我完全听不懂他最初跟我说的那300个字词是什么意思。这就像美国人看巨蟒剧团的戏剧演出效果一样。尼尔是出版社的装帧设计师,专门设计图书封面和网页等。当宗德凡出版社找他帮忙设计《圣经》和其他基督教出版物封面的时候,他正想去佛罗里达的神学院进修。他对《圣经》和其他神学方面的造诣非常深,所以他在这个领域里很有优势,明显超过我。同时,他还有另一种本领让我们俩很快成为好朋友,那就是对说脏话的一种幽默感。

这给我的幽默感又锦上添花。然而很快，我们发现就政治而言，我俩站在了两个极端。尼尔是愚蠢死忠的自由党，而我则是聪慧、有理性的保守党。在这里我只能说："牧师，对不起了！"

尼尔开门见山地说："所有都在这儿了。"他递给我一沓 8 英尺厚的文件："这里面都是关于公司发行今日新国际版《圣经》时被抨击的邮件、信和媒体报道。看了之后你会被震惊到的。看看吧，这些是非常有趣的工作教程。"

接下来的几天，底特律老虎队在西岸打球，比赛都是晚上 10 点才开始，所以我有很多时间研究尼尔的文件。三天后，我到他的工位前，把文件堆到了他的办公桌上。

尼尔笑着说："请饶恕我们吧！这些可怜的、差劲的基督徒，而且这只是一半而已。"

这些来自所谓的教会领袖和基督教出版社的文件、电邮简直不堪入目。宗德凡出版社自从开始组织专家着手重译《圣经》时，就不断遭到指责，例如，有一封信说宗德凡此举无异于"强奸"《圣经》。

我们在一起共事才不过三四天，尼尔就开始在我面前发泄情绪了。午餐时，我们彼此开着对方政党的玩笑，嘲笑全球气候变暖等问题。

他说："我也做了不少关于你的功课，史蒂夫可是你的粉丝。"

我脑子飞快地转着，这个英国人是在指桑骂槐吗？

"老兄，你来这里只有一个原因，那就是我深信我们需要你。你来这儿不是偶然！"

这可不是开玩笑的。我走出大楼，跳上车，点了支万宝路，一直开到大急流城西南面的大路上。我一边开车一边想：上帝是不是让我在过去 15 年里先面对各种危机（包括福特轮胎事件等），然后应对真正的危机？

大约一小时后，我把车开到密歇根湖边开始思考我的人生，然后给我的信奉自由党的朋友尼尔·马丁，以及神父尼克·帕特诺斯打电话。

我把尼克神父的号码设置为快速拨号。他接起电话说："你好啊！"

于是我把整个重译今日新国际版《圣经》的事情告诉了他，尽管我所在的希腊东正教教会并没有参与福音派的《圣经》问题争论。

"我这么做是个好基督徒吗？"我问。

"杰森，你是我见过的最好的基督徒了。我的问题是你那愚蠢的政治。"

"你看我这个蠢人。"我嘲讽地说。

"不，我是个蠢人，你只是个白痴共和党人。"他回嘴道。

我们一直都是这样的说话方式，说完我俩都笑了。

我的神父、新朋友尼尔和老板史蒂夫·萨蒙斯正是我卷进这场捍卫新版《圣经》之战的原因，但我的很多朋友对此都挠头不解。

《底特律自由新闻报》的专栏作家汤姆·沃尔什说："我想报道你从混乱不堪的汽车行业跳槽到《圣经》出版社的故事，然而这看上去并不合理。"

我和汤姆聊了几分钟，大都是关于汽车业的。整个行业还处在2008年的内部危机和2009年濒临破产的境况之中。

他又问道："我们再回到宗德凡出版社的问题上来，你这么做是为什么？"

我说："很简单，一个朋友想让我帮忙，我是个基督徒，而且《圣经》又不会漏油。"

汤姆把我最后这段话写进了他的专栏文章里。然而他不知道的是，正是这本《圣经》，被用来做"打靶"练习了。

2009年7月中旬，就在我加入宗德凡出版社的几周之后，到了让事实真相浮出水面的时候了。尽管主持《圣经》翻译的穆道格说对新国际版的修订工作还需要至少一年半的时间才能完成，但我们认为是时候告诉大众宗德凡出版社正在重译《圣经》。我们必须把这个消息发布出去，而且要让新闻媒体知道。我们想光明正大地做这件事，把今日新国际版《圣经》做好。很快我就投入到了最紧张的沟通策略策划中，我用上了我所有的职业经验，生怕自己出一个错字，就像"这"还是"哪儿"如果用错了，就有可能让我前功尽弃。这一点都不夸张。

很明显，我们需要知己知彼，既了解今日新国际版《圣经》的优势，又了解对本版《圣经》发起攻击的对方的想法，杜布森等人也是。幸运的是，我们有两个重量级人物能够确保我们在发射导弹前，让对方了解我们的想法：其中一个就是宗德凡新CEO莫林·吉尔金，他非常有魅力；另一个就是在研究《圣经》和基督徒生活方面的传奇人物斯坦·盖德润。对我来说，万幸的是莫林还是个车迷。

莫林是个福音派神学家、神学院教授，还是一名多产的作家。我们自从第一次开会之后就成了朋友。我只要一有点子，首先就到他那里跟他商量。就在我们第一次开会后的几天，他到我办公室对我耳语说："你有时间吗？"

"当然。"随后我往他办公室走。

莫林跟我说："不，我们出去说。"

走出办公大楼门口几步之后，他脸上充满了骄傲和欣喜。宗德凡就像是在血雨腥风中完好无损的阿文迪汽车公司一样。该公司是在斯蒂庞克公司衰败的时候建立起来的，总部在印第安纳州的南本德市。阿文迪汽车相当罕见地丑陋但同时又非常惹人喜爱。那时有五家类似的公司建立起来，但它们很快就夭折了，唯有阿文迪公司活了下来并成为跳蚤市场中的一个传奇。

尼尔·马丁和我拟定了一系列沟通策略，让吉尔金和冈德里用来对付那些反对重译《圣经》并直接导致今日新国际版失败的人。策略很简单，我们都明白也会用：让非常多的我们认识的"关注者"都参与进来，这样看上去所有人都在了一个平台上，并且这个平台小而温馨。我们的主题是：我们要回归新国际版的源头，也就是由G.E.雷曼在1955年发起并持续到1978年最终影响到整个基督教界的《圣经》改革运动上。这次我们要用一种"好"的方式来进行沟通，即吉尔金和冈德里会"飞"到"对手的领地"，和对方一起分享《圣经》翻译委员会的初衷和目的。他们会承认这一版《圣经》的不足之处，也会让福音派的领袖参与其中并做出贡献，给他们一个公开的平台提出建议。关键是，他们两位要在不经意间说服"对手"不去开火。在教会里，我们的"对手"已经够多的了，我们不能再增加任何"对手"。

《圣经》翻译委员会要回到起点，也就是要从《圣经》的原文入手，包括那些在钦定本完成后出土的文献，例如《死海古卷》，并聘请没有任何偏见的学者翻译。他们会重新思考今日新国际版中"性别中立"或"包容性语言"这样的问题，也会听取其他福音派人士的意见。但我从翻译委员会负责人穆道格执着的态度中可以看出来，他和他的团队成员是不会妥协的。

我们需要一个每个人都能同意的主题。我跟尼尔·马丁坐下来商量。有时作为一个公关人，所能做的不是想出一句非常上口的宣传语，而是编出一些能哄住那些专家的话。但现在我这个被誉为"文字专家"的人也一时想不出合适的话。"总而言之，我们想要呈现的《圣经》是，嗯，额……"

"我的上帝啊！"我自言自语道。

我最终说："尼尔，总结出两三个这一版《圣经》的特点。"

尼尔喜欢跟我较劲儿，我们从彼此身上都学到了很多。"首先，我们希望译文精准，否则我们就完了。第二，我们不仅要最高的精确度，而且还要文字表述清晰，这样才能让信众们明白上帝的旨意。这两条不能违背。如果信众们不能理解《圣经》中的文字，那么翻译得即使再精确，这一版也是失败的。"

我把他的话记录了下来："精确和清晰"。我又问他："如果我们说今日新国际版《圣经》的出版初衷是要使上帝的旨意表达更精确和更清楚，其他没了，会不会有问题？"

他笑着说："不会！"我环顾了一下会议室的四周，它只可容纳一张牌桌，开会的也只有我们俩，而且我们俩都只是用笔记本和平板电脑。我们很快就把会议纪要发给了团队的其他成员。

我们同翻译委员会的负责人穆道格在大急流城见了面，把我们的策略告诉了他。我们需要在同委员会的其他成员沟通前，让穆道格明白并同意我们的想法。委员会的成员分散在世界各地，而且很快他们就要开始可能是整个出版界工作量极大、要求极高的工作了。

我跟穆道格说："唯有你是出版社翻译团队的代言人。我们的'对手'，也就是媒体，会设法让翻译团队中的其他成员反对我们。如果那样，我们就输了。我不想指责你的翻译小组成员们不能胜任媒体采访这项工作，但我需要他们把所有媒体给他们的电话都转给我，我会协调和处理这些采访及提问。"

一个小时后，在宗德凡一间更大的会议室里（其实大小同公寓的洗手间），尼尔、穆道格和我三人，同全球顶级的《圣经》学者们开了一次电话会议。

会议之前，我恳求我自己："别说脏话！别说脏话！"

会议开始后，穆道格先介绍了我和尼尔。之后，我谈了整个策略，即穆道格是翻译团队的代言人；所有的媒体来电一个都不能少，都要直接转给我；我们会在2009年9月1日那天宣布修订新国际版《圣经》的消息，之前，任何信息都不能透露。

我犹豫着是否要强调新版《圣经》的两大特点：精确和清晰。虽然我们已经让《圣经》翻译团队的成员们闭嘴了，但他们应该事前知道我们的原则或"谈话要点"。尼尔把一切都解释得透彻和明白。最后，尼尔打着底特律人特有的官腔说："先生们，你们是世界上一流的《圣经》专家，我相信你们一定会以审慎的态度做好这件事的，也请相信我们一定会竭尽全力支持你们的。"

在我们准备9月1日在原新国际版《圣经》的诞生地、位于芝加哥附近的三一基督学院发布这个消息的时候，宗德凡出版社及其整个《圣经》翻译团队的成员们神经都是紧绷的。

我告诉尼尔·马丁，我们要"让吉尔金和穆道格气得说不出话来"。

尼尔说："什么叫'让他们气得说不出话来'？"

"在新闻发布会的前一天，我们俩要当一次卑鄙的小人，我们必须让他们痛苦不堪，这样才能让他们做好面对媒体压力的准备。"我说，"忘记你的老板是谁，让他们发怒，让他们出汗，让他们知道面对的是什么。"

这就是我们汽车业内所谓的媒体训练，尼尔还差得远着呢！

在同宗德凡 CEO 和《圣经》翻译委员会的成员们开始模拟接受媒体采访前的几分钟，尼尔非常紧张。吉尔金和穆道格坐在模拟发布会的椅子上，我和尼尔则站在外面。"跟着我们的语调走，看我怎么发问的。我要让他们连遭重击，这样明天真正的媒体发布会他们才能应对自如。"

我停了几秒钟，丑陋的美国人，我在想一个英国人是不是会明白我刚才说的"应对自如"的意思。

"你明白我说的'应对自如'是什么意思吗？"

尼尔看着我转了下眼珠子说："你们美国人用的词不都是从我们那儿偷来的吗？算了吧！"

培训非常紧张，整整持续了两个小时，这期间我们只休息了一次。当我们结束的时候，穆道格明显对我不高兴。是的，过去两个月我们成了朋友，但即使这样，我们也有意见分歧的时候，就像我在政治上不能赞同尼尔·马丁一样，可我们能够敞开心扉顺利沟通。不是所有福音派基督徒都支持保守党的，尼尔和穆道格就是自由党，但我们仍是非常好的朋友，这一切都是真的。

我对这些世界上顶尖的《圣经》学者们说："抱歉，让你遭这么大的罪！"

"我当时真的想站起来揍你一顿。"身高将近 2 米的穆道格说。

"好吧，或许，真的只是或许，你已经准备好了。"

我站到宗德凡CEO吉尔金旁。尼尔和我在整个培训中对她相对温和一些。不过这并不是因为她是女性，而是因为我们了解穆道格这位《圣经》翻译小组的负责人才是媒体针对的对象。

我对她说："实在抱歉，今天让你受累了，你做得很好。"

她站起来在我脸颊上亲了一下。第二天就要真正面对在三一基督学院举办的新闻发布会了。因为我们的地点是在芝加哥城外的郊区，所以我们觉得到场的媒体不会很多。然而，到了那天，出乎意料的是，侧重报道基督教的媒体记者蜂拥而至，并且我们的"对手"还通过视频连线跟我们互动。令人难以置信的是，这次新闻发布会居然没什么惊险，算是安然地过去了，再次刷新了历史纪录。真的，这还是我平生第一次不希望制造舆论热点，希望这些《圣经》翻译家们能够专心地工作，不受外界舆论的干扰。

我离开三一基督学院之后便开车到芝加哥市中心看望我的妻子和女儿。路上我查阅了一下电子邮件，我们的"对手"并没有发布任何负面新闻，仅仅是直白地发布"《圣经》新译本将要问世"的消息。不过我心里还是不踏实，按以往的经验，这次会不会又再次突然陷入困境呢？

我需要花时间陪伴我的妻女，在过去的几个月里，我们几乎没多少时间在一起。

晚上，我洗完澡之后给史蒂夫·萨蒙斯打了个电话。他说："这次好得不能再好了。去最豪华的饭店吃顿好饭吧，公司请客！"我们确实这么做了，花了300美金吃了顿寿司。

那天晚上我一夜无眠。我漂亮的妻子在舒适的床上酣睡，而我却等着有关我们的新闻。这时，我看到电视上柯南·奥布莱恩正开始他的脱口秀，说起宗德凡出版社即将出版新版《圣经》的事情。

于是我一跃从床上跳起来直接站在床垫上看他的节目。我不记得自己是什么时候叫醒我的妻子的,只记得奥布莱恩说:"他们将要修订《圣经》译本,我们希望这个版本能符合现代英文的习惯,就像这样:到了第七天,上帝'休假'了。"听到这句话,我像玛丽·露·雷顿那样高兴地跳下了床,他们只是改变了一些用词,并没有其他任何负面的抨击。

两天之后,我又恢复了单身生活,远离家人回到大急流城工作。我们汇总了所有有影响力的媒体报道,发现它们都是正面或中立的,太棒了!

在开车回公寓的路上,我给穆道格打了电话,彼此电话中庆祝了一番,然后跟往常一样,我先说正事:"道格,我想请你帮个忙。"

他以为是件非常严重的事情:"说吧,什么事?"

"你们可不可以在《圣经》上提到我的名字?我妈妈看到后会非常开心的。"我刚说完就想,我这样自作聪明地想当妈妈的乖儿子的做法会不会太过分了。

穆道格连想都没想就说:"你说什么呢?我向你保证,你的名字'Vines(瓦因斯)'[*]至少会出现19次。"

就这样吧,危机成功避免。之后,新的《译本》没有受到任何阻力便正式出版和发行上市了。

感谢上帝!让我接下来重回汽车行业吧!

危机公关一课: 你的"对手"所提的问题有些可能是有用的,必须把这些有用的问题纳入你危机公关的策略中,这样才能帮你摆脱危机。特别是当你的"对手"就是你的客户的时候,更要这样。

再有,不管你是在面对一场危机、发布一个新产品、宣传一个理念,或是重译《圣经》,若要使公关部门能够发挥其最大优势,自己就要保持:诚信、真实和有决断力。不懂这点的人是无法成就自己的公司和事业的。

---

[*] "Vines"有双重意思:作为人名时,译作"瓦因斯";作为植物名时,译作"葡萄藤",《圣经》中有多处提及。此处为一语双关。——译者注

第38章

狂热的"通用政府"

2014年年初，通用汽车公司爆发"点火门"事件。然而，他们在处理这次危机的时候，忘记、忽略甚或丝毫没有理会化解危机的首要法则：保证客户的人身和财产安全，使客户满意。

这是单纯的工程师过失问题，还是通用公司的文化造成的？就我个人曾在通用公司的工作经历来看，第二种解释似乎说不通。

2011年初秋，我在福莱国际传播咨询公司（Fleishman Hillard）的前同事汤姆·派登给我打了个电话。他曾是通用汽车公司公关部的负责人。他先是在一家公关公司工作，之后跳槽到了通用汽车公司掌舵。他对福莱国际传播咨询公司来说可是个大腕级的人物。他在电话里跟我说："我想让你见见赛利姆，他需要你的帮助。"赛利姆·宾格尔是通用汽车公司公关部的负责人，艾德·惠特克把他带进通用，做他的参谋。在惠特克还是美国电话电报公司（AT&T）CEO的时候，赛利姆就是他的参谋。

我在底特律北部富裕的老城格罗斯波因特的星巴克咖啡厅里见到了赛利姆。一开始，我俩就像是被迫参加一场非常别扭的"相亲"活动。赛利姆坐在我旁边一直在说话，但却心不在焉。谈话结束后，派登给我打电话问："你俩谈得怎么样？"我说："非常不好，他觉得我想要他这份工作。"

我也确实曾这么想过。两年前，我的导师、通用汽车公司公关部负责人史蒂夫·哈瑞斯在竭力挽回通用形象、预备退休的时候，曾希望我能够接替他的职位。当时如果我跟通用 CEO 里克·瓦格纳是朋友的话，那么这还算是个不错的提议。就在我离开纳德利和克莱斯勒的前一天，鲍勃·卢茨给我打了个电话，问我想不想加入一个能真正"欣赏"我的公司。

我对派登说："我告诉赛利姆，我希望通用能越来越好，这是真的。我曾为福特公司倾尽心血，帮它走出汽车史上最大的危机，但它的负责人却在炒纳塞尔鱿鱼的时候，一起把我也请出了门外。我的挚爱克莱斯勒现在属于意大利人了（菲亚特）。我有很多朋友都在通用，而且通用就在底特律，如果通用经营状况越来越不好，那么底特律和整个密歇根也就完了。

派登说："哎，杰，让我处理吧！"派登是我见过最绅士的人之一，而且他可以这么叫我。

两周后，一切重新开始。这次派登跟我们一起对谈。我们坐在味好美咖啡厅里。我直入主题："赛利姆，我直截了当地说吧，在你入职前，我是想过做你现在的职位，但没有成功。现在，我不想要这个职位，只是想帮你们一把。你知道吗？几乎每天早上，这群福特的混蛋们都会说'让我们痛揍通用吧！'。"

两天之后，《底特律自由新闻报》摘选并刊登了《纽约时报》记者比尔·弗拉西奇的新书《汽车往事》中的一段话。弗拉西奇在书中引用了福特营销部负责人吉姆·法力在一次接受媒体采访时说的话："痛揍通用！"赛利姆说："你不是在开玩笑吧？！"我说："不是！"从那时起，赛利姆和我就成了好朋友。很快，我们就准备迎接这场硬仗了。

11月25日，周五，赛利姆给我打电话说："我需要你的帮忙，可能咱们周末要加班了。"

就在当天上午，道路交通管理局对雪佛兰伏特电池组着火的可能性展开正式调查。就这次调查的情况来说，它很像是一场安全认证部门做的游戏。道路交通管理局在这年春天的时候就对雪佛兰伏特电池组进行了一次碾压测试，工作人员把车当烤肉串一样对待,他们先把压碎的车侧放着研究,然后再让车顶向下。当"烤串"测试结束之后,这辆车被拖到道路交通管理局的等待区。三周后,汽车着火了。如果这是纯汽油汽车的话,那么管理局的人清空油箱就行了,就像废品回收站处理报废的汽车一样:扔掉燃料源。但这群蠢人没有拿掉这辆车最主要的燃料源——电池,所以三周之后汽车必然着火。这场闹剧一直持续到11月。整整五个月过去了,管理局的人还在探讨着火点在哪儿,我们都要"冒烟"了。出于好奇,他们决定单单压碎这辆车的电池组(是的,你没看错)。这就像是一名技艺精湛的橄榄球运动员全副武装,但就是没有戴头盔,这肯定会受伤。三次试验之后,最终,管理局的人成功地让最后一块电池着火了。他们觉得自己是福尔摩斯。于是,曾是国会议员的交通部部长雷·拉胡德下令调查雪佛兰伏特电池组,尽管之前没有任何一辆车出现过这样的事故。在政治圈中,我们会说拉胡德纯粹是为了解决问题而制造问题:他把自己当成万能的"解药"了。

或许拉胡德担心,如果他没有找出雪佛兰伏特电池组的问题,那他就会被他人指责袒护通用汽车公司,因为那时美国政府被戏称为"通用政府"(美国政府在2009年对纳税人进行补助的时候接受过通用大笔的资助)。拉胡德不能让人感到他所在的道路交通管理局偏袒通用汽车公司,因为他在2010年年初的时候沾了一身"牛粪",在"突然加速"问题出现之后告诉一群丰田车车主,不要再使用丰田车。这已经是旧事重提了。事发几天后,拉胡德又完全反转,承认他说错话了,他说他只是想告诉丰田的用户们要注意车况并尽快联系自己的经销商。

赛利姆继续说:"我们是这么想的:在我们想出一个漂亮的解决办法之前,给所有雪佛兰伏特用户的电池组一个免费的替代电池组,尽管我们的车没有问题。如果有用户想退款,我们也同意,而且我们要在问题解决前停止这条生产线。"

"哇！"我能说的只有这个了。通用汽车公司这次遵循了危机处理的最重要的原则：保障自己客户的人身和财产安全。经过一个周末的沟通，我们拟出了一个计划。到周一的时候，通用汽车公司的高层马克·罗伊斯和玛丽·巴拉通过电话宣布了这份计划。应赛利姆的要求，我在一天前就飞抵底特律，在宣布计划的时候与大家在一起。当我走进通用汽车公司公关部见赛利姆的时候，整个公关团队的成员都看着我。团队中的一员艾伦·阿德勒（我是在他还是记者的时候认识他的）说："我的上帝啊，杰森也在这里，那么这么看来我们确实遇到麻烦了。"接下来，通用的蠢事不断。

不过，实际做蠢事的不是通用。通用的计划的宣布非常清楚，雪佛兰伏特用户将获得的待遇与通用所宣布的分毫不差。公司 CEO 马克·罗伊斯和生产部负责人玛丽·巴拉简要地讲了通用的发展计划，然后开始回答记者的提问。这场记者招待会显示了巴拉非常出色的能力。

交通部的拉胡德现在成了众矢之的。当然，还有那些所谓的"安全专家、律师"等骗子们。12 月 6 日，拉胡德经过再次调查而且在通用公司催问结果之后，正式宣布雪佛兰伏特的电池组可以安全使用。这个事情本身就不需要宣布，完全多余。

这帮蠢人的游戏由纽特·金里奇担任主帅。我支持的共和党非常开心地有另一个理由在一拨纳税人获得补助之后给通用汽车公司突如其来的一击：最终这些纳税人肯定会损失几十亿美金，联邦政府获得了巨大的利益，而债权人和通用汽车公司却难逃厄运，雪佛兰伏特的用户们（大多数都是自由党人）在购买汽车的时候获得了 7 500 美金的纳税人补助款。雪佛兰伏特的火又给"本·拉登死了，但大众活了"的拜登添加了些油。金里奇在汉尼迪车展上接受访问的时候非常精明地"棒打"雪佛兰伏特，他说："你不能拿着枪对着雪佛兰伏特。"

算了吧，金里奇！我此时正和我妻子开车去华盛顿的路上，听着收音机。我跟我妻子说："什么烂人？哪个傻子会把枪对准一辆车？"

当晚，我为赛利姆写了个声明，准备第二天用它让纽特·金里奇闭嘴。

第二天早上在办公室，赛利姆给我打了个电话，他说"嘿，我正要给自己开一个新的博客。我想问你对开篇文章有什么想法吗？我把写好的已经发到你邮箱了。"我打开文件看了一下，让我一阵反胃。文章文笔非常好，陈述的也都是事实，但却明显地带有防卫性，而且都是老生常谈的问题。文章解释了通用的股权结构（并不是像通用竞争对手那样的联合会），而这点之前相关人员已经不断地给大众解释过了。

我给赛利姆回了电话："我没有冒犯你的意思，但你不能让博文成为一个防御性武器，这会适得其反的。"

他说："是的，我也正担心这个呢。你有什么建议吗？"

我说："纽特·金里奇在踢皮球。他昨天在车展上说的话真的很蠢。我昨天给你写了份声明，本来正想告诉你的，你就给我打来电话了。你可以等会儿再改'到底谁拥有通用？'的文章。"我把昨晚写的声明发给了赛利姆，10分钟后他打来了电话。他说："我喜欢这份声明，我会修改下语言，让它看起来更像我自己的风格。我过几分钟就给你看。"

赛利姆的修改虽然不多，但非常好。通用这次博客的公关效果非常成功，金里奇一定觉得备受折磨，因为许多媒体都为赛利姆点赞。博文发布一小时后，一个年轻的雪佛兰伏特车车主在视频网站上发布了一段视频：一个由PVC管做成的枪管直对着他的伏特车。他肯定听到了金里奇在车展上的胡言乱语。赛利姆的博文和这段视频可谓是给了金里奇接二连三的打击，终于可以让他闭嘴了，而通用及其雪佛兰伏特却毫发无损。通用把自己用户的人身和财产安全以及满意度放在第一位,而这些极其忠诚的伏特车车主们也很少有人去领取通用为他们提供的免费替代电池,甚至更少有人要求通用回购他们的伏特车。从头至尾,哪儿来的着火啊?完全就是个荒谬的笑话!

然而,这桩风波过去后,通用又遇上了麻烦。这一次,据报道,通用把自己的上百万个客户的安全和满意度放到了最后,而其中至少有 21 个客户被垫底了。事情的起因是这样的:2014 年 2 月,通用宣布召回上市十多年的土星离子和雪佛兰科博特,给它们替换点火开关。但实际上,至少有一名通用的工程师和开关生产商特尔斐公司的十多位工程师在八年前就知道这些开关不合格。

就在新闻铺天盖地而来的时候,另一出好戏又上演了,这使通用处于极为被动的局面。

新上任的 CEO 玛丽·巴拉是汽车业历史上第一个坐在这个职位上的女性,她一上任就被放在火上烤。蠢笨的阴谋家们轻蔑地一笑:"哈,我们知道了,通用的领导层看到这次危机,觉得如果让一个女人掌舵的话,那么其他人都会对它好点。"

这都是些混蛋话。巴拉非常配这个职位,她非常聪明,为人处世也非常周到和得体。这点我之前就有所观察。

当事态将要上升到可能是汽车业历史上最大的危机时,我拒绝回答这群记者的问题。这些问题不是针对通用这次的危机就是福特的轮胎危机。我之所以这样做,原因有两个:其一是赛利姆正在问我如何处理;其二是我痛恨那些所谓的"公关专家",当外界在对公司发难的时候,他们却毫无应对办法。在雪佛兰伏特的危机中,我完全知道是怎么回事。而在这次开关事件上,我只知道这纯粹是件扯淡的事儿,然而这对通用来说却无异于遭遇台风海啸。

在过往的福特轮胎事件中,我对那些所谓的"公关专家"对我们的应对情况打分非常不屑:他们会说谁有错,谁没错,谁最差,等等。他们不知道我们每天面对的都是什么：伪造的文件、谎言和冷嘲热讽。尤其是其中有一个活跃的"公关专家"杰夫·卡普尼格罗，他在底特律有自己的高端公关公司。我从来没见过他，或至少我不记得我们曾见过面。他的评论不断被引用，大多时候是指责福特（和我）的做法。最终，我受够了，于是给他的办公室打电话，电话被接到了他的语音信箱。

我说："杰夫，我是福特的杰森·瓦恩斯。我看你一直在评论我们的做法，我想坐下来跟你聊聊，让你了解下我们每天面对的都是些什么，这样你下次再做评论的时候就更全面了。你看你时间的方便，我听你安排。"

可恶，他不但没有给我回电话，而且还让我看到了更多的来自他的评论。

两年以后，我成了克莱斯勒新任公关部的负责人，而此前克莱斯勒的公关代理就是卡普尼格罗。我的参谋麦克·阿伯里奇说："你打算怎么对付卡普尼格罗？"我说："等！"我等着几年前他欠我的电话回复。克莱斯勒是他迄今为止最大的客户。我不会做恶人，我只是眼见了太多的垃圾人，而现在的我只想让自己有个好心情，不会对谁怀恨在心。一句简单的"杰夫，你好！我很期待继续跟你的团队合作"就好，而不是为了之前福特的事情让他"跪在我膝下乞求我的宽恕"。然而，两周过去了，依然毫无音信。我跟麦克说："炒了他！"我的意思是要终止和他的公司合作，包括他们驻守在克莱斯勒的几名非常有才华的年轻公关人。

"终止和他的公司合作之后，再把这几名年轻人招回来。"

让我们接续通用的"开关危机"话题。

就在通用准备点火开关第一次议会听证会的两周前，赛利姆给我打电话："你有什么建议吗？你经历过这些破事。"这让我想起一件事：直到现在，通用都把CEO玛丽·巴拉推到任何一个能沟通的平台上，为以往老通用所犯下的任何错道歉，向人们展示新通用的仁慈，其中就包括一段巴拉在河内希尔顿酒店像囚徒一样的视频。

于是，我说："首先，玛丽要参加这次听证会。这不是因为她是女人，而是因为她是 CEO。当福特华盛顿办公室的那帮蠢蛋们让一些并非最高层的人参加议会听证的时候，我学到了这点。只是让她换一条更有女人味的裙子吧！不要那种福克斯新闻式的，而是要条更优雅的裙子。我的意思是，到底她是从哪儿找来的那套'毛主席时代'的套装？"

赛利姆笑了。我还没说完："在听证会前，找一件最好看的裙子给她。很快这个听证会就会成为一个笑话的。当初我们也是这样为纳塞尔准备的，以确保她在会上只陈述事实；如果她不知道的问题，就说不知道，不要编。不要让她说任何讨巧的话，这样得不偿失。"

我接着说："最后，不管你们怎么做，不要让通用的法务部或政府事务部的人去操办，虽然他们是团队中的一部分，但他们当中若有任何人不把客户的安全和利益放在首位，通用就死定了。"

赛利姆听了我的话之后感觉心里没底，他并不确信接受听证会质询的玛丽·巴拉能否顺利过关。听证会的问题会非常苛刻。接下来的周六，她和通用会变成《周六夜现场》节目的开场好戏，柯南或莱诺会把它变成一个娱乐节目。但这个节目看似搞笑而实际非常严肃甚至并不宽容。未来的几天之内，我的同事兼朋友赛利姆就会像当年我在福特的同事们一样，给我写个大大的"谢谢你"三个字。

这会不会成为美国汽车史上最大的丑闻或危机或灾难？这会不会比当年福特的轮胎危机还严重？可能。福特的轮胎危机当时导致了 271 人的死亡，另外还有许多车主受伤，而通用的点火开关危机，目前也导致了 80 条人命的死亡。

就在写下此段文字的时候，我想起了我离世的侄女凯尔西。一个人的生命影响到了他的整个家庭，虽然活着的人还要继续生活，但却从此不同。福特汽车公司多年以来一直在探寻问题的根源，当它的员工最终发现问题的时候，尽最大努力帮助客户，视客户为最大的珍宝。在轮胎危机第二场战役中，他们单打独斗，避免了另一个危机的发生。他们和媒体各界坦诚沟通，总是把客户的安全和利益放在首位。

通用汽车公司的工程师们事先知道自己的点火开关不合新规，而开关供应商必须按照新规生产。由于通用的员工不喜欢这款开关，所以他们让特尔斐公司在这款产品上做出更改。通用最初的说辞是，特尔斐交付的产品不符合通用的规格。这个说法本身就是扯淡，纯粹是想拿特尔斐当垫背。如果通用的管理人员告诉你要根据他们的喜好更改产品的设计，并且这就是通用的最新"规格"，那么特尔斐的人应该更知道这件事的严重后果。

到底这里面是不是像有些人说的存在着犯罪？美国司法部在2014年对此事展开了一次犯罪调查，调查侧重点在公司的法务部，确认该部门是否隐藏了安全规范的证据。法院会对该部门的犯罪行为作出裁决。不过，在这件事情上，通用的道德缺失是显而易见的。我认为公司将来要为此付出沉重的代价。

在2006年的时候，通用的工程师就知道他们有一批点火开关不合规，然而他们却让特尔斐公司按照原有的汽车开关规格去做，这样，汽车就不会突然熄火，不会影响汽车的动力方向盘，不会让刹车和安全气囊失灵。而这就是犯罪事实。很明显，在做出这样的更改之前，通用对会发生潜在问题的车辆并没有采取任何官方的措施，直到2014年。照理，通用应按照新点火开关标准对2006年生产的开关进行达标更改，但并没有这样做，而标准的行业行为必须是这样的，即必须对汽车中的零部件进行达标更改和生产。这就表明，通用少数员工把自己的职业发展看得比客户的性命更重要。这是致命的问题。没有更改零件编码就是掩饰的标志。

在处理这起危机事件的初期，我还没有意识到没有更改零件编码是如此恶劣的行为，直到通用汽车公司在华盛顿进行第二轮听证会的前几天，我的一个朋友鲍勃·基特尔在和我一起处理这起事件并进行评论的时候，我才明白事情有多严重。7月17日这天是议员发问的日子。鲍勃多年前曾是高田公司的高级执行官，高田是家生产安全带和气囊的供应商，他在产品供应链上工作了19年。当他听说通用公司没有更新开关的零件编码之后震惊了。他说："通用的那些人在这件事情上简直是盖世太保。照理，他们应该一直都必须更新零件编码，我觉得这也是工程师的规范。如果不是，那么就是采购人员耍的一个诡计，因为每次更换新零件编码的时候必须要有相应的新订单。而每次发新订单，就必须要逐字逐句地检查相关条款，因为有些新的免除条款、保修条款会被加进去。这些条款会保护通用的利益，而不是供应商的利益。"

有人要进监狱了，或者说应该进监狱。

危机公关一课： 你不应该跟你必须保护的客户和你不在乎的人耍心眼。虽然或许没人会记得前者，但后者却会立即让你死无葬身之地。由福特轮胎事件产生的《轮胎法》确立了美国历史上最严苛的车辆缺陷汇报制度。每个在汽车行业中负责监控这些缺损问题的人都知道法律要求是什么。通用有人或有些人决定按自己的规矩来，而这样的后果是80条人命没了。

结 语
耶稣到底开什么车?

我们必须追求真相。

不管你是否相信耶稣是基督、先知,还是纯属瞎扯,但他所代表的都是不可否认的事实,即真相。

真相,很艰难地被人类保持了数千年。

然而今天,我们看到一些人、组织机构和政府费尽心机地试图用自己的愚蠢行为来掩盖真相。

我并不是要强迫你们相信《圣经》,但谎言、掩饰等都是人性的组成部分,正如《圣经》开篇中所讲到的,亚当和夏娃偷食禁果却撒谎,于是受到上帝的惩罚,赐他们以树叶将他们变成凡俗男女。这是非常具有启示意义的。如果我们从一开始就与毒蛇为伍的话,那我们注定要失败。

现代公司及其公关部门该如何处理互联网时代几秒钟之内新闻、谎言就会在全世界各地播散的问题呢?

我认为,从一方面来说,要意识到坦诚沟通的重要性。多年以来,我一直特别反对"大话精"。这其实代表了过往和现在一些公关公司所做的有益工作,也反映了有些客户希望公关公司这样做。而实际上,公关公司的大话无非就是谎言。一些公司的高层把其公关部陷于黑暗之中,希望公关部用说大话的方式收拾残局。

讲真话其实非常简单。如果你搞砸了,承认自己错了,那其实大家都是人,宽恕能力令人惊讶，除非你的目的就是要犯罪（就像伯纳德·马道福一样）。退一步说，如果罪行并非十恶不赦的话，那么人们甚至连罪犯都能原谅。

从尼克松到克林顿，再到兰斯·阿姆斯特朗、泰格·伍兹、美国国税局、布莱恩·威廉姆斯、比尔·科斯比和美国橄榄球联盟，为什么说真话这么难？

J 杰森·瓦因斯小传
ason H. Vines Bio

杰森·瓦因斯，现年54岁，目前是一名政府机构的公关事务顾问，其业务范围涉及危机管理、声誉管理、品牌修复、产品发布和汽车发售等。他曾与通用汽车合作，参与过雪佛兰汽车的发布，帮助美国政府退出对通用所持有的股权，制定欧洲市场的振兴计划，以及处理过前段时间影响广泛的"点火器召回"事件。他还参与了有关汽车行业"电气化"的公共政策实施。此外，他还为一家大型化工企业重塑公司品牌，因为这家公司曾遭受联邦政府和全美汽车交易协会等多家机构的攻击；协助美国汽车经销商联合会(NADA)保护各州相对独立的经销商特许系统。

在1998—2008年10年间，瓦因斯先后在克莱斯勒、尼桑和福特三大汽车公司工作过，可谓履历出众、经验丰富。很多由他主导的汽车产品发布会获得了业内的广泛赞誉，包括克莱斯勒300、大切诺基、道奇公羊、道奇毒蛇和重生后的尼桑350z。为此，美国汽车行业极具话语权的《汽车新闻》杂志曾分别于1999年、2005年和2006年授予瓦因斯"顶尖公关专家"的称号。

在克莱斯勒任职期间，瓦因斯成功地帮助公司击退一些机构针对大切诺基"突然加速"的指控，此事最终被国家公路交通安全管理局认定免责。1997年，当很多法规的制定者以及一些专家和媒体记者纷纷预测安全气囊会给儿童乘客带来极大的安全隐患并造成致命伤害时，瓦因斯参与策划了在全国范围内的小学推广安全普及课——"后座才是最酷的",旨在鼓励13岁以下的未成年孩子选择后排乘车。这一举措成效显著,此前媒体记者和专家们普遍预言的悲剧得以避免,克莱斯勒的危机成功化解。而这一课程时至今日仍被视作美国汽车行业历史上最具影响力的乘客安全推广项目之一。

1998年,瓦因斯加入尼桑,彼时的尼桑北美分公司已处于破产的边缘,瓦因斯加入后迅速帮助公司修复品牌形象,两年后尼桑也得以扭转颓势。因效力尼桑期间的杰出表现,瓦因斯于1999年首次获得了《汽车新闻》杂志所颁布的年度业内最佳奖。

2000年年初,瓦因斯入职福特汽车公司,成为其全球通信部门中的一员。而就在他入职几周后,汽车史上影响面最广的"费尔斯通轮胎事件"就发生了。这场危机几乎将两个享誉百年的经典品牌置于死地。费尔斯通公司拒绝为客户更换有缺陷的轮胎,而福特汽车公司则选择了积极的补偿,并耗资40亿美元为客户更换费尔斯通轮胎,最终被国家公路交通安全管理局认定免责。瓦因斯在此危机事件中杰出的应对能力和智慧,使其在美国汽车行业中获得了广泛的赞誉。

1982年瓦因斯获得了艾奥瓦州佩拉中心大学的经济、通信双学士学位,1984年又获得了密歇根州立大学的劳工关系硕士学位。他与妻子贝斯蒂携手已逾27载,共同养育了3名子女。拜其父母所赐,这些幸运的孩子们皆顺利大学毕业,且不必借助代价高昂的学生贷款。

致谢
Acknowledgments

我能完成这本在各行各业亲历25年并处理危机的书,得益于我的诸多好友的帮助。

首先是我最伟大的编辑、我最好的朋友、一辈子的伴侣贝斯蒂,她与我共同走过了30年的风风雨雨历程,她比我的智商高出一半,但却傻到一直跟着我不离不弃。

其次,我要感谢我过去几位出色的助理,她们是邦妮·瑞维瓦和林恩·奎格利,特别是我在克莱斯勒任职期间与我一同应对危机的老朋友桑迪·弗雷泽。

此外,我还要感谢如下我的非常给力的、酷炫的朋友们,他们是李·艾柯卡、我的演讲稿撰稿人麦克·莫瑞森、克莱斯勒的天才工程师麦克·唐纳福、《汽车周刊》的德驰·曼德尔、专栏作家多伦·莱文、创意大师拉里·迪茨,以及工程界大咖克里斯·希尔多。

我还要感谢我的出版商芭芭拉·特里女士,她一直信任并鼓励我,以及本书的图表设计师马克·温斯顿·埃塞克。还有我的作家哥哥托姆,他一直鼓励我写这本书,并且还不停地让我给他贷款(这是玩笑话,请别介意!我就是爱不停地开玩笑)。

差点忘了,我还得感谢我的狗狗塞米,每当我写作到深更半夜的时候,他都一直在陪伴我,一直趴在我的脚下给我暖脚。那么,到底耶稣开的是什么车呢?他开的是"实话实说"的车。

英文索引
Index

AAA	42
AAMA	23-24, 40, 101, 217
ABC	120
ABC World News Tonight	108
Aberlich, Mike	232, 274
Ad Age	178
Adam and Eve	279
Adler, Alan	271
AIAM	29
Alar	166
Aldrin, Buzz	252
Alexander, Jason	199
Allotta Fagina	83
Allotta Pelata	83, 85-86
American Motors	9, 16, 19
APA	228
API	218
Archer, Dennis	69, 244
Armstrong, Lance	280
Armstrong, Neil	252
Attkisson, Sharyl	128
Audi	27-28, 30, 35
Audi 5000	27-28
Austin Powers	83
Automotive News	151-152, 198, 221
Autoweek	199, 228
Ball, Dana	197-198
Ball, Rev. Jim	168-169, 177-178
Barnas, David	235-236
Barra, Mary	271, 273, 275-276
Bassett, Angela	253
Baughman, Tom	104, 108, 114, 121, 124-125, 127
BBDO	192-194, 198-201
Beach Boys	188
Beatty, Christine	240-241
Behrik, Terri	119
Bell, Jeff	182-183
Benefield, Jerry	48
Bentley	179
Bernhard, Wolfgang	180, 186-188, 226
Bernstein, Leonard	15
Bible, The	5

Biden, Joe	107, 272
Bieber, Justin	78
Bielinda, Jim	33-34
Bingol, Selim	268-269, 271-276
Bin Laden, Osama	167, 272
Blazing Saddles	215
Block, Byron	110
Boffman, Slick	6-7
Boltz, Ron	35, 39-40
Bonin, Richard	119-120, 136-138
Bozzella, John	151-152, 207, 213, 218
Bradsher, Keith	147-148, 150, 167, 169, 173-174
BridgestoneFirestone	99, 102, 130
Broadus, Calvin	188
Broder, Hugh	198, 200-201
Brokaw, Tom	134
Brouse, Bill	170-171
Brown, Gary	240-241
Brown, Peter	151
Burkhardt, Edward	11-13
Bush, George H.W.	23, 122
Bush, George W.	23, 141
Businessweek	232, 242
CAFÉ	206-207
Candy, John	181
Caponigro, Jeff	274
Cappy, Joe	9
Car and Driver	134-135
Card, Andrew	23-24, 29, 40
Carlini, Vicky	196
Carter, Jimmy	88
Carvey, Dana	122
Castaing, Francois	19, 84
Caterpillar	208
Cavaney, Red	218
CBS	27-28, 120, 128, 136, 139
Centerbridge Partners	224
Center for Auto Safety	16, 29
Cerberus Capital Mgmt.	224-229, 232
Cervone, Tony	29, 46, 142
Chad, "Hanging"	141
Chevron	206-208, 210, 212
Chevy Cobalt	273
Chevy Volt	269-274

ChiatDay	67-68
Chicago Auto Show	41, 47, 72
Chicago Economic Club	189
Chief Inspector Dreyfus	88
Christ, Jesus	5, 255
Christian Reformed Church	249, 252
Chrysler	9-10, 12, 15-20, 22-26, 29-30, 36-39, 42-43, 45-46, 48-50, 52, 60-61, 64, 67, 73-74, 77, 84, 110, 141-142, 171, 180-236, 274
Chrysler minivan	15-20
Cischke, Sue	148
Claybrook, Joan	16, 29, 37-38, 40, 100, 113
ClearBlue	211
Clinton, Bill	5, 129, 280
Clooney, George	186
CNN Financial	173
Colmes, Alan	177
Committee on Bible Translation	250-252, 261-264
Compuware (Covisint)	237-239, 241-242, 244, 246
Conley, Jeff	40-41, 111, 209
Connelly, Jed	82
Connelly, Mary	151
Consumer Reports	16, 18-19
Consumers Union	16-19
Cooper, Jo	209
Cordes, Eckhart	186, 188, 203-204
Couric, Katie	69
Cox, Mike	240
Crane, Keith	221
Crist, Charlie	124
Csere, Csaba	134-135
Daimler	74, 76, 141, 184-186, 197, 203-204, 226
DaimlerChrysler (DCX)	72-75, 180, 184-186, 188, 193, 206-207, 218, 221, 223
Dalbernet, Robert	42
Dateline NBC	110, 117
Dead Sea Scrolls	261
Deal, Marianna	129
Deaver, Michael	66-68
DeFore, Ron	40, 111, 129, 172-173, 175, 177-178, 209, 211
DeHere, Arlen	6
Delphi	273, 276-277
Detroit Auto Show	29, 41, 45, 70-72, 93, 211, 234, 239
Detroit Free Press	123, 225, 239
Detroit News	166-167, 213-216, 269

Detroit Project	167-168, 171
Dingell, John	132
Dion, Celine	182, 184
Ditlow, Clarence	29, 100
Dobson, James	252, 260
Dodge Dakota	9
Dogg, Snoop Doggy	188-190, 199-202
Dormann, Henry	193
Doyle, Ann	137
Dr. Evil	196
Dutch, The	5
Eastwood, Clint	9
Eaton, Bob	22-26, 42, 46
Eberhardt, Joe	192-194, 203
Edelman	66
Edgar, Rev. Bob	176-177
Eisenstein, Paul	17-18
ELF	166, 168-170, 174, 177-178
Elkin, Lisa	242, 244
Emmanuel, Rahm	124
Emrick, M.L.	241
Evangelical Covenant Church	252
ExxonMobil	206-210, 212, 218-220
Farley, Jim	269
Farwell, Rev. Jerry	252
Feinberg, Stephen	225-226
Fenton Communications	170, 177-178
Fiat	73
Financial Times	214
Firestone, Harvey	101, 149, 153
Firestone	10, 61, 97-103, 106-117, 120-124, 129-133, 135-139, 141-143, 145-149, 152-155, 166, 274, 276
FleishmanHillard	111, 129, 268
Florence, Jerry	57
Forbes	122
Ford Explorer	97-98, 100-104, 106-107, 109, 113-114, 116, 120-121, 123-124, 127, 133-135, 137, 142-146, 149, 154, 253
Ford, Henry	149, 153
Ford Jr., Bill	92, 96, 101, 117, 120, 123, 127, 136-140
Ford Motor Co.	10, 25, 40, 73, 92-155, 168, 171-172, 182, 192, 198, 207, 215, 219, 221, 269, 274-278
Ford/Firestone Tire Crisis	96, 152-155, 259, 274, 276
Ford Windstar	25

Fournier, Laura	244
FOX News	251
FOX TV (Chicago)	32-34
Fraser, Alex	228
Fraser, Sandy	188, 222, 228, 236
Freedom Calls	233
Free Methodist Church of North America	252
Gale, Tom	19, 45-46
Gallagher, Tim	55
Garsten, Ed	211-214
General Electric	228, 249
General Motors	23, 25-26, 29, 37, 61, 73, 95-97, 100, 106, 110, 112, 142, 155, 167, 171, 173, 179, 207, 219, 221, 268-278
Gentile, Barb	133
George P. Johnson	78
Georgetown University	154
Ghosn, Carlos	79, 81-90, 231
GHSA	182
Gilbert, Dan	244
Gilles, Ralph	188
Gingrich, Newt	271-273
Girkins, Maureen	260, 264-265
Girsky, Stephen	224
Gooding Jr., Cuba	253
Goodyear	109, 111, 142, 145, 154
Gordan, Stephen	204
Gore, Al	123, 141
Government Motors	270
Granholm, Jennifer	179
Grush, Ernie	106-107, 114, 120-121, 142
Gundry, Stan	260-261
Hanawa, Yoshi	73, 75, 77, 88-89
Hannity, Sean	272
HarperCollins	251
Hardball	176
Harmon, Jon	137
Harris, Steve	24, 49-50, 60, 71, 78, 139, 180-181, 268
Harry Potter	5
Haywood, Tony	13
Healey, Jim	177
Hewitt, Don	27, 117
Higgins, Tim	225
High and Mighty	167-168
Hirshberg, Jerry	55-57, 59, 62, 65, 68-69, 71-72

Hoar, Ralph	110
Holmes, Johnny Wadd	104
Honda	54
Horizon Deepwater	13
Huffington, Arianna	166-171, 173-174, 177-179
Hummer	179
Hurricane Katrina	204-205
Iacocca, Kathy	67
Iacocca, Lee	9, 12, 18, 20, 23, 50, 66-68, 73, 149, 194-201
Iacocca, Lia	67
Iacocca, Mary	197
IIHS	173
Ill, Kim Jong	16
Immelt, Jeff	229
Infiniti	60-62, 248
IRS	280
Ives, Burl	69
Jackson, Rev. Jesse	53
Jaguar	179
Japan Inc.	90
Jeep/Eagle Division	9
Jeep Cherokee	106
Jeep Grand Cherokee	15, 22, 29-35, 154
J&J	11, 101
John	253
Johnson, Ken	124-126
Kahl, Bucky	48, 53, 80
Kane, Sean	100, 113
Karbowiak, Christine	108, 110, 112, 114-115
Kardashians, The	27
Karmanos, Danialle	237, 246
Karmanos Jr., Peter	190, 223, 237-247
Kennedy, John F.	136
Kennedy Jr., Robert	168-170, 173-174, 177
Kerkorian, Kirk	196-197
Ketchum	129
KHOU Houston	97-98
Kiley, David	177
Kline, Richard	129
Kilpatrick, Carlita	240
Kilpatrick, Kwame	190-191, 239-241, 243-247
King James Version (Bible)	250, 252, 261
Kittle, Bob	277
Kohlenberger, Gerry	220
Koshkarian, Vaughn	92, 95

Krusel, Susan	97-98, 137
LaHood, Ray	270-271
Lampe, John	131-132, 148-149
Land Rover	178
LaSorda, Tom	203, 215-218, 222, 226-227, 231
Leaders Magazine	193
Learning Works	41
Leinert, Paul	184
Lerner, Lois	171
Levy, Ken	142-143
LH Sedans	22
Liberatore, Rob	176, 206-209, 217-220
Lifeway	253
Lingerie Bowl	181, 184
Long, Howard	249
Lubbock Cooper High School	255
Luke	253
Lutz, Bob	15, 18, 29, 49, 73-74, 268
Madoff, Bernie	279
Magna International	224-225
Mandel, Dutch	199, 228
Maraynes, Alan	28
Mark	253
Marshall, Gen. George	26
Martin, Neil	257-259, 261-265
Martinez, Ricardo	42-43
Maserati	56
Matthew	253
Matthews, Chris	176
Mazzorin, Carlos	148-149
McCain, John	124, 130
McCarthy, Tim	46-48, 80
McDonald, Tom	28, 30
McKinnon, Sheila	242
Meloni, Rod	31-32
Mercedes	172, 179
Metal Crafters	59
Meyer, Deborah	229, 234
Michael, George	192
Michelin	79, 145
MICEC	179
Mitani, Sam	76-78
Mitsubishi	56, 73, 184-186, 188
Mittroff, Ian	155
Mohler, Dr. Albert	252

Monday Night Football	123
Monk, Thelonious	52-53
Montreal Maine & Atlantic	11
Monty Python	257
Moo, Doug	260, 262-266
Morrison, Mike	50-51
MSNBC	176
MSU Spartans	154
Mulally, Alan	236
Mullins, Janet	124-125, 131
Murdoch, Rupert	251
Murphy, David	94-95, 153
Nardelli, Bob	227-237, 268
Nader, Ralph	16, 29, 113
Nagasaki	89
Nakamura, Minoru	47-48, 52, 57-58, 60-61, 64-65, 70, 77-79
Nasser, Jacques	92-96, 98, 101-104, 115-117, 119-120, 122-127, 130-131, 136-137, 140, 147-153
NBC	110
NBC Nightly News	134-135
NBC Today Show	169
Nelson, Dan	218, 220
Nelthrope, Harold	240-241
New York Daily News	219
New York Times	148, 150, 166-168
NFL	280
NHTSA	15-16, 19, 22-30, 35-37, 39-40, 42-44, 101-103, 106-107, 145, 152, 170, 206, 269-270
Nicholson, Jim	244
Nissan	20, 46-49, 52-56, 59-62, 64-65, 67-84, 86-90, 111, 141, 215, 248
Nissan Z	56-57, 59-60, 62, 72-73, 76-78, 87
NIV	248-253, 259-266
Nixon, Richard	12, 136, 280
Noah	249
North, Oliver	12
NRDC	168, 171
NY Auto Show	77, 217
Nye, Bill	41-42
Oakland Press	151
O'Brien, Conan	266
O'Donnell, Jayne	38
Once Upon a Car	269
Ono	102, 130
Orbe, Tom	61

Paris Motor Show	133
Parry-Jones, Richard	145, 147
Pathenos, Father Nick	259
Paul, Bob	238, 245-246
Pauley, Jane	110
Pearce, Harry	110-112
Pelata, Patrick	83, 85-86
Pella Christian Schools	6
Pella, Iowa	5-6
Penske, Roger	244
PETA	38
Petrauskas, Helen	104, 111-112, 124-125, 127-131
Phillips	207
Pickens, Slim	215
Popeil, Ron	6
Presbyterian Church in America	252
Preuss, Chris	179
Press, Jim	229-232
Public Citizen	16, 29, 38-39, 100
Pyden, Tom	268-269
Quigley, Lynn	97, 153
Rae, Nancy	180, 226, 236
Raymond, Lee	219
Reader's Digest	173
Reagan, Ronald	88, 111
Reeves, Christopher	254
Renault	76, 79
Retton, Mary Lou	266
Reuss, Mark	271
Rewey, Robert	126-127
Ridenour, Eric	203, 207, 209, 226
Rintamaki, John	97-98, 104, 113, 124-126, 131, 140, 150, 152
Rivera, Jesus	173-174
Road & Track	76, 78, 91, 108
Roehm, Julie	181
Roosevelt, Franklin D.	26
Rosenau, Mike	215-216
Rosenthal, Wm.	27
Ross, Dennis	114
Ross Roy	45
Rudolph the Red-Nosed Reindeer	69
Ruivivar, Bonnie	58
SAE	39
Safety Research and Strategy	100
Sammons, Steve	248, 253-254, 257-258, 265

Sanchez-Fair, Debra	46
Sarandon, Susan	104, 128, 130
Saturn Ion	273
Schaefer, Jim	241
Schrempp, Juergen	46, 73-75, 180, 185-188, 193, 195, 203
Sedgwick, Dave	198
Seergy, Mike	54-62, 64, 66-67, 72, 74, 79
Schick, Hartmut	203, 222-223
Schultz, Charles	189
Shakur, Tupac	10
Shell	208
Shine, Neal	123
Simison, Bob	64
Simon, Bernard	214
Sinatra, Frank	206
Sinclair, Chuck	109
60 Minutes	27-28, 117, 119-120, 136-140
Smith, Paul W.	217
SNL	276
Solomon, Nicole	101-102
Solman, Gregory	178
Southern Baptist Convention	344
Specter, Arlen	124, 130
Stahl, Lesley	117, 119, 136-138
Standish, Fred	82
Stark, Lisa	120-121
Steed, Diane	40, 111, 170
Stefani, Michael	241
Stratacomm	40, 170-171, 209-210
Strawberry	240
SUVOA	170-173, 177-178
Takata	277
Talking Heads	172
Tauzin, Billy	124-125, 127, 130-131
Teholis, John	50
Tjan, Han	184
Theodore, Christo	16-21, 24-25, 93, 96, 139, 148
Thomas, Ann	217
Thomas, Bob	54
Tillerson, Rex	218
Tinson, Michelle	41
TNIV	248, 251-253, 260-262
Tokyo Motor Show	91-92
Townsend, Peter	86

Toyota	30, 54, 56, 59, 60-61, 83, 100, 155, 168, 172, 207-209, 229, 234, 270
Tragedy and Trust	255
Planes, Trains and Automobiles	181
TREAD Act	278
Trinity Christian College	249, 264-265
Trotman, Alex	73
Truby, Mark	213-214, 225, 236
Tulip Time	5
Twain, Mark	12
Tylenol	11, 36, 101-102
UAW	116
Uebber, Bodo	221-223
Ultradrive	15-16, 20
USA Today	38-39, 142-143, 175
U.S. DOJ	277
U.S. House of Representatives	122-125, 127, 129-130, 132
U.S. Patent and Trademark Office	15
U.S. Senate	124, 127-128, 130, 132
Vaughn, Mike	103, 122
Village Ford	34
Vines, Becky	255
Vines, Betsy	140
Vines, Cecil	89, 104
Vines, Lane	115, 154
Vines, Jeremy	255
Vines, Kayla	255
Vines, Thom	255-256
Vlasic, Bill	199, 225, 269
Von Zumwalt, Kurt	93
Wagoner, Rick	219, 268
Wall Street Journal	64, 92, 121, 219
Walsh, Tom	259-260
Ward, Daniel	83, 86-90
Warner, Fara	175
Washington, Denzel	253
Washington Post	210
WDIV	31-32
Weiner, Anthony	45
Welch, Jack	117, 228
Werner, Anna	97
Wharton School	154
Whitacre, Ed	268
White, Joe	92, 121

Winn, Craig	30-33, 35
Wonder, Stevie	15
Wood, Natalie	10
Worthy, Kim	241
Wren, John	130
WWJ-AM	139
What Would Jesus Drive	168-169, 172-177, 179
Young, Coleman	29, 243
Yoshi	81
Yuki	79
Zetsche, Dieter	142, 180-190, 192-198, 201, 203-204, 215-216, 220-224, 226, 231
Zetsche, Gisela	190, 223
Zino, Ken	91, 113-114, 120, 122-125, 133-134, 137, 144-145
Zondervan	248, 250-253, 257-258, 260, 263-266